HARMONIA FINANCEIRA
E EQUILÍBRIO EMOCIONAL

Os caminhos da abundância e da serenidade emocional

Editora Appris Ltda.
1.ª Edição - Copyright© 2024 do autor
Direitos de Edição Reservados à Editora Appris Ltda.

Nenhuma parte desta obra poderá ser utilizada indevidamente, sem estar de acordo com a Lei nº 9.610/98. Se incorreções forem encontradas, serão de exclusiva responsabilidade de seus organizadores. Foi realizado o Depósito Legal na Fundação Biblioteca Nacional, de acordo com as Leis nºs 10.994, de 14/12/2004, e 12.192, de 14/01/2010.

Catalogação na Fonte
Elaborado por: Dayanne Leal Souza
Bibliotecária CRB 9/2162

C837h 2024	Costa, Fabrício Silva 　　Harmonia financeira e equilíbrio emocional: os caminhos da abundância e serenidade emocional / Fabrício Silva Costa. – 1. ed. – Curitiba: Appris, 2024. 　　335 p. : il. ; 23 cm. 　　ISBN 978-65-250-7075-9 　　1. Harmonia financeira. 2. Equilíbrio emocional. 3. Abundância. I. Costa, Fabrício Silva. II. Título. 　　　　　　　　　　　　　　　　　　　　　　　　CDD – 332.024

Appris editora

Editora e Livraria Appris Ltda.
Av. Manoel Ribas, 2265 – Mercês
Curitiba/PR – CEP: 80810-002
Tel. (41) 3156 - 4731
www.editoraappris.com.br

Printed in Brazil
Impresso no Brasil

Fabrício Silva Costa

HARMONIA FINANCEIRA
E EQUILÍBRIO EMOCIONAL

Os caminhos da abundância e da serenidade emocional

Curitiba, PR
2024

FICHA TÉCNICA

EDITORIAL	Augusto V. de A. Coelho
	Sara C. de Andrade Coelho
COMITÊ EDITORIAL	Marli Caetano
	Andréa Barbosa Gouveia (UFPR)
	Edmeire C. Pereira (UFPR)
	Iraneide da Silva (UFC)
	Jacques de Lima Ferreira (UP)
SUPERVISORA EDITORIAL	Renata C. Lopes
PRODUÇÃO EDITORIAL	Daniela Nazário
REVISÃO	Andrea Bassoto Gatto
DIAGRAMAÇÃO	Amélia Lopes
CAPA	Carlos Pereira
REVISÃO DE PROVA	William Rodrigues

O equilíbrio financeiro e emocional é o caminho para uma vida de abundância e serenidade. Que este livro possa guiá-lo na busca por essa harmonia.

(Fabrício Silva Costa)

AGRADECIMENTOS

É com profunda gratidão que manifesto meus agradecimentos ao magnânimo Arquiteto do Universo, que nos brinda com o dom da existência e a oportunidade de concretizarmos nossos anseios mais profundos.

À minha estimada família expresso minha eterna gratidão pelo apoio incansável e encorajamento em todas as minhas conquistas.

Aos meus ilustres amigos dedico um agradecimento especial por estarem ao meu lado nos momentos mais desafiadores e por compartilharem comigo as alegrias das vitórias alcançadas, em especial a minha amiga Evelyn Cristina Nascimento Vidoto.

Aos meus valorosos colegas de jornada, sou grato pela constante contribuição em meu crescimento pessoal e profissional.

Aos prezados leitores que dedicaram seu precioso tempo para mergulhar nas páginas deste livro, desejo que encontrem nele inspiração e enriquecimento para suas trajetórias.

Por fim, expresso minha sincera gratidão a todos que, de alguma forma, colaboraram para a realização deste nobre empreendimento. Muito obrigado! Não poderia deixar de mencionar meus amados pais, Nilson Ferreira Costa e Luiza Pecla da Silva Costa, e meus queridos irmãos, Gabriel, Salatiel e Lenílson, cujo amor e apoio incondicionais têm sido alicerce em minha jornada. A eles, minha eterna gratidão.

Aos respeitáveis professores que, desde os primeiros passos, na primeira série, até os anos de formação na faculdade de Direito, foram pilares fundamentais em minha formação e contribuíram significativamente para minha trajetória e crescimento como indivíduo. Meu sincero agradecimento por todo o conhecimento compartilhado e pela dedicação incansável à minha educação.

É crucial ressaltar a importância de nutrir e fortalecer essas relações, bem como de retribuir o apoio recebido, fomentando um ciclo contínuo de generosidade e apoio mútuo. Expressar gratidão é de suma importância, contudo também se revela de grande valia retribuir de maneira tangível ou afetuosa, por meio de gestos de carinho, palavras de estímulo ou apoio prático. O mútuo reconhecimento não apenas consolida os laços, mas também enriquece sobremaneira as relações interpessoais. Meu eterno agradecimento a todos.

APRESENTAÇÃO

Estimado leitor,

É com extremo júbilo e gratidão que compartilho com você as páginas deste tratado, que não somente representa uma obra intelectual, mas também uma jornada pessoal de autoconhecimento e elevação espiritual. Ao longo da minha trajetória fui profundamente tocado pela intrínseca ligação entre a prosperidade material e o bem-estar emocional, e é justamente essa interconexão que desejo explorar e compartilhar com você.

A busca pela harmonia financeira e pelo equilíbrio emocional é, para muitos de nós, uma senda repleta de vicissitudes e adversidades. Acredito firmemente que a opulência material e a serenidade espiritual não necessitam ser excludentes; antes, podem coexistir em um estado de equilíbrio que nutre o corpo, a mente e o espírito.

Neste tratado, adentraremos juntos em uma jornada de autoconhecimento, introspecção e aprendizado. Iniciaremos explorando as raízes de nossas convicções em relação à riqueza e como elas reverberam em nossa habilidade de prosperar financeiramente. Discorrerei sobre estratégias práticas para gerir suas finanças com discernimento, desde o planejamento orçamentário até investimentos ponderados.

Ademais, compartilharei percepções acerca de como nutrir uma mentalidade positiva em relação ao dinheiro, superar crenças limitantes e encontrar a paz interior em meio às vicissitudes da vida contemporânea. O leitor descobrirá como o equilíbrio emocional é imprescindível para tomar decisões financeiras conscientes e como a opulência material pode servir como um veículo de promoção do bem-estar emocional.

Ao longo destas páginas, encontrará não somente instrumentos tangíveis para fortalecer sua situação financeira, mas também reflexões profundas sobre como edificar uma existência repleta de propósito, significado e conexão. Desejo ardentemente que as palavras aqui contidas possam iluminar seu trajeto rumo à abundância e à serenidade, inspirando-o a vivenciar uma existência plena em todas as suas dimensões.

Agradeço-lhe por acompanhar-me nessa epopeia e anelo que este tratado seja um catalisador de transformação positiva em sua vida. Que cada folha seja uma fonte de inspiração e sabedoria a fim de que você possa percorrer os caminhos da abundância e da serenidade.

Com profunda gratidão,

Fabrício Silva Costa

SUMÁRIO

INTRODUÇÃO 17

CAPÍTULO 1
A INTERSECÇÃO ENTRE FINANÇAS E EMOÇÕES 19
   Explorando a relação entre prosperidade financeira
   e bem-estar emocional 25
   Como as emoções influenciam nossas decisões financeiras 30
   Estratégias para equilibrar finanças e emoções 35
   Impacto da estabilidade emocional na gestão financeira 37
   Identificando gatilhos emocionais que influenciam decisões
   financeiras. 38
   O impacto do estresse financeiro na saúde mental. 41
   Estratégias para lidar com a ansiedade relacionada a questões
   financeiras. 45
   Reconhecendo e superando comportamentos financeiros impulsivos .. 47
   A importância da autoestima na administração financeira. 51
   Como lidar com conflitos familiares relacionados a dinheiro 53
   Estratégias para definir metas financeiras realistas e motivadoras. 57
   Trabalhando a gratidão em relação às finanças 60
   A influência das experiências passadas na relação com o dinheiro 62
   Desenvolvendo um plano de ação para equilibrar finanças e emoções . 63

CAPÍTULO 2
***MINDSET* DA ABUNDÂNCIA** 66
   Cultivando uma mentalidade positiva em relação ao dinheiro. 69
   Superando crenças limitantes sobre a prosperidade 70
   Exercícios práticos para fortalecer o mindset da abundância 72
   Visualização criativa para atrair abundância financeira 74
   A visualização criativa pode ser realizada de diversas maneiras,
   mas aqui estão algumas práticas eficazes que podem ser adotadas: 75
   Entendendo a conexão entre pensamentos e realidade financeira
   dentro do mindset da abundância. 76
   Transformando a mentalidade de escassez em uma mentalidade
   de abundância. 77

Reconhecendo e desafiando crenças limitantes sobre o dinheiro 79
Integrando práticas de visualização positiva na gestão financeira 81
Elevando a autoconfiança em relação à capacidade de alcançar
prosperidade 83
A importância da linguagem interna positiva na relação
com o dinheiro 85
Estratégias para superar o medo do fracasso financeiro 87
Utilizando afirmações positivas para fortalecer o *mindset*
da abundância. 90
Explorando a relação entre gratidão e prosperidade financeira. 92
Incorporando práticas de generosidade e compartilhamento na vida
financeira. 94

CAPÍTULO 3
PLANEJAMENTO FINANCEIRO CONSCIENTE 97

Importância do planejamento financeiro para
a estabilidade emocional 101
Ferramentas e métodos para elaborar um planejamento
financeiro eficaz. 102
Dicas para poupar, investir e alcançar seus objetivos financeiros 105
Estratégias para lidar com imprevistos financeiros 107
  Aqui estão algumas estratégias para lidar com imprevistos
  financeiros detalhadas: 108
  Estratégias para sair de dívidas e manter a estabilidade financeira .. 108
  Como organizar um plano de emergência financeira. 109
  Investimentos sustentáveis e responsáveis 110
A importância da educação financeira desde cedo 111
Como lidar com gastos imprevistos e ajustar o
planejamento financeiro 112
Técnicas para evitar gastos desnecessários e
controlar impulsos de consumo 113
A relação entre bem-estar emocional e saúde financeira 114
Utilizando tecnologia para gerenciar e acompanhar suas finanças. 115
Estratégias para aumentar sua renda e diversificar
suas fontes de receita 116
Planejamento financeiro para a aposentadoria e o futuro 118
Resumindo os principais pontos sobre o planejamento financeiro
para a aposentadoria e o futuro: 119

CAPÍTULO 4
AUTOCONHECIMENTO E EQUILÍBRIO EMOCIONAL 130
A importância do autoconhecimento no controle emocional 132
Técnicas de inteligência emocional para lidar
com situações de estresse financeiro 134
Práticas de *mindfulness* e meditação para promover
o equilíbrio interior 136
Identificação de gatilhos emocionais relacionados ao dinheiro 139
A influência das crenças limitantes na relação com o dinheiro 141
Práticas de gratidão e abundância para transformar
a mentalidade financeira: 146
Como Lidar com pressões externas e expectativas sociais
em relação às finanças 149
O impacto da compaixão e empatia nas relações financeiras 151
O desenvolvimento de uma mentalidade de crescimento
em relação ao dinheiro 152
Explorando o papel da intuição na tomada de decisões financeiras....154
Estratégias para superar o medo do fracasso financeiro 155
Nutrição emocional: como cuidar das emoções em momentos
de desafio financeiro 159
O poder da visualização criativa na manifestação
de objetivos financeiros 161
A importância do equilíbrio entre trabalho, lazer e descanso
na saúde emocional e financeira 162

CAPÍTULO 5
CONSTRUINDO RELAÇÕES SAUDÁVEIS COM O DINHEIRO ..165
Desconstruindo padrões negativos em relação ao dinheiro............167
Estratégias para construir uma relação saudável e consciente
com as finanças 168
Como alinhar seus valores pessoais com suas escolhas financeiras....169
O papel da gratidão no fortalecimento da conexão com o dinheiro ...170
Mindfulness financeiro: como praticar a atenção plena
nas decisões financeiras 172
Investimentos sustentáveis e éticos: alinhando seu dinheiro
com seus valores 173
Educação financeira para crianças: ensinando desde cedo
uma relação saudável com o dinheiro................................174

Minimalismo financeiro: simplificando suas finanças
para uma vida mais plena 175
Impacto das redes sociais nas finanças pessoais: lidando
com influências externas 176
Economia compartilhada e colaborativa: repensando
o consumo e economizando dinheiro 178
Saúde financeira no ambiente de trabalho: equilibrando
produtividade e bem-estar emocional financeiro 179
Saúde financeira no ambiente de trabalho: equilibrando
produtividade e bem-estar emocional financeiro 181
Criatividade e empreendedorismo: explorando novas
fontes de renda e realização pessoal 181
Terapia financeira: como a psicologia pode ajudar a superar
traumas financeiros 183
Tecnologia e finanças: ferramentas digitais para facilitar
o controle financeiro e promover a saúde emocional 184

CAPÍTULO 6
RESILIÊNCIA FINANCEIRA E BEM-ESTAR INTEGRAL 187
Desenvolvendo resiliência diante de desafios financeiros 188
O impacto da prosperidade financeira no bem-estar integral 190
Como a harmonia entre finanças e emoções promove
uma vida plena e equilibrada 191
Práticas para manter a resiliência mesmo em momentos
de instabilidade econômica 192
    Aqui estão algumas práticas para manter a resiliência mesmo
    em momentos de instabilidade econômica: 194
Planejamento de emergência financeiras: preparando-se
para imprevistos 211
Filantropia e impacto social: contribuindo para um mundo
melhor através das finanças 212
Aposentadoria consciente: planejando um futuro financeiramente
estável e feliz 214
Saúde mental e finanças: a importância do equilíbrio emocional
para o sucesso financeiro 215
Diversificação de investimentos: reduzindo riscos e aumentando
oportunidade de crescimento 217

Consumo consciente: repensando hábitos para uma vida
mais equilibrada..218
Finanças e meio ambiente: práticas sustentáveis que beneficiam seu
bolso e o planeta 220
O poder da consultoria financeira: como alcançar estabilidade
e prosperidade 221
Os desafios da gestão financeira: navegando pelas águas turbulentas
das finanças pessoais..222
O papel transformador da consultoria financeira: o caminho rumo
à estabilidade e prosperidade 223
Alcançando a estabilidade financeira: o caminho iluminado
pela consultoria financeira..224
Rumo à prosperidade: a jornada iluminada
pela consultoria financeira..225
Autocuidado financeiro: priorizando seu bem-estar
ao lidar com questões monetárias...................................227
Inteligência emocional nas negociações financeiras: como controlar
emoções em transações importantes...............................228

CONCLUSÃO 231

APÊNDICE
EXERCÍCIOS E RECURSOS ADICIONAIS 233

Questionário de autoavaliação financeira e emocional: um guia prático
para identificar padrões de comportamentos financeiro e emocional e
áreas de melhoria..234
Vamos ver sobre comportamento emocional? 236
Harmonia e Prosperidade: Refletindo a Abundância
e Serenidade em 365 Dias..238
Onze Mandamentos da Harmonia Financeira e Equilíbrio Emocional
segundo Fabrício Silva Costa.......................................333

INTRODUÇÃO

A jornada em busca da harmonia financeira e equilíbrio emocional é um anelo compartilhado por uma infinidade de indivíduos imersos em um universo repleto de desafios e demandas incessantes. O tratado *Harmonia financeira e equilíbrio emocional: os caminhos da abundância e da serenidade*, concebido com esmero por Fabrício Silva Costa, desponta como um roteiro compassivo e elucidativo para todos aqueles que almejam explorar a intrincada relação entre prosperidade monetária e bem-estar interno. Ao empreender essa investigação, o autor desejou desvendar a conexão profunda entre as finanças individuais e o estado emocional de cada sujeito, discernindo que as escolhas monetárias, amiúde, refletem questões mais intrínsecas atreladas a emoções e crenças internas.

O escopo primordial da obra é ofertar aos leitores percepções valiosas, estratégias pragmáticas e ponderações significativas que os auxiliem a percorrer uma senda de equilíbrio e plenitude em todas as esferas de suas existências. A premissa subjacente a esse tratado é a de que a harmonia financeira e o equilíbrio emocional não são apenas metas isoladas a serem conquistadas, mas dimensões entrelaçadas de uma viagem de autodescoberta e desenvolvimento pessoal.

Ao assimilar e articular os princípios da abundância e serenidade em suas vidas, os leitores poderão transfigurar sua relação com o dinheiro, suas emoções e suas escolhas, erigindo um cenário propício para a concretização de seus anseios e aspirações mais profundos. Por meio da exploração de temáticas como mentalidade da abundância, planejamento financeiro consciente, autoconhecimento e equilíbrio emocional, edificação de vínculos saudáveis com o dinheiro e resiliência financeira, este compêndio objetiva conferir um itinerário inspirador e prático para aqueles que desejam existir com maior lucidez, vida de equilíbrio e realização genuína.

Ao finalizar esta introdução magnífica, convido você a embarcar nessa jornada de autodescoberta e transformação pessoal. Explore as páginas do tratado *Harmonia financeira e equilíbrio emocional* e permita-se absorver as reflexões e *insights* proporcionados por esta obra inspiradora. Compartilhe essas descobertas com amigos e familiares, promovendo uma rede de aprendizado e crescimento coletivo.

É fundamental aplicar os conceitos abordados neste livro em sua vida cotidiana. Comprometa-se ativamente com o processo de evolução pessoal e financeira, utilizando as estratégias pragmáticas e ponderações significativas para edificar uma existência de equilíbrio e plenitude em todas as esferas de sua vida.

Desbrave os intrincados caminhos do equilíbrio afetivo e da concórdia pecuniária, desvelando os mistérios da opulência e da tranquilidade que metamorfosearão sua trajetória em um exuberante santuário de plenitude e prosperidade interior.

Capítulo 1
A INTERSECÇÃO ENTRE FINANÇAS E EMOÇÕES

A intersecção entre as finanças e as emoções representa um intricado e fascinante encontro de elementos que, muitas vezes, escapa ao olhar superficial, mas que exerce uma influência profunda em nossas vidas. As finanças, por sua natureza prática e tangível, costumam ser vistas como um campo estritamente racional, regido por números e cálculos frios. No entanto, quando adentramos o universo das emoções, descobrimos um mundo subjetivo e complexo, em que sentimentos, desejos e medos entrelaçam-se em uma teia intricada de significados e significâncias.

A relação entre finanças e emoções é, portanto, um campo fértil para a exploração e a compreensão da natureza humana. As decisões financeiras que tomamos, longe de serem meros atos de racionalidade pura, são frequentemente permeadas por emoções como o medo, a ganância, a culpa, a ansiedade e a felicidade. Essas emoções, muitas vezes inconscientes, exercem um poderoso impacto em nossas escolhas financeiras, moldando nossos comportamentos e influenciando nossas trajetórias de vida.

Ao compreender a intersecção entre finanças e emoções, somos convidados a mergulhar em um processo de autoconhecimento e transformação pessoal. A reflexão sobre nossas crenças, nossos valores e nossas emoções em relação ao dinheiro possibilita-nos não apenas compreender as origens dos nossos padrões financeiros, mas também promover mudanças significativas em nossa relação com as finanças e com nós mesmos.

A busca pela harmonia financeira e pelo equilíbrio emocional requer, portanto, um mergulho profundo em nosso mundo interior, um diálogo honesto e corajoso com nossas emoções mais íntimas. Ao reconhecer e acolher nossos medos e anseios em relação ao dinheiro, abrimos espaço para a transformação e para a construção de uma relação saudável e consciente com as finanças.

Que esse encontro entre finanças e emoções seja não apenas um exercício intelectual, mas também uma jornada de autodescoberta e crescimento pessoal. Que a compreensão da intersecção entre esses dois universos conduza-nos a um estado de equilíbrio e plenitude, em que a gestão financeira e o bem-estar emocional caminham de mãos dadas rumo a uma vida abundante e significativa. Que a harmonia entre finanças e emoções seja o alicerce sólido sobre o qual construímos nosso futuro de prosperidade e felicidade.

A jornada em direção à estabilidade financeira muitas vezes é entrelaçada com a complexidade das emoções humanas, exigindo não apenas discernimento racional, mas também uma profunda compreensão das nuances emocionais que permeiam nossas decisões financeiras. Nesse contexto, aprimorar a inteligência emocional torna-se uma peça-chave para navegar pelas águas turbulentas das preocupações financeiras.

A capacidade de reconhecer e gerenciar as emoções relacionadas ao dinheiro não apenas atua como um escudo contra o estresse financeiro, mas também como um farol que orienta as escolhas conscientes e equilibradas. O domínio das habilidades emocionais permite que as pressões financeiras sejam encaradas com serenidade, promovendo uma abordagem ponderada e resiliente diante dos desafios monetários.

Ao desenvolver a capacidade de reconhecer os gatilhos emocionais que influenciam nossas decisões financeiras, somos capacitados a adotar uma postura mais consciente e proativa em relação ao manejo de recursos. A consciência emocional capacita-nos a identificar padrões de comportamento relacionados ao dinheiro, permitindo-nos ajustar nossas atitudes e escolhas com base em uma compreensão mais profunda dos nossos próprios anseios e motivações.

Portanto a busca pela harmonia entre finanças e emoções não se restringe meramente à esfera material, ela transcende para o âmago da autodescoberta e do amadurecimento pessoal. Ao fortalecermos nossa inteligência emocional no contexto financeiro, erguemos alicerces sólidos para uma vida econômica mais equilibrada e gratificante, em que a serenidade emocional entrelaça-se harmoniosamente com as metas financeiras, pavimentando o caminho para uma existência plena e significativa.

No intricado tecido das decisões financeiras, a compreensão das emoções que permeiam nossas escolhas monetárias é essencial para forjar um caminho sólido rumo à estabilidade e à prosperidade. Nesse sentido, o cultivo de um *mindset* positivo em relação ao dinheiro emerge como um alicerce fundamental, capacitando-nos a enxergar as oportunidades financeiras com clareza e determinação.

Ao desenvolvermos um *mindset* impregnado de positividade em relação às finanças, transcendemos os limites da preocupação e do medo, abrindo espaço para a criatividade e a resiliência diante dos desafios monetários. Esse novo paradigma conduz-nos a uma postura proativa na busca por oportunidades de crescimento e investimento, alinhando nossas atitudes financeiras com uma visão otimista e construtiva do futuro.

Além disso, o estabelecimento de metas financeiras que estejam em sintonia com nossos valores pessoais não apenas confere direção e propósito às nossas escolhas econômicas, mas também atua como um farol orientador em meio às tentações do consumo desenfreado. Ao ancorar nossas metas financeiras em valores autênticos, nutrimos um sentido de realização e plenitude que transcende a mera acumulação de riquezas, direcionando nossos esforços para conquistas que verdadeiramente ressoam com nossa essência.

Ademais, a prática da gratidão em relação às conquistas financeiras assume um papel transformador ao cultivar uma mentalidade de abundância e apreciação pelas bênçãos materiais que permeiam nossa jornada. Ao reconhecermos e celebrarmos as vitórias, grandes ou pequenas, no âmbito financeiro, nutrimos um solo fértil para o florescimento de uma atitude positiva em relação ao dinheiro, ampliando nossa capacidade de atrair prosperidade e bem-estar.

Portanto ao amalgamar um *mindset* positivo, metas financeiras enraizadas em valores pessoais e a prática da gratidão em relação às conquistas monetárias, pavimentamos uma senda luminosa rumo a uma convivência harmoniosa entre emoções e finanças. Esse caminho convida-nos a trilhar uma jornada econômica permeada pela clareza de propósito, pela gratidão constante e pela confiança inabalável no potencial transformador das escolhas conscientes e emocionalmente equilibradas.

A busca pelo equilíbrio entre as necessidades emocionais e os objetivos financeiros figura como um delicado balé, em que a harmonia entre emoções e recursos monetários desenha o cenário para uma vida plena e satisfatória. Nesse compasso, reconhecemos que a mera acumulação de riquezas não é capaz de preencher o vazio deixado pela negligência das necessidades emocionais, assim como o descompasso emocional pode minar os alicerces da estabilidade financeira.

Ao almejar a sinergia entre as dimensões emocionais e financeiras, pavimentamos um caminho que transcende a mera busca por prosperidade material, rumo a uma existência enriquecida pela plenitude emocional. Esse equilíbrio convida-nos a honrar não apenas as demandas práticas do dia a dia, mas também a nutrir as relações interpessoais, o bem-estar interior e as paixões que dão cor e significado à jornada humana.

A busca por esse equilíbrio não se traduz em um exercício de renúncia ou contenção, mas em um convite à integração consciente das necessidades emocionais com os anseios financeiros. Essa dança requintada convoca-nos a investir não apenas em ativos tangíveis, mas também na construção de relacionamentos sólidos, na busca pela realização pessoal e no cultivo de momentos que nutrem nossa alma e expandem nossa visão de mundo.

Assim, ao tecer essa harmonia entre as necessidades emocionais e os objetivos financeiros, erguemos os pilares de uma existência verdadeiramente plena e satisfatória. Essa sinfonia convida-nos a dançar ao ritmo da abundância emocional e material, em que cada passo reflete a integração cuidadosa entre nossos sonhos monetários e nossas ânsias mais profundas, desenhando uma vida repleta de significado, propósito e bem-estar.

No intricado tecido das relações entre emoções e finanças, o autoconhecimento emerge como uma joia preciosa, capaz de iluminar os recantos mais profundos de nossa psique financeira. Compreender as próprias emoções em relação ao dinheiro não apenas outorga-nos clareza e discernimento, mas também capacita-nos a promover mudanças positivas na gestão financeira e no bem-estar emocional.

Ao adentrarmos os labirintos do autoconhecimento financeiro somos convocados a explorar as origens e os significados atribuídos às nossas emoções monetárias. Esse mergulho interior permite-nos desvendar padrões comportamentais enraizados em crenças e experiências passadas, revelando as molas propulsoras por trás das nossas escolhas econômicas. Ao lançar luz sobre esses aspectos, fortalecemos nossa capacidade de realizar escolhas conscientes e alinhadas aos nossos verdadeiros anseios e valores.

Além disso, o autoconhecimento brinda-nos com a oportunidade de reconhecer e transformar padrões emocionais disfuncionais que possam estar sabotando nossa estabilidade financeira. Ao identificar gatilhos emocionais que desencadeiam comportamentos prejudiciais em relação ao dinheiro, abrimos espaço para a implementação de estratégias de gestão emocional e financeira que promovam um equilíbrio saudável entre ambas as esferas.

Nesse sentido, o cultivo do autoconhecimento financeiro não se restringe a uma análise superficial de hábitos econômicos e, sim, a uma jornada de autodescoberta e autorreflexão que nos convida a desvendar as camadas mais íntimas de nossa psique monetária. Esse processo não apenas nos empodera a tomar as rédeas da nossa situação financeira, ele também nos conduz a uma relação mais consciente e harmoniosa com o dinheiro, gerando um impacto transformador em todas as esferas da nossa vida.

Portanto, ao trilharmos esse caminho luminoso do autoconhecimento financeiro, erguemos as bases para uma gestão monetária embasada na clareza interior, na consciência plena de nossas emoções em relação ao dinheiro e na busca por um equilíbrio genuíno entre bem-estar emocional e estabilidade financeira.

Adentrar os domínios da harmonia entre finanças e emoções é como empreender uma jornada encantada, em que cada passo revela novas oportunidades de crescimento pessoal e autoconhecimento. Essa senda, longe de ser uma meta estática, desdobra-se como um constante processo de autodescoberta e transformação, convidando-nos a explorar os recantos mais íntimos da nossa relação com o dinheiro em busca de uma vida financeira mais equilibrada e significativa.

Nessa jornada somos convocados a transcender a mera gestão pragmática de recursos monetários, adentrando o território fértil do autoconhecimento financeiro. Ao nos engajarmos nesse processo de autodescoberta, abrimos as comportas para a compreensão das complexas nuances que entrelaçam nossas emoções com nossas escolhas econômicas, desvelando camadas profundas que clamam por nossa atenção e cuidado.

Cada passo rumo à harmonia entre finanças e emoções convida-nos a questionar crenças arraigadas, a reconhecer padrões comportamentais limitantes e a nutrir uma relação mais consciente e saudável com o dinheiro. Esse mergulho interior impele-nos a enfrentar desafios, superar obstáculos e cultivar uma perspectiva renovada sobre o papel do dinheiro em nossa vida, gerando um terreno fértil para o florescimento de uma existência financeira verdadeiramente equilibrada e significativa.

Assim, convido a todos os leitores a engajarem-se nessa jornada de autodescoberta e transformação, em que cada reflexão, cada *insight* e cada passo rumo à integração entre finanças e emoções contribuem para forjar um caminho luminoso em direção a uma vida financeira mais plena. Que possamos abraçar essa oportunidade como um convite à evolução pessoal, reconhecendo que cada esforço em prol dessa harmonia reverbera não apenas em nossas finanças, mas também em todas as esferas de nossa existência, tecendo as tramas de uma vida repleta de equilíbrio, propósito e significado.

> *Na delicada intersecção entre finanças e emoções, encontramos a essência da jornada rumo à harmonia e ao equilíbrio. Que a compreensão desse encontro transformador nos guie para uma vida plena e significativa.*
>
> (Fabrício Silva Costa)

Explorando a relação entre prosperidade financeira e bem-estar emocional

Na tessitura complexa das experiências humanas, a relação intrínseca entre a prosperidade financeira e o bem-estar emocional emerge como um intricado enlace de influências sutis e poderosas. A fluidez das finanças, em sua manifestação material, reverbera nas camadas mais íntimas do ser, permeando os recônditos da psique e colorindo as nuances do estado emocional.

Em sua plenitude, a prosperidade financeira não se limita ao acúmulo de recursos monetários, ela estende-se à capacidade de equilibrar as necessidades materiais com as aspirações mais profundas da alma. Nesse contexto, o bem-estar emocional apresenta-se como o fio condutor que tece a trama da existência, conferindo significado e harmonia às conquistas materiais.

A estabilidade financeira proporciona um solo fértil para o florescimento do bem-estar emocional, criando um ambiente propício para o cultivo da serenidade interior e da paz de espírito. A segurança proporcionada pela prosperidade financeira permite ao indivíduo transcender as preocupações imediatas e dedicar-se ao desenvolvimento pessoal e emocional, promovendo um estado de equilíbrio e plenitude.

Por outro lado, o bem-estar emocional desempenha um papel crucial na gestão das finanças, orientando as escolhas e as decisões de forma consciente e alinhada com os valores mais profundos. Uma mente equilibrada e uma alma serena são fundamentais para lidar com os desafios financeiros com clareza e discernimento, evitando impulsos prejudiciais e cultivando uma relação saudável e consciente com o dinheiro.

Assim, a relação entre prosperidade financeira e bem-estar emocional revela-se como uma dança intricada de influências mútuas, em que o equilíbrio entre ambas traduz-se em uma vida plena de significado, harmonia e realização. Que cada passo em direção à prosperidade financeira seja também um passo em direção à paz interior e à felicidade genuína, consolidando a sinergia entre mente e dinheiro em um eterno abraço de harmonia e equilíbrio.

Refletir sobre a importância do autoconhecimento e da inteligência emocional na gestão financeira é adentrar aos domínios da sabedoria interior e do discernimento prático. O autoconhecimento, esse mergulho intrínseco na própria essência, revela-se como a pedra fundamental sobre a qual se ergue a sólida estrutura da gestão financeira consciente. Conhecer-se profundamente, em suas motivações mais íntimas e padrões comportamentais, é o alicerce sobre o qual se erige uma relação saudável e equilibrada com as finanças.

Da mesma forma, a inteligência emocional, essa habilidade sutil de compreender e gerir as próprias emoções, desvela-se como a bússola que orienta os passos na complexa trilha das decisões financeiras. A capacidade de reconhecer e canalizar as emoções em direção a escolhas conscientes e alinhadas com os objetivos financeiros estabelece um cenário propício para uma gestão financeira robusta e coerente.

O autoconhecimento, aliado à inteligência emocional, forja um caminho iluminado rumo à prosperidade financeira sustentável e ao bem-estar emocional duradouro. Ao compreender as próprias motivações financeiras e ao cultivar a habilidade de lidar com as emoções inerentes às questões monetárias, o indivíduo coloca-se em uma posição privilegiada para trilhar um percurso de equilíbrio e plenitude, em que as finanças tornam-se uma extensão harmoniosa do eu interior.

Nesse sentido, o autoconhecimento e a inteligência emocional emergem como pilares indissociáveis da jornada rumo à mestria na gestão financeira, tecendo uma rede de compreensão profunda que sustenta as escolhas conscientes e os passos seguros em direção à realização dos objetivos financeiros mais elevados. Assim, ao reconhecer a importância do autoconhecimento e da inteligência emocional na gestão financeira, abre-se um horizonte de possibilidades em que o florescimento material entrelaça-se harmoniosamente com o enriquecimento interior, delineando um caminho de prosperidade integral.

Destacando a necessidade de cultivar uma mentalidade de abundância e gratidão, independentemente do cenário financeiro atual, pode trazer uma perspectiva adicional à relação entre prosperidade financeira e bem-estar emocional. Cultivar uma mentalidade de abundância é como regar o jardim da vida com a crença inabalável de que há recursos suficientes para todos e que a própria existência é permeada por oportunidades e bênçãos incontáveis. Ao nutrir essa mentalidade, abre-se espaço para a expansão financeira e emocional, em que a escassez cede lugar à plenitude e à generosidade.

A gratidão, por sua vez, emerge como a essência que perfuma cada conquista financeira e emocional, transformando o simples em suficiente e o suficiente em abundante. Ao reconhecer e apreciar as dádivas presentes em cada aspecto da vida financeira, desde as pequenas economias até as grandes realizações, a mente sintoniza-se com uma frequência de contentamento e prosperidade que transcende as circunstâncias momentâneas.

Assim, ao unir a mentalidade de abundância com a prática da gratidão, tece-se uma tapeçaria de bem-estar emocional entrelaçado com a prosperidade financeira. Essa sinergia promove um estado de harmonia interior que influencia positivamente as decisões financeiras, abrindo espaço para escolhas conscientes e equilibradas, independentemente do cenário econômico vigente.

Portanto ao destacar a importância de cultivar uma mentalidade de abundância e gratidão, revela-se um horizonte vasto em que a prosperidade financeira e o bem-estar emocional dançam em perfeita sincronia, nutrindo-se mutuamente e tecendo um cenário de plenitude e realização.

A importância de desenvolver habilidades para lidar com adversidades financeiras, como resiliência e planejamento estratégico, revela-se como um pilar fundamental na construção de uma base sólida para o equilíbrio entre finanças e emoções. A resiliência, essa capacidade de enfrentar desafios e superar obstáculos com firmeza e flexibilidade, emerge como um escudo protetor diante das vicissitudes financeiras, permitindo que se navegue pelas marés adversas com coragem e determinação.

O planejamento estratégico, por sua vez, é a bússola que orienta as ações rumo à estabilidade financeira, delineando caminhos sólidos e prudentes mesmo em meio às tempestades econômicas. Ao desenvolver a habilidade de antecipar cenários e traçar planos de contingência, o indivíduo empodera-se diante das incertezas financeiras, cultivando uma sensação de controle e segurança que reverbera positivamente em seu bem-estar emocional.

As relações interpessoais, quando permeadas por laços de confiança e empatia, constituem um esteio emocional que sustenta o indivíduo em meio às turbulências financeiras, oferecendo não apenas suporte prático, mas também um ombro amigo capaz de acolher as inquietações emocionais.

Dessa forma, ao desenvolver habilidades de resiliência e planejamento estratégico, aliadas ao cultivo de relações interpessoais sólidas e do apoio emocional mútuo, tece-se uma rede de sustentação que fortalece a jornada rumo ao equilíbrio entre finanças e emoções. Essa sinergia promove uma sensação de segurança interna que se reflete na maneira como se encaram os desafios financeiros, proporcionando clareza mental e serenidade emocional mesmo diante das adversidades.

Por fim, ressaltar a necessidade de buscar orientação profissional, quando necessário, para fortalecer tanto a saúde financeira quanto o bem-estar emocional, é uma atitude de autossabedoria e cuidado consigo mesmo. Em meio às complexidades dos mundos financeiro e emocional, reconhecer a importância de recorrer a especialistas capacitados é como abrir uma janela para novas perspectivas e soluções concretas.

Ao buscar orientação profissional, seja de um consultor financeiro ou de um psicólogo especializado, o indivíduo empodera-se ao acessar conhecimentos e ferramentas que podem impulsionar sua jornada rumo ao equilíbrio entre finanças e emoções. A *expertise* técnica aliada à compreensão empática das nuances emocionais oferece um suporte abrangente que transcende as barreiras individuais, guiando o indivíduo por caminhos mais claros e assertivos.

Dessa forma, ao integrar a busca por orientação profissional em sua jornada de autodesenvolvimento financeiro e emocional, o indivíduo posiciona-se como protagonista ativo de sua própria história, demonstrando maturidade e responsabilidade diante das adversidades e dos desafios que se apresentam. Essa atitude não apenas fortalece alicerces sólidos para a saúde financeira e emocional, como também inspira outros a seguirem um caminho de autodescoberta e crescimento pessoal.

Portanto ao ressaltar a importância de buscar orientação profissional quando necessário, ofereço aos leitores uma perspectiva prática e realista sobre o cuidado integral com suas finanças e emoções. Essa abordagem convida à reflexão sobre a importância de reconhecer os próprios limites e buscar auxílio especializado sempre que se fizer necessário, promovendo um ambiente propício para o florescimento pessoal e a conquista do equilíbrio almejado.

Na intrincada teia da vida, a plenitude material entrelaça-se à serenidade emocional, revelando a sinfonia da verdadeira prosperidade.

(Fabrício Silva Costa)

Como as emoções influenciam nossas decisões financeiras

A influência das emoções nas decisões financeiras é um tema de extrema relevância e complexidade, que merece ser abordado com profundidade e rigor. As emoções, por sua natureza intrínseca e multifacetada, desempenham um papel crucial em nossas escolhas e comportamentos relacionados ao dinheiro, muitas vezes de forma inconsciente e imperceptível.

Ao longo da nossa vida, carregamos conosco um emaranhado de experiências, crenças, traumas e anseios emocionais que moldam nossa relação com o dinheiro e influenciam diretamente nossas decisões financeiras. A ansiedade, o medo, a ganância, a culpa, a autoestima e tantas outras emoções permeiam nosso universo psicológico e refletem-se em nossas atitudes em relação às finanças.

A ansiedade, por exemplo, pode nos levar a tomar decisões precipitadas e impulsivas, baseadas no medo do futuro e na necessidade de segurança imediata. A ganância, por sua vez, pode nos impelir a correr riscos desnecessários em busca de ganhos exorbitantes, ignorando os princípios básicos da prudência financeira. A culpa, por sua vez, pode nos levar a sabotar nossos próprios objetivos financeiros, impedindo-nos de prosperar e crescer de forma saudável.

A autoestima também desempenha um papel fundamental em nossas decisões financeiras, influenciando diretamente nossa capacidade de estabelecer limites saudáveis, valorizar nosso trabalho e nosso talento, e buscar oportunidades de crescimento e desenvolvimento pessoal. A forma como nos enxergamos e valorizamos impacta diretamente nossa relação com o dinheiro e nossa capacidade de tomar decisões financeiras conscientes e equilibradas.

É fundamental, portanto, que cultivemos uma maior consciência emocional em relação às nossas finanças, reconhecendo e compreendendo as emoções que permeiam nossas escolhas e comportamentos financeiros. Ao desenvolvermos a capacidade de observar e compreender nossas emoções em relação ao dinheiro conseguimos tomar decisões mais conscientes e alinhadas aos nossos valores e objetivos de vida.

A jornada em direção à harmonia financeira e ao equilíbrio emocional passa necessariamente pela compreensão e pela integração das nossas emoções em relação ao dinheiro. Ao reconhecermos e aceitarmos nossas emoções podemos transformar nossa relação com o dinheiro, cultivando uma maior serenidade, equilíbrio e sabedoria em nossas decisões financeiras. A harmonia entre emoções e finanças conduz-nos a um estado de integridade e plenitude, em que o dinheiro torna-se um instrumento de realização e felicidade, em vez de fonte de ansiedade e conflito.

Compreender o impacto das emoções relacionadas ao dinheiro nas relações interpessoais é de suma importância para a harmonia e para a estabilidade dos laços familiares, de amizade e profissionais. As intricadas nuances emocionais que permeiam as questões financeiras podem exercer uma influência significativa, moldando a dinâmica dos relacionamentos de forma sutil, porém impactante.

Em um contexto familiar, as emoções ligadas ao dinheiro frequentemente se entrelaçam com noções arraigadas de segurança, responsabilidade e igualdade. Conflitos emocionais decorrentes de divergências na administração financeira podem desencadear tensões latentes, minando a confiança e a coesão familiar. Por outro lado, entendimentos emocionais sólidos em relação ao dinheiro podem fortalecer os laços familiares, promovendo um ambiente de compreensão mútua e colaboração na busca por estabilidade financeira.

No âmbito das amizades, as emoções vinculadas ao dinheiro podem tornar-se um terreno delicado, suscitando sentimentos de inveja, ressentimento ou gratidão. A falta de clareza emocional em transações financeiras entre amigos pode gerar desentendimentos e abalar a solidez dos vínculos afetivos. Por outro lado, uma abordagem emocionalmente consciente em relação ao dinheiro pode fortalecer a confiança mútua e promover uma atmosfera de reciprocidade e apoio nos momentos desafiadores.

No ambiente profissional, as emoções ligadas às questões financeiras influenciam as relações entre colegas e gestores, impactando a dinâmica de trabalho e a colaboração em projetos comuns. Conflitos emocionais não resolvidos relacionados a remuneração, benefícios ou divisão de recursos podem minar a produtividade e criar barreiras à construção de um ambiente laboral saudável. Por outro lado, uma compreensão empática das emoções envolvidas nas decisões financeiras pode fomentar um ambiente profissional cooperativo e solidário.

Portanto é inegável que as emoções associadas ao dinheiro exercem um papel significativo nas relações interpessoais, podendo tanto fragilizá-las quanto fortalecê-las. Ao reconhecer e compreender essas nuances emocionais, podemos cultivar relações mais sólidas e saudáveis, baseadas na empatia, na compreensão mútua e no respeito pelas diferenças individuais.

Compreender e gerir as emoções que permeiam as decisões financeiras é fundamental para promover uma relação equilibrada e consciente com o dinheiro. Diante da complexidade emocional envolvida nas questões financeiras, é imprescindível cultivar estratégias que permitam uma abordagem mais ponderada e reflexiva, visando ao bem-estar integral.

Uma das estratégias eficazes para lidar com as emoções ligadas ao dinheiro é a prática da gestão emocional. Ao desenvolver a consciência das próprias emoções em relação às finanças, é possível identificar padrões de comportamento e pensamento que influenciam as decisões financeiras. Dessa forma, pode-se adotar uma postura mais proativa e consciente na administração dos recursos, minimizando impulsos desordenados e promovendo escolhas mais alinhadas com metas e valores pessoais.

Além disso, a incorporação de técnicas de meditação e *mindfulness* podem ser extremamente benéficas para promover a serenidade emocional diante de questões financeiras desafiadoras. A prática regular da meditação permite cultivar a atenção plena ao momento presente, reduzindo a ansiedade e o estresse associados às preocupações financeiras. Ao fortalecer a capacidade de manter o equilíbrio emocional, a meditação revela-se uma aliada poderosa na promoção de uma relação mais saudável com o dinheiro.

Exercícios de reflexão e autoconhecimento também desempenham um papel crucial na gestão das emoções ligadas às finanças. Ao dedicar tempo para explorar crenças, valores e experiências relacionadas ao dinheiro, é possível identificar pontos de tensão ou desequilíbrio emocional que impactam as decisões financeiras. O autoconhecimento proporciona a oportunidade de reavaliar e ajustar perspectivas em relação ao dinheiro, fomentando uma abordagem mais consciente e alinhada com as necessidades individuais.

Em síntese, ao adotar estratégias como gestão emocional, meditação, exercícios de reflexão e autoconhecimento, é possível promover uma relação mais equilibrada e consciente com o dinheiro. Ao integrar tais práticas no cotidiano, os indivíduos podem cultivar uma postura mais serena e ponderada diante das questões financeiras, favorecendo não apenas a saúde financeira, mas também o bem-estar emocional como um todo.

Histórias de superação e sucesso no contexto financeiro são fontes inspiradoras de aprendizado sobre a importância da gestão emocional. Pessoas que enfrentaram desafios emocionais relacionados às finanças e alcançaram estabilidade e prosperidade oferecem-nos exemplos concretos do impacto transformador que a compreensão das emoções pode ter no cenário financeiro.

Um exemplo notável é a história de Maria, que enfrentou dificuldades financeiras após perder o emprego em meio a uma crise econômica. Inicialmente tomada pela ansiedade e pelo medo em relação ao futuro, Maria decidiu buscar ajuda profissional para desenvolver habilidades de gestão emocional. Ao compreender e lidar com suas emoções, conseguiu traçar um plano financeiro realista e adaptável, além de explorar novas oportunidades de carreira. Com perseverança e equilíbrio emocional, Maria conseguiu superar os desafios, encontrando estabilidade financeira e realização profissional.

Outro caso inspirador é o de João, que enfrentou um período de endividamento excessivo devido a decisões impulsivas e falta de controle emocional em relação ao dinheiro. Ao reconhecer a necessidade de compreender suas emoções ligadas às finanças, João buscou apoio psicológico e adotou práticas de meditação e autoconhecimento. Essa jornada pessoal permitiu a João identificar gatilhos emocionais que o levavam a tomar decisões financeiras prejudiciais. Com determinação e autoconhecimento, ele conseguiu reverter sua situação financeira, quitando as dívidas e adotando hábitos mais saudáveis em relação ao dinheiro.

Essas histórias reais ilustram como a compreensão das emoções pode ser transformadora no contexto financeiro. Ao enfrentar desafios emocionais com coragem e buscar recursos para desenvolver a inteligência emocional, é possível alcançar estabilidade e prosperidade financeira, construindo um caminho sólido rumo ao bem-estar integral.

A conexão entre propósito de vida e decisões financeiras é um elemento crucial para a realização pessoal e o bem-estar emocional. Alinhar as escolhas financeiras com os valores pessoais e objetivos de vida é fundamental para construir uma jornada financeira significativa e satisfatória. A clareza emocional desempenha um papel fundamental na facilitação da tomada de decisões conscientes e alinhadas com um propósito maior.

Quando as decisões financeiras estão alinhadas com o propósito de vida, elas tornam-se instrumentos poderosos na busca pela realização dos objetivos pessoais. Por exemplo, indivíduos que valorizam a liberdade e a experiência optam por direcionar seus recursos financeiros para viagens e aventuras, investindo em experiências que enriqueçam suas vidas em vez de acumular bens materiais. Essa abordagem reflete a clareza emocional dessas pessoas em relação ao que verdadeiramente as motiva e lhes traz satisfação.

Ao compreender seus valores pessoais e objetivos de vida, as pessoas podem tomar decisões financeiras mais alinhadas com um propósito maior, evitando armadilhas, como o consumismo desenfreado ou investimentos que não contribuem para seu bem-estar genuíno. A clareza emocional permite que as pessoas reconheçam as motivações por trás de suas escolhas financeiras, capacitando-as a agir de forma consciente e assertiva.

Dessa forma, a conexão entre propósito de vida e decisões financeiras ressalta a importância da compreensão emocional no contexto financeiro. Ao cultivar essa clareza emocional, é possível tomar decisões financeiras mais alinhadas com um propósito maior, promovendo não apenas estabilidade material, mas também realização pessoal e felicidade genuína.

Em um intricado jogo de xadrez financeiro, as emoções ecoam como a música da alma, mas é você quem, como um habilidoso jogador, conduz a dança da racionalidade e do equilíbrio, garantindo que a harmonia financeira seja sempre a estrela principal dessa magnífica apresentação.

(Fabrício Silva Costa)

Estratégias para equilibrar finanças e emoções

Na complexa teia das relações entre finanças e emoções, desvendar estratégias que promovam o equilíbrio entre esses pilares fundamentais da existência torna-se uma jornada de autodescoberta e sabedoria. Em um mundo onde a volatilidade dos mercados financeiros espelha a turbulência dos sentimentos internos, é imperativo cultivar métodos sofisticados e eficazes para harmonizar as demandas pragmáticas do dinheiro com as sutilezas da psique humana.

A busca pelas estabilidades financeira e emocional demanda uma abordagem holística e refinada, que transcenda a mera gestão de números e adentre os domínios da inteligência emocional e do autoconhecimento. Estratégias que visem à sincronia entre finanças e emoções requerem um olhar aguçado para as nuances do comportamento humano, a fim de identificar padrões disfuncionais e promover transformações profundas e duradouras.

Ao integrar práticas de *mindfulness* e meditação em nosso cotidiano, conseguimos acessar os recônditos da mente e do coração, desenvolvendo a capacidade de observar nossas reações emocionais diante das questões financeiras com serenidade e clareza. A consciência plena permite-nos discernir entre impulsos momentâneos e necessidades reais, evitando decisões precipitadas e alinhando nossas ações com nossos valores mais autênticos.

Além disso, o cultivo de uma mentalidade de abundância, que transcenda a escassez e o medo, capacita-nos a enxergar as oportunidades e os recursos disponíveis, mesmo em meio às adversidades. Ao adotar uma postura de gratidão e otimismo, somos capazes de transformar desafios em aprendizados e obstáculos em trampolins para o crescimento pessoal e financeiro.

Por fim, a prática da comunicação não violenta e da empatia nos relacionamentos, tanto consigo mesmo quanto com os outros, revela-se como uma ferramenta preciosa na busca pelo equilíbrio entre finanças e emoções. A habilidade de expressar nossos sentimentos de forma clara e assertiva, sem julgamentos ou culpas, fortalece os laços afetivos e promovem um ambiente de confiança e colaboração, essenciais para a construção de relações saudáveis e prósperas.

Assim, ao explorar estratégias para equilibrar finanças e emoções, convidamo-nos a uma jornada de autoconhecimento e transformação, em que a sabedoria e a sensibilidade entrelaçam-se para forjar um caminho de harmonia e plenitude. Que cada passo nessa trajetória seja um convite ao encontro consigo mesmo e à conquista de uma vida de equilíbrio e realização.

> *Com maestria e discernimento, devemos desvendar as intricadas camadas que tecem a harmonia entre a gestão financeira e o bem-estar emocional, revelando os segredos de uma vida plena e próspera.*
>
> (Fabrício Silva Costa)

Impacto da estabilidade emocional na gestão financeira

Em um mundo marcado pela busca incessante por estabilidade financeira, é crucial reconhecer a profunda interconexão entre as emoções e as decisões monetárias. Estudos têm consistentemente destacado a influência direta do estado emocional de um indivíduo em suas escolhas financeiras, revelando a importância vital de cultivar uma estabilidade emocional sólida para uma gestão financeira próspera.

A ansiedade e o medo, frequentemente associados à incerteza financeira, podem desencadear respostas impulsivas e prejudiciais quando se trata de tomar decisões relacionadas ao dinheiro. Da mesma forma, a alegria efêmera de gastos excessivos pode levar a consequências duradouras, impactando negativamente a saúde financeira pessoal.

Entretanto, ao alcançar um equilíbrio emocional sólido, é possível adotar uma abordagem mais ponderada e consciente em relação às finanças. A capacidade de enfrentar desafios financeiros com calma e clareza mental pode resultar em escolhas mais prudentes e estratégicas, pavimentando o caminho para uma estabilidade econômica duradoura.

Nesse contexto, compreender a interseção entre emoções e finanças torna-se fundamental para aqueles que almejam não apenas a prosperidade material, mas também a serenidade interior. Ao integrar o autoconhecimento emocional com habilidades práticas de gestão financeira, os indivíduos podem trilhar um caminho rumo à abundância sustentável e à tranquilidade duradoura.

Assim, ao explorar o delicado equilíbrio entre estabilidade emocional e gestão financeira, é imperativo reconhecer que a verdadeira riqueza vai além do saldo bancário; reside na harmonia entre uma mente serena e uma base financeira sólida.

> *A estabilidade emocional é o alicerce primordial para a eficácia e a resiliência na gestão financeira, sendo a clave sine qua non para a prosperidade duradoura e para a sabedoria nas escolhas econômicas.*
>
> (Fabrício Silva Costa)

Identificando gatilhos emocionais que influenciam decisões financeiras

No âmago de nossas escolhas financeiras reside um intricado labirinto de emoções profundas e gatilhos sutis que moldam nossos comportamentos e direcionam nossas ações. Compreender e identificar esses gatilhos emocionais é essencial para uma gestão financeira consciente e equilibrada, pois muitas vezes são eles que nos levam a decisões impulsivas e prejudiciais ao nosso bem-estar financeiro.

Cada indivíduo carrega consigo uma bagagem única de experiências, crenças e traumas emocionais que influenciam diretamente suas escolhas econômicas. Pode ser o medo da escassez, que nos impulsiona a poupar excessivamente; a busca por aprovação social, que nos leva a gastos desnecessários; ou a ansiedade em relação ao futuro, que nos paralisa diante de investimentos promissores.

Ao nos aprofundarmos na jornada de autoconhecimento e reflexão, torna-se possível identificar esses gatilhos emocionais e reconhecê-los como aliados em nosso processo de transformação financeira.

A consciência desses padrões emocionais permite-nos agir de forma mais consciente e alinhada aos nossos valores e objetivos de vida, evitando armadilhas financeiras e cultivando uma relação saudável com o dinheiro.

Ao observarmos atentamente nossas reações emocionais diante de situações financeiras, podemos desvendar os segredos mais profundos de nossas motivações e comportamentos, abrindo espaço para a cura e a transformação. A prática da autorreflexão e do autoquestionamento torna-se, portanto, uma ferramenta valiosa para identificar e desarmar os gatilhos emocionais que sabotam nosso equilíbrio financeiro.

Que cada descoberta emocional seja um convite para o autoconhecimento e a autotransformação, guiando-o na jornada de equilíbrio e sabedoria financeira. Que a consciência desses gatilhos emocionais seja a chave para uma vida financeira mais plena, autêntica e harmoniosa.

Certamente, existem diversos gatilhos emocionais que podem influenciar as decisões financeiras. Alguns exemplos comuns incluem:

1. **Medo:** o medo de enfrentar situações financeiras adversas, como a perda de emprego, a incapacidade de pagar dívidas ou a falta de segurança financeira pode levar a decisões precipitadas, como retirar investimentos em momentos desfavoráveis ou evitar tomar riscos calculados.

2. **Ansiedade:** a ansiedade em relação ao futuro financeiro pode levar a comportamentos de evitação ou a uma busca por gratificação imediata, resultando em gastos excessivos ou em decisões de investimento impulsivas.

3. **Euforia:** em contrapartida, a euforia decorrente de ganhos inesperados ou momentos de prosperidade financeira pode levar a decisões excessivamente otimistas, como investir em oportunidades arriscadas sem uma análise cuidadosa.

4. **Culpa:** sentimentos de culpa relacionados ao dinheiro, seja por gastos considerados supérfluos ou por erros passados em investimentos, podem influenciar decisões financeiras futuras, levando

a um comportamento excessivamente restritivo ou a um ciclo de autossabotagem financeira.

5. Necessidade de validação social: o desejo de ser aceito socialmente ou de manter uma imagem de sucesso material pode levar a gastos excessivos para corresponder a certos padrões ou expectativas externas.

6. Impulsividade: a tendência a agir sem pensar de forma racional, seja em relação a compras impulsivas ou a investimentos de alto risco motivados pelo desejo de obter ganhos rápidos.

7. Inveja: sentimentos de inveja em relação ao sucesso financeiro de outras pessoas podem levar a decisões baseadas na comparação e na busca por alcançar um padrão de vida que não condiz com a realidade financeira pessoal.

8. Estresse: situações de estresse intenso, relacionadas ao trabalho, à saúde ou a problemas pessoais podem levar a decisões financeiras precipitadas ou a uma falta de atenção aos detalhes, resultando em erros que impactam negativamente as finanças.

9. Otimismo excessivo: uma visão excessivamente otimista em relação ao futuro financeiro pode levar a decisões de gastos ou investimentos baseadas em projeções irrealistas ou desconsiderando possíveis cenários adversos.

10. Comodismo: a tendência a evitar lidar com questões financeiras complexas ou a procrastinar decisões importantes pode resultar em perda de oportunidades ou em situações financeiras desfavoráveis no longo prazo.

Reconhecer esses gatilhos emocionais e sua influência nas decisões financeiras é o primeiro passo para desenvolver maior consciência e controle sobre o comportamento financeiro. Ao compreender como as emoções podem afetar as escolhas relacionadas ao dinheiro, é possível tomar decisões mais conscientes e alinhadas com metas financeiras sustentáveis e equilibradas.

> *A autopercepção profunda dos gatilhos emocionais que permeiam as decisões financeiras é o alicerce para a transformação consciente e a prosperidade duradoura.*
>
> *(Fabrício Silva Costa)*

O impacto do estresse financeiro na saúde mental

No turbilhão da vida moderna, em que as pressões financeiras entrelaçam-se com as demandas cotidianas, o estresse financeiro emerge como um poderoso catalisador de desequilíbrios emocionais e mentais. A tensão constante decorrente de preocupações com dinheiro e incertezas econômicas pode minar gradualmente nossa saúde mental, diminuindo nossa resistência emocional e nossa capacidade de enfrentar os desafios da vida com serenidade e clareza.

O estresse financeiro não se limita apenas às cifras em nossas contas bancárias, ele penetra profundamente em nosso ser, afetando nossa autoestima, nossa autoconfiança e nosso senso de segurança no mundo. A ansiedade decorrente da instabilidade financeira pode desencadear sintomas de depressão, insônia, irritabilidade e exaustão mental, criando um ciclo de sofrimento silencioso que consome nossa vitalidade e nossa alegria de viver.

Diante desse cenário desafiador, é imperativo reconhecer e enfrentar o impacto do estresse financeiro em nossa saúde mental, buscando estratégias eficazes de autocuidado e bem-estar emocional. A prática da autocompaixão, do autoacolhimento e do perdão consigo mesmo é essencial para cultivar a resiliência e a força interior necessárias para enfrentar as adversidades com coragem e determinação.

Além disso, a busca por apoio emocional e profissional, por meio de terapias, grupos de apoio e orientação financeira, pode proporcionar um espaço seguro para expressar suas angústias, compartilhar suas experiências e encontrar soluções práticas para lidar com o estresse financeiro de forma saudável e construtiva.

Que cada desafio financeiro seja um convite para o autodescobrimento e a transformação interior, guiando-o na jornada de cura e renovação emocional. Que a conscientização do impacto do estresse financeiro em sua saúde mental seja o primeiro passo em direção a uma vida mais equilibrada, plena e significativa.

Os impactos financeiros na saúde mental podem ser significativos e variados. Alguns exemplos incluem:

1. Estresse e ansiedade: a preocupação constante com questões financeiras, como dívidas, desemprego ou dificuldades para pagar contas, pode levar a altos níveis de estresse e ansiedade, afetando negativamente o bem-estar emocional e mental.

2. Depressão: dificuldades financeiras persistentes podem desencadear ou agravar sintomas de depressão, levando a sentimentos de desesperança, baixa autoestima e falta de motivação para lidar com a situação.

3. Insônia e problemas de sono: o estresse financeiro pode interferir no sono, causando insônia e outros distúrbios do sono, o que, por sua vez, afeta a capacidade de lidar com os desafios do dia a dia.

4. Isolamento social: sentimentos de vergonha ou inadequação associados a dificuldades financeiras podem levar ao isolamento social, prejudicando os relacionamentos pessoais e o suporte emocional.

5. Impacto na autoestima: dificuldades financeiras podem afetar a autoestima e a sensação de autoeficácia, levando a um ciclo negativo de pensamentos autodepreciativos.

6. Consumismo compulsivo: o hábito de gastar descontroladamente como forma de lidar com o estresse financeiro ou buscar conforto emocional pode levar a problemas de endividamento e sentimentos de culpa, contribuindo para um ciclo prejudicial à saúde mental.

7. Pressão social: a pressão para manter um determinado padrão de vida ou acompanhar o estilo de vida de outras pessoas pode gerar ansiedade e estresse financeiro, afetando a autoestima e o bem-estar emocional.

8. Desesperança e desamparo aprendido: a persistência de dificuldades financeiras sem perspectiva de melhora pode levar a sentimentos de desesperança e desamparo, impactando negativamente a saúde mental e a motivação para buscar soluções.

9. Impacto nas relações interpessoais: o estresse financeiro pode criar tensões e conflitos nas relações familiares, conjugais e sociais, gerando um ambiente emocionalmente desgastante.

Para superar esses impactos financeiros na saúde mental é importante buscar apoio e adotar estratégias para lidar com as questões financeiras de forma saudável:

1. Buscar ajuda profissional: consultar um terapeuta ou um psicólogo pode fornecer suporte emocional e estratégias para lidar com o estresse financeiro e seus impactos na saúde mental.

2. Educação financeira: aprender sobre gestão financeira pessoal e desenvolver habilidades para lidar com as finanças ajuda a reduzir a ansiedade relacionada ao dinheiro e a promover um senso maior de controle.

3. Estabelecer metas realistas: definir metas financeiras alcançáveis e criar um plano para alcançá-las pode ajudar a reduzir a sensação de desesperança e fornecer um senso de propósito.

4. Praticar autocuidado: cuidar da saúde física e mental por meio de exercícios, meditação, sono adequado e outras práticas de autocuidado ajudam a reduzir o impacto do estresse financeiro na saúde mental.

5. Buscar suporte social: compartilhar as preocupações com amigos próximos ou familiares confiáveis pode fornecer suporte emocional e reduzir o isolamento social.

6. Consumismo compulsivo: o hábito de gastar descontroladamente como forma de lidar com o estresse financeiro ou buscar conforto emocional pode levar a problemas de endividamento e sentimentos de culpa, contribuindo para um ciclo prejudicial à saúde mental.

7. Pressão social: a pressão para manter um determinado padrão de vida ou acompanhar o estilo de vida de outras pessoas pode gerar ansiedade e estresse financeiro, afetando a autoestima e o bem-estar emocional.

8. Desesperança e desamparo aprendido: a persistência de dificuldades financeiras sem perspectiva de melhora pode levar a sentimentos de desesperança e desamparo, impactando negativamente a saúde mental e a motivação para buscar soluções.

9. Impacto nas relações interpessoais: o estresse financeiro cria tensões e conflitos nas relações familiares, conjugais e sociais, gerando um ambiente emocionalmente desgastante.

Para superar esses impactos adicionais na saúde mental relacionados às questões financeiras, é crucial buscar formas saudáveis de lidar com as preocupações financeiras e promover estratégias de autocuidado emocional. Lembrando que cada pessoa vivencia os impactos de forma única, por isso é importante buscar apoios profissional e social para encontrar as melhores formas de enfrentar esses desafios. Ao reconhecer os impactos financeiros na saúde mental e adotar medidas para enfrentá-los, é possível promover um equilíbrio maior entre saúde emocional e bem-estar financeiro.

A intersecção entre o estresse financeiro e a saúde mental revela-se como um mosaico intricado de desequilíbrios psicossomáticos, exigindo uma abordagem holística e empática para a restauração do bem-estar integral.

(Fabrício Silva Costa)

Estratégias para lidar com a ansiedade relacionada a questões financeiras

Em meio às turbulências e às incertezas do mundo financeiro, a ansiedade pode instalar-se silenciosamente, minando nossa tranquilidade e prejudicando nosso bem-estar emocional. Diante desse desafio, é fundamental cultivar estratégias eficazes para lidar com a ansiedade relacionada a questões financeiras, promovendo um estado de equilíbrio e serenidade em meio ao caos e à pressão do mundo econômico.

1. ***Prática da respiração consciente:*** reserve alguns minutos do seu dia para conectar-se com a sua respiração, inspirando e expirando conscientemente. A respiração profunda e tranquila ajuda a acalmar o sistema nervoso, reduzindo a ansiedade e promovendo a sensação de calma interior.

2. ***Estabelecimento de metas financeiras realistas:*** defina metas financeiras alcançáveis e realistas, dividindo-as em etapas menores e mais gerenciáveis. Ter objetivos claros e tangíveis pode reduzir a sensação de incerteza e insegurança, proporcionando um senso de direção e controle sobre suas finanças.

3. ***Prática da gratidão e do desapego:*** cultive a gratidão pelas bênçãos e pelos recursos que já existem em sua vida, reconhecendo a abundância presente em seu dia a dia. Praticar o desapego em relação às preocupações excessivas com o dinheiro pode ajudá-lo a diminuir a ansiedade e a valorizar o que realmente importa em sua jornada financeira.

4. *Estabelecimento de um orçamento financeiro:* crie um orçamento detalhado que reflita suas receitas, despesas e objetivos financeiros. A organização e o planejamento financeiro são ferramentas poderosas para gerenciar melhor suas finanças, reduzir a ansiedade e promover a segurança em relação ao seu futuro econômico.

5. *Busca por apoio e orientação profissional:* não hesite em procurar a ajuda de profissionais qualificados, como terapeutas, consultores financeiros ou psicólogos especializados em questões financeiras. Compartilhar suas preocupações e buscar orientação especializada ajuda a oferecer *insights* valiosos e estratégias personalizadas para lidar com a ansiedade financeira de forma saudável e construtiva.

6. **Prática da *mindfulness*:** cultivar a consciência plena pode ajudar a reduzir a ansiedade relacionada às finanças. Ao focar no momento presente, é possível diminuir as preocupações em relação ao futuro financeiro, permitindo uma tomada de decisão mais equilibrada.

7. **Educação financeira:** buscar conhecimento sobre finanças pessoais e investimentos pode trazer maior segurança e confiança na gestão do dinheiro, diminuindo a ansiedade decorrente da incerteza.

8. **Estabelecimento de um fundo de emergência:** ter uma reserva financeira para situações inesperadas proporciona tranquilidade em momentos de instabilidade, reduzindo a ansiedade em relação a imprevistos.

Que cada estratégia seja um farol de luz e esperança em sua jornada de autocuidado e equilíbrio emocional, guiando-o na superação dos desafios financeiros com coragem e resiliência. Que a consciência e a ação consciente sejam suas aliadas na busca por uma vida financeira mais serena, estável e harmoniosa.

Desejo a você paz, clareza e confiança no enfrentamento da ansiedade relacionada a questões financeiras, fortalecendo sua saúde mental e emocional.

> *O autodomínio emocional aliado à autocompaixão*
> *e à resiliência tornam-se os pilares fundamentais*
> *na jornada de superação da ansiedade intrínseca*
> *às questões financeiras, promovendo um equilíbrio*
> *harmonioso entre mente e dinheiro.*
>
> (Fabrício Silva Costa)

Reconhecendo e superando comportamentos financeiros impulsivos

No universo financeiro, a impulsividade pode ser uma força avassaladora, capaz de tumultuar as bases sólidas de uma gestão financeira equilibrada. Muitas vezes, impulsos momentâneos dão origem a decisões precipitadas e desalinhadas com objetivos financeiros de longo prazo, resultando em arrependimento e instabilidade.

O primeiro passo rumo à superação desses comportamentos reside no reconhecimento consciente dos gatilhos que desencadeiam a impulsividade. Seja o apelo irresistível das compras por impulso ou a tentação de investimentos duvidosos baseados em promessas mirabolantes, identificar os fatores desencadeantes é crucial para desativar seu poder de influência.

Uma vez identificados, é possível implementar estratégias para contrabalançar esses impulsos. Estabelecer um período de reflexão antes de realizar compras significativas ou investir em ativos voláteis pode proporcionar uma pausa valiosa para ponderar sobre as verdadeiras necessidades e os objetivos financeiros.

Além disso, criar um plano financeiro sólido e alinhado com metas claras serve como um escudo protetor contra as investidas da impulsividade. Ao estabelecer limites e direcionar recursos para propósitos bem definidos, torna-se mais viável resistir às tentações momentâneas em prol de uma estabilidade financeira duradoura.

Portanto, ao reconhecer os padrões comportamentais impulsivos e implementar estratégias conscientes para superá-los, é possível pavimentar o caminho em direção a uma relação mais saudável e equilibrada com o dinheiro.

Comportamentos financeiros impulsivos podem incluir:

1. Compras por impulso: adquirir itens sem planejamento prévio, muitas vezes motivado por emoções momentâneas ou influências externas, como propagandas ou promoções.

2. Gastos excessivos: despesas que excedem significativamente a capacidade financeira, levando a um desequilíbrio orçamentário e potencial acúmulo de dívidas.

3. Tomada de decisões precipitadas: realizar investimentos ou assumir compromissos financeiros sem realizar uma análise cuidadosa dos riscos e benefícios, levando a consequências negativas em longo prazo.

4. Ignorar o planejamento financeiro: não estabelecer metas financeiras claras, não realizar orçamentos ou não acompanhar os gastos pode resultar em dificuldades financeiras e falta de controle sobre as finanças pessoais.

5. Empréstimos impulsivos: recorrer a empréstimos ou crédito sem avaliar adequadamente as condições e as consequências, levando a um endividamento excessivo e potencial impacto na saúde financeira.

6. Priorização do prazer imediato: dar preferência a gratificações instantâneas em detrimento do planejamento de objetivos financeiros em longo prazo, comprometendo a estabilidade financeira futura.

7. Negligenciar a construção de uma reserva de emergência: não priorizar a economia de um fundo para situações inesperadas pode gerar maior vulnerabilidade financeira diante de imprevistos.

8. Compras emocionais: utilizar o consumo como forma de lidar com emoções negativas, como estresse, tristeza ou ansiedade, sem considerar o impacto financeiro em longo prazo.

9. Adiamento de responsabilidades financeiras: evitar lidar com questões como pagamento de contas, planejamento para aposentadoria ou gestão de dívidas pode resultar em complicações financeiras futuras.

10. Desconsideração das consequências em longo prazo: focar apenas nas gratificações imediatas, sem avaliar os efeitos em longo prazo das decisões financeiras, como o impacto sobre a qualidade de vida e oportunidades futuras.

Reconhecer esses comportamentos e buscar estratégias para promover maior consciência e controle sobre as decisões financeiras pode ser fundamental para evitar armadilhas impulsivas e promover uma saúde financeira mais equilibrada. Aqui estão algumas sugestões e exemplos positivos de como abordar cada um dos comportamentos impulsivos mencionados:

1. Compras por impulso: antes de fazer uma compra, espere um período de reflexão (como 24 horas) para avaliar se realmente precisa do item ou se é uma compra motivada por impulso. Um exemplo positivo seria fazer uma lista de compras antes de ir ao mercado e manter o foco apenas nos itens essenciais.

2. Gastos excessivos: estabeleça um orçamento mensal e acompanhe regularmente seus gastos para garantir que estejam dentro das suas possibilidades financeiras. Um exemplo positivo seria definir um limite de gastos para categorias específicas, como lazer, e respeitá-lo ao longo do mês.

3. Tomada de decisões precipitadas: antes de realizar um investimento ou assumir uma nova despesa, faça uma pesquisa detalhada, consulte especialistas se necessário e avalie os prós e os contras com cuidado. Um exemplo positivo seria consultar um planejador financeiro antes de tomar decisões importantes sobre investimentos.

4. Ignorar o planejamento financeiro: estabeleça metas financeiras claras, crie um orçamento mensal e acompanhe regularmente seus gastos para garantir que está no caminho certo. Um exemplo positivo seria reservar uma parte do salário para a poupança ou investimentos antes de gastar com outras despesas.

5. Empréstimos impulsivos: antes de recorrer a empréstimos, avalie se realmente é necessário e se as condições são favoráveis. Um exemplo positivo seria comparar diferentes opções de crédito, considerando taxas de juros e prazos de pagamento antes de tomar uma decisão.

6. Priorização do prazer imediato: estabeleça objetivos financeiros em curto, médio e longo prazo para manter o foco em metas importantes mesmo diante de tentações momentâneas. Um exemplo positivo seria reservar uma parte do orçamento para um fundo de emergência ou para a realização de um sonho em longo prazo, como viajar ou comprar um imóvel.

7. Negligenciar a construção de uma reserva de emergência: estabeleça o hábito de reservar uma parte do seu salário mensalmente para criar uma reserva de emergência. Um exemplo positivo seria automatizar transferências para uma conta poupança ou investimento assim que receber o salário, priorizando a construção desse fundo de segurança financeira.

8. Compras emocionais: identifique gatilhos emocionais que levam a compras impulsivas e busque alternativas saudáveis para lidar com as emoções, como praticar exercícios físicos, meditação ou conversar com amigos. Um exemplo positivo seria reservar um tempo para refletir sobre as emoções antes de fazer uma compra por impulso, buscando entender se a motivação é emocional ou real necessidade.

9. Adiamento de responsabilidades financeiras: estabeleça um calendário para lidar com questões financeiras importantes, como pagamento de contas e planejamento para aposentadoria. Um exemplo positivo seria definir datas específicas no mês para organizar e pagar contas, evitando o adiamento e possíveis complicações futuras.

10. Desconsideração das consequências em longo prazo: antes de tomar decisões financeiras, reflita sobre os possíveis impactos em longo prazo e avalie se elas estão alinhadas com seus objetivos financeiros e qualidade de vida desejada. Um exemplo positivo seria criar o hábito de visualizar as consequências futuras antes de tomar decisões financeiras significativas, considerando como elas afetariam seus planos e metas em longo prazo.

Ao adotar esses exemplos positivos é possível promover uma abordagem mais equilibrada e consciente em relação às finanças pessoais, contribuindo para uma maior estabilidade financeira e bem-estar em longo prazo. Essas práticas podem ajudar a promover uma mudança gradual nos hábitos financeiros e a cultivar maior consciência e controle sobre as decisões relacionadas ao dinheiro.

O autoquestionamento e a introspecção profunda são os pilares essenciais para o reconhecimento e a transmutação dos comportamentos financeiros impulsivos, desencadeando uma metamorfose interna rumo à sabedoria econômica e ao equilíbrio duradouro.

(Fabrício Silva Costa)

A importância da autoestima na administração financeira

A autoestima, esse pilar emocional que sustenta nossa percepção individual de valor e merecimento, desempenha um papel fundamental na administração financeira. A forma como nos enxergamos reflete-se diretamente em nossas escolhas e comportamentos em relação ao dinheiro, influenciando significativamente nossa saúde financeira.

Quando cultivamos uma autoestima saudável, somos mais propensos a adotar práticas financeiras conscientes e benéficas. O respeito por si mesmo e a crença em suas capacidades promovem uma abordagem mais assertiva em relação às finanças, encorajando a busca por oportunidades de crescimento e investimento no próprio bem-estar financeiro.

Uma autoestima robusta também atua como um escudo protetor contra armadilhas financeiras. Indivíduos que reconhecem seu próprio valor tendem a tomar decisões mais alinhadas com seus objetivos em longo prazo, evitando impulsos consumistas prejudiciais e investimentos duvidosos motivados por inseguranças.

Além disso, a autoestima saudável nutre a resiliência necessária para enfrentar desafios financeiros. Em momentos de instabilidade econômica ou imprevistos monetários, aqueles que cultivam uma autoimagem positiva estão mais inclinados a buscar soluções proativas e a manter a esperança em meio à adversidade.

Assim, ao reconhecer a importância da autoestima na administração financeira, abrimos as portas para uma relação mais equilibrada e empoderada com o dinheiro. Ao nutrir nossa autoestima, fortalecemos não apenas nossa saúde emocional, mas também nossa capacidade de prosperar financeiramente.

Aumentar a autoestima na administração financeira é essencial para desenvolver uma relação saudável e positiva com o dinheiro. Aqui estão alguns exemplos do que fazer para fortalecer a autoestima nesse contexto:

1. Educando-se financeiramente: busque conhecimento sobre educação financeira por meio de livros, cursos on-line, *podcasts* ou *workshops*. Quanto mais você entender sobre finanças, mais confiante sentir-se-á ao lidar com suas decisões financeiras.

2. Estabelecendo metas financeiras alcançáveis: defina objetivos financeiros realistas e mensuráveis, como economizar para uma viagem, comprar um bem específico ou quitar dívidas. Ao alcançar essas metas você reforçará sua autoestima e seu senso de realização.

3. Criando um orçamento pessoal: elabore um orçamento detalhado que reflita suas receitas e despesas, permitindo um melhor controle e planejamento financeiro. Ao seguir um orçamento e perceber que está gerenciando suas finanças de forma eficaz, sua autoconfiança será fortalecida.

4. Celebrando pequenas conquistas: reconheça e celebre cada conquista financeira, por menor que seja. Pode ser economizar em uma compra, pagar uma dívida antiga ou manter-se dentro do orçamento planejado. Essas pequenas vitórias contribuem para elevar sua autoestima no âmbito financeiro.

5. Praticando o autocuidado financeiro: assim como cuidamos da nossa saúde física e emocional, é importante praticar o autocuidado financeiro. Isso inclui não se comparar com os outros, valorizar suas próprias escolhas e aprender com eventuais erros sem se culpar excessivamente.

Ao adotar essas práticas e incorporá-las ao seu dia a dia, você estará fortalecendo sua autoestima na administração financeira e construindo uma relação mais saudável e positiva com o dinheiro. Lembre-se de que cada passo em direção a uma maior consciência financeira é uma vitória.

O fortalecimento da autoestima é a pedra angular para a eficaz administração financeira, pois é alicerçada na autenticidade e na resiliência, forjando decisões prósperas e duradouras.

(Fabrício Silva Costa)

Como lidar com conflitos familiares relacionados a dinheiro

Dentro do núcleo familiar, questões financeiras frequentemente transformam-se em terreno fértil para conflitos e tensões. A gestão do dinheiro, permeada por valores, expectativas e histórias individuais pode desencadear desavenças que ameaçam a harmonia familiar. No entanto, ao adotar abordagens conscientes e empáticas, é possível transformar esses conflitos em oportunidades de crescimento e união.

A comunicação clara e respeitosa emerge como a base sólida para a resolução de conflitos financeiros familiares. Estabelecer um espaço de diálogo aberto, livre de julgamentos e repleto de escuta ativa possibilita a expressão genuína de preocupações e desejos relacionados ao dinheiro, fomentando um entendimento mútuo.

Além disso, o estabelecimento de limites saudáveis e expectativas realistas pode contribuir para mitigar conflitos financeiros. Ao definir acordos claros sobre responsabilidades financeiras e compartilhar metas comuns, os membros da família podem alinhar suas visões e práticas em prol de uma convivência financeira mais equilibrada.

A empatia também desempenha um papel crucial na resolução de conflitos financeiros familiares. Ao reconhecer as diferentes perspectivas e experiências individuais em relação ao dinheiro, é possível cultivar compreensão mútua e encontrar soluções que atendam às necessidades de todos os envolvidos.

Assim, ao adotar uma abordagem empática, comunicativa e colaborativa, é possível transformar conflitos financeiros familiares em oportunidades para fortalecer os laços afetivos e construir uma base sólida para uma convivência harmoniosa e equilibrada.

Conflitos familiares relacionados ao dinheiro são comuns e surgem por uma variedade de razões. Aqui estão alguns exemplos de situações que frequentemente levam a esses conflitos:

1. Diferenças de prioridades financeiras: membros da família podem ter objetivos financeiros diferentes, como um querer economizar para viajar e o outro preferir investir em educação. Essas diferenças de prioridades podem gerar atrito e desentendimentos.

2. Desigualdade na contribuição financeira: quando há disparidades na contribuição financeira entre os membros da família, seja devido a diferentes salários ou responsabilidades financeiras, isso pode causar ressentimento e conflitos sobre quem deve arcar com quais despesas.

3. Empréstimos não pagos: situações em que um membro da família empresta dinheiro a outro e o empréstimo não é pago conforme acordado podem gerar conflitos, desconfiança e ressentimento.

4. Herança e questões de sucessão: disputas familiares relacionadas a heranças, testamentos e divisão de bens após o falecimento de um ente querido são comuns e podem levar a conflitos prolongados entre os membros da família.

5. Estilos de vida e gastos excessivos: quando um membro da família tem hábitos de consumo excessivos ou vive acima de suas possibilidades financeiras, isso pode causar tensões com outros membros que buscam uma abordagem mais prudente em relação ao dinheiro.

6. Segredos financeiros: ocultar informações sobre dívidas, gastos ou investimentos dos demais membros da família pode minar a confiança e levar a conflitos quando essas informações vêm à tona.

7. Despesas compartilhadas: divergências sobre como dividir as despesas comuns da família, como contas de casa, alimentação e educação dos filhos, são capazes de gerar conflitos se não houver um acordo claro sobre quem deve contribuir e em que proporção.

8. Expectativas financeiras dos pais: quando os pais têm expectativas diferentes em relação ao apoio financeiro aos filhos adultos, isso pode causar atrito entre os membros da família, especialmente se um dos filhos receber mais ajuda financeira do que os outros.

9. Investimentos malsucedidos: decisões financeiras arriscadas ou investimentos malsucedidos feitos por um membro da família podem afetar negativamente o patrimônio familiar e levar a conflitos sobre responsabilidade e reparação.

10. Gastos irresponsáveis: situações em que um membro da família gasta de forma irresponsável, acumulando dívidas ou comprometendo o bem-estar financeiro da família como um todo, acabam gerando ressentimento e conflitos entre os demais membros.

11. Diferenças de valores em relação ao dinheiro: quando os membros da família têm valores e crenças diferentes em relação ao dinheiro, como um valorizar a segurança financeira e o outro priorizar experiências imediatas, isso pode resultar em choques de perspectivas e desentendimentos.

Esses são apenas alguns exemplos de situações que podem gerar conflitos familiares relacionados ao dinheiro. É importante abordar essas questões com diálogo aberto, respeito mútuo e busca por soluções que atendam aos interesses e necessidades de todos os envolvidos. É interessante notar que embora os conflitos familiares relacionados ao dinheiro possam ser desafiadores, eles também oferecem oportunidades para o crescimento e o fortalecimento dos laços familiares. Vamos transformar esses exemplos em aspectos positivos:

1. *Diferenças de prioridades financeiras*: ao reconhecer e respeitar as diferentes perspectivas financeiras dentro da família, é possível aprender a negociar, aprimorar habilidades de comunicação e encontrar um equilíbrio que satisfaça a todos.

2. *Desigualdade na contribuição financeira*: lidar com disparidades na contribuição financeira ajuda a incentivar a empatia, a solidariedade e a colaboração entre os membros da família, promovendo um ambiente de apoio mútuo e de compreensão.

3. *Empréstimos não pagos*: enfrentar situações de empréstimos não pagos pode ser uma oportunidade para estabelecer acordos claros, reforçar a responsabilidade financeira e fortalecer a confiança por meio da transparência e do cumprimento de compromissos.

4. *Herança e questões de sucessão*: ao discutir abertamente questões relacionadas a herança e sucessão, as famílias podem criar planos claros, evitar mal-entendidos futuros e cultivar um ambiente de respeito mútuo e harmonia familiar.

5. *Estilos de vida e gastos excessivos*: a conscientização sobre diferentes estilos de vida financeiros inspira conversas construtivas sobre valores familiares, metas comuns e estratégias para alcançar uma saúde financeira equilibrada que atenda às necessidades individuais e coletivas.

6. *Segredos financeiros*: a prática da transparência financeira dentro da família pode fortalecer os laços de confiança, promover uma cultura de honestidade e colaboração, além de encorajar a busca por soluções conjuntas para desafios financeiros.

7. *Despesas compartilhadas*: quando a família tem um acordo claro sobre como dividir as despesas comuns, isso fortalece a união e a responsabilidade financeira de todos os membros.

8. *Expectativas financeiras dos pais*: os pais apoiam os filhos adultos de acordo com suas necessidades individuais e capacidades, promovendo um ambiente de compreensão e apoio mútuo entre os irmãos.

9. *Investimentos bem-sucedidos*: decisões financeiras bem planejadas e investimentos bem-sucedidos feitos por um membro da família contribuem para o crescimento do patrimônio familiar e promovem um senso de colaboração e prosperidade.

10. *Gastos responsáveis*: todos os membros da família comprometem-se a administrar suas finanças de forma responsável, priorizando o bem-estar financeiro coletivo e evitando conflitos relacionados a gastos irresponsáveis.

11. *Respeito às diferentes perspectivas em relação ao dinheiro*: a família reconhece e valoriza as diferentes visões em relação ao dinheiro, buscando conciliar as diversas abordagens para promover o entendimento mútuo e a cooperação financeira.

Ao transformar esses desafios em oportunidades para o crescimento pessoal e familiar, as famílias podem superar conflitos financeiros com respeito, compreensão mútua e cooperação.

O manejo sábio dos conflitos familiares atinentes ao capital demanda empatia, ponderação e sagacidade para a construção de consensos edificantes e a preservação dos laços afetivos primordiais.

(Fabrício Silva Costa)

Estratégias para definir metas financeiras realistas e motivadoras

A definição de metas financeiras representa um marco fundamental no caminho em direção à estabilidade e à realização pessoal. Ao estabelecer objetivos claros e alcançáveis, é possível inspirar ações consistentes e construir um futuro financeiro sólido. Para tanto, é essencial empregar estratégias que promovam metas realistas e motivadoras, alinhando aspirações individuais com possibilidades tangíveis.

Em primeiro lugar, a reflexão sobre os valores pessoais e as prioridades de vida desempenha um papel central na definição de metas financeiras. Ao reconhecer aquilo que verdadeiramente importa, é possível direcionar esforços e recursos para áreas que ressoam com a essência individual, promovendo um senso de propósito e motivação duradoura.

Além disso, a prática da especificidade ao delinear metas financeiras é crucial para sua realização efetiva. Estabelecer objetivos concretos, mensuráveis e com prazos definidos proporciona clareza e foco, permitindo o acompanhamento do progresso e a celebração de conquistas ao longo do percurso.

A adaptabilidade também se revela como uma estratégia valiosa na definição de metas financeiras realistas. Reconhecer a natureza dinâmica da vida financeira e estar aberto a ajustes estratégicos diante de mudanças inesperadas viabiliza a manutenção do engajamento e da motivação em direção aos objetivos estabelecidos.

Por fim, o cultivo de uma mentalidade positiva e proativa desempenha um papel fundamental na definição de metas financeiras motivadoras. Ao visualizar os desafios como oportunidades de crescimento e manter o foco nas possibilidades ao invés das limitações é possível nutrir uma disposição resiliente e determinada para alcançar os resultados almejados.

Portanto, ao empregar estratégias que promovam metas financeiras realistas e motivadoras pode-se construir um caminho sólido rumo à realização dos sonhos e à segurança financeira duradoura.

Definir metas financeiras realistas e motivadoras é essencial para manter o foco e alcançar o sucesso em suas finanças. Aqui estão algumas estratégias que podem ajudar nesse processo:

1. Identifique seus objetivos financeiros: comece definindo claramente quais são seus objetivos em curto, médio e longo prazo. Isso pode incluir desde a compra de uma casa até a aposentadoria confortável.

2. Seja específico e mensurável: suas metas financeiras devem ser específicas e mensuráveis. Por exemplo, em vez de dizer "Quero economizar mais dinheiro", defina quanto exatamente você deseja economizar em um determinado período.

3. Estabeleça prazos: defina prazos para alcançar suas metas. Isso ajuda a criar um senso de urgência e a manter o foco ao longo do tempo.

4. Priorize suas metas: classifique suas metas por ordem de importância e foque naquelas que são mais significativas para você.

5. Crie um plano de ação: desenvolva um plano detalhado sobre como você vai alcançar suas metas, incluindo etapas específicas, recursos necessários e possíveis obstáculos a superar.

6. Acompanhe seu progresso: regularmente monitore e avalie seu progresso em direção às suas metas financeiras. Faça ajustes conforme necessário para garantir que esteja no caminho certo.

7. Mantenha-se motivado: encontre maneiras de se manter motivado ao longo do processo, seja visualizando os benefícios futuros de alcançar suas metas ou celebrando as pequenas vitórias ao longo do caminho.

8. Divida suas metas em metas menores: em vez de focar apenas no objetivo final, divida-o em metas menores e mais alcançáveis. Por exemplo, se o seu objetivo é economizar R$ 10.000 em um ano, defina metas mensais ou semanais para acompanhar seu progresso.

9. Automatize suas economias: configure transferências automáticas para uma conta de poupança logo após receber seu salário. Isso ajuda a garantir que você esteja constantemente economizando, sem a tentação de gastar esse dinheiro.

10. Reduza despesas desnecessárias: analise seus gastos e identifique áreas em que você pode reduzir custos. Isso pode incluir cortar assinaturas não utilizadas, diminuir gastos com lazer ou optar por marcas mais econômicas em suas compras.

11. Aumente sua fonte de renda: considere formas de aumentar sua renda, seja através de um trabalho extra, *freelancer* ou investimentos. Aumentar sua receita pode acelerar o alcance de suas metas financeiras.

12. Eduque-se financeiramente: invista tempo em aprender sobre finanças pessoais e investimentos. Quanto mais conhecimento você tiver, melhor poderá tomar decisões financeiras informadas e alcançar suas metas com mais eficácia.

13. Mantenha um fundo de emergência: tenha como meta construir um fundo de emergência que cubra de três a seis meses de despesas. Isso proporcionará segurança financeira e tranquilidade em caso de imprevistos.

Ao seguir essas estratégias e manter o comprometimento com suas metas financeiras, você estará no caminho certo para alcançar o sucesso e a estabilidade financeira que deseja. Lembre-se de que é importante revisar e adaptar suas metas à medida que sua situação financeira e seus objetivos pessoais evoluem.

A delineação de metas financeiras congruentes requer perspicácia, disciplina e uma visão prospectiva, a fim de fomentar alicerces sólidos para o êxito econômico e a realização pessoal.

(Fabrício Silva Costa)

Trabalhando a gratidão em relação às finanças

A prática da gratidão emerge como uma poderosa ferramenta para cultivar uma relação saudável e equilibrada com as finanças. Ao direcionar o olhar para as bênçãos e oportunidades presentes em nossa vida financeira, é possível nutrir um senso de plenitude e contentamento, independentemente das circunstâncias. Dessa forma, trabalhar a gratidão em relação às finanças não apenas promove bem--estar emocional, mas também estabelece as bases para uma gestão financeira consciente e satisfatória.

Em primeiro lugar, a prática diária de reconhecer e apreciar as pequenas e grandes conquistas financeiras é essencial para cultivar a gratidão. Ao celebrar cada passo em direção aos objetivos financeiros, seja o pagamento de uma dívida ou a realização de um investimento planejado, fortalecemos a conexão com a abundância presente em nossas vidas.

Além disso, o exercício de reconhecer os recursos financeiros disponíveis como instrumentos para promover o bem-estar próprio e daqueles ao nosso redor fomenta um senso de responsabilidade e generosidade. Ao empregar os recursos com sabedoria e generosidade, é possível estabelecer um ciclo virtuoso de gratidão e prosperidade.

A reflexão sobre as lições aprendidas com desafios financeiros também representa uma oportunidade valiosa para trabalhar a gratidão. Reconhecer o crescimento pessoal e as habilidades adquiridas diante de adversidades financeiras pode transformar experiências desafiadoras em fontes de aprendizado e fortalecimento.

Por fim, a prática da gratidão em relação às finanças revela-se como um convite constante para viver o momento presente com consciência e apreciação. Ao reconhecer a segurança proporcionada pelas reservas financeiras ou as oportunidades presentes em nossa realidade financeira atual, nutrimos um sentimento de plenitude que transcende as circunstâncias externas.

Portanto ao trabalhar a gratidão em relação às finanças é possível estabelecer uma base sólida para uma gestão financeira consciente, generosa e satisfatória.

> *A incutação da gratidão no âmbito financeiro demanda introspecção, desapego e discernimento, a fim de fomentar uma mentalidade próspera e uma relação equilibrada com o capital.*
>
> *(Fabrício Silva Costa)*

A influência das experiências passadas na relação com o dinheiro

A relação de cada indivíduo com o dinheiro é profundamente moldada pelas experiências vivenciadas ao longo da vida. As vivências passadas, sejam elas positivas ou desafiadoras, exercem uma influência significativa na forma como percebemos, valorizamos e gerenciamos as finanças. Compreender a complexidade dessa influência torna possível explorar as raízes das nossas atitudes e crenças em relação ao dinheiro, abrindo caminho para uma relação mais consciente e saudável com as finanças.

As experiências positivas, como a educação financeira familiar, a estabilidade econômica e o sucesso em empreendimentos anteriores tendem a cultivar uma mentalidade de segurança e confiança em relação ao dinheiro. Essas experiências podem resultar em uma abordagem proativa e otimista em relação aos investimentos, poupanças e gastos, fundamentada na crença na capacidade de alcançar prosperidade e estabilidade financeira.

Por outro lado, experiências desafiadoras, como dificuldades financeiras, dívidas acumuladas ou instabilidade econômica familiar são capazes de deixar marcas profundas na relação com o dinheiro. Essas vivências podem resultar em atitudes de aversão ao risco, ansiedade em relação a gastos e uma mentalidade de escassez, influenciando decisões financeiras futuras e gerando um ciclo de preocupação constante em torno das finanças.

Além disso, é importante reconhecer o impacto das mensagens sociais e culturais recebidas ao longo da vida na formação da mentalidade financeira. Crenças arraigadas sobre dinheiro, sucesso e merecimento são frequentemente internalizadas a partir de experiências passadas e influenciam diretamente as escolhas financeiras individuais.

Compreender a influência das experiências passadas na relação com o dinheiro pode iniciar um processo de reflexão e transformação. Ao reconhecer as origens de nossas crenças e comportamentos financeiros, é possível adotar uma abordagem mais consciente na gestão das finanças, buscando desfazer padrões limitadores e cultivar uma relação mais saudável e equilibrada com o dinheiro.

> *A influência das vivências pretéritas na esfera financeira demanda autoconhecimento, resiliência e um olhar perspicaz a fim de forjar uma trajetória próspera e libertadora em relação ao capital.*
>
> (Fabrício Silva Costa)

Desenvolvendo um plano de ação para equilibrar finanças e emoções

O equilíbrio entre finanças e emoções é essencial para uma vida financeira saudável e satisfatória. Reconhecer a interconexão entre nossos estados emocionais e nossas escolhas financeiras torna claro que o desenvolvimento de um plano de ação integrado é fundamental para promover bem-estar em ambas as esferas.

Em primeiro lugar, é crucial cultivar a consciência emocional em relação às finanças. Isso envolve reconhecer as emoções associadas às decisões financeiras, como ansiedade, medo ou impulsividade, e compreender como essas emoções influenciam nossos comportamentos em relação ao dinheiro. As práticas da auto-observação e da autorreflexão permitem identificar padrões emocionais prejudiciais e abrem espaço para a adoção de estratégias conscientes.

A partir desse ponto, o desenvolvimento de um plano de ação para equilibrar finanças e emoções requer a definição clara de metas financeiras alinhadas com valores pessoais e bem-estar emocional. Estabelecer objetivos tangíveis, como a constituição de uma reserva de emergência ou a quitação de dívidas, oferece direcionamento e propósito às escolhas financeiras, contribuindo para um senso de realização e de segurança.

Além disso, a prática da gestão financeira consciente, incluindo orçamentação, controle de gastos e investimentos planejados, representa um elemento fundamental do plano de ação. Adotar práticas que promovam o equilíbrio entre receitas e despesas torna possível reduzir a ansiedade financeira e fortalecer a sensação de controle sobre as finanças.

Paralelamente, o cultivo de hábitos saudáveis para o bem-estar emocional, como a prática da meditação, exercícios físicos regulares e cuidado com as relações interpessoais, desempenha um papel significativo no equilíbrio entre finanças e emoções. O fortalecimento do suporte emocional e da resiliência contribui para reduzir o impacto negativo do estresse financeiro e promove uma atitude mais serena diante dos desafios.

Por fim, é fundamental manter uma postura flexível em relação ao plano de ação, permitindo ajustes conforme novas situações emocionais ou financeiras se apresentem. A adaptação constante do plano à medida que novas necessidades surgem representa uma prática empoderadora que reflete o dinamismo inerente às vidas financeira e emocional.

Desenvolver um plano de ação integrado para equilibrar finanças e emoções torna possível estabelecer as bases para uma relação mais consciente, harmoniosa e gratificante com o dinheiro.

A elaboração de um plano de ação para equilibrar as finanças e as emoções demanda sagacidade, autodiscernimento e uma postura resiliente, visando à concretização de uma trajetória próspera e edificante.

(Fabrício Silva Costa)

Por meio de uma exploração meticulosa da interseção entre finanças e emoções, minha obra almeja desvendar a intrincada e vital relação entre a prosperidade financeira e o bem-estar emocional. Ao minuciosamente analisar o impacto das emoções em nossas decisões financeiras, apresento estratégias sofisticadas para harmonizar de forma magistral as questões monetárias e emocionais. Convido-o a imergir nessa enriquecedora jornada de autoconhecimento e evolução pessoal, desvelando os segredos para transformar sua abordagem em relação ao dinheiro e às suas próprias emoções.

Cordialmente,

Fabrício Silva Costa

Capítulo 2

MINDSET DA ABUNDÂNCIA

O *mindset* da abundância é uma filosofia de vida que transcende a mera acumulação de riquezas materiais, pois se fundamenta na crença de que o universo é infinitamente generoso e que a prosperidade está ao alcance de todos aqueles que se abrem para recebê-la. Trata-se de uma mentalidade que valoriza a gratidão, a generosidade, a confiança e a capacidade de ver oportunidades em meio aos desafios.

Ao adotarmos o *mindset* da abundância compreendemos que a escassez é uma ilusão e que a verdadeira riqueza está na capacidade de compartilhar e de criar valor para si e para os outros, pois reconhecemos que a abundância não se limita ao aspecto financeiro, mas abrange todas as áreas das nossas vidas, como relacionamentos afetivos, saúde, realização pessoal e espiritualidade.

Essa mentalidade positiva e proativa permite-nos que, como indivíduos, atraiamos para nós oportunidades e recursos que nos conduzem ao sucesso e à plenitude, pois cultivamos uma atitude de otimismo e confiança mesmo diante dos desafios e das adversidades, porque enxergamos as dificuldades como oportunidades de crescimento e aprendizado.

Além disso, aqueles que cultivam o *mindset* da abundância são capazes de reconhecer e valorizar as conquistas e bênçãos presentes em suas vidas, o que gera um ciclo virtuoso de gratidão e prosperidade. Eles compartilham seus recursos, conhecimentos e habilidades com generosidade, contribuindo para a construção de uma sociedade mais próspera e harmônica.

Para ilustrar a aplicabilidade do *mindset* da abundância em contextos cotidianos, podemos contemplar casos concretos de indivíduos que ao abraçarem essa filosofia, redesenharam por completo suas trajetórias. Histórias como a de Maria, que ao adotar uma postura de gratidão e generosidade em seu ambiente profissional viu-se cercada por oportunidades antes inimagináveis. Ou, ainda, o relato inspirador de João, que mediante pequenas mudanças em sua perspectiva e atitudes diárias, testemunhou um incremento significativo em sua qualidade de vida e realizações pessoais.

Esses exemplos tangíveis evidenciam como a semente do *mindset* da abundância, quando cultivada com diligência e discernimento, pode florescer em abundantes colheitas de prosperidade e plenitude. Dessa forma, convido cada leitor a refletir sobre como pequenos gestos e transformações graduais podem ser catalisadores poderosos na busca por uma vida mais rica em significado e realizações.

É imperativo ressaltar a relevância incontestável do autodesenvolvimento e da busca incessante por conhecimento na consolidação do *mindset* da abundância. O cultivo de uma mentalidade próspera demanda um compromisso contínuo com o enriquecimento intelectual e emocional, refletindo-se nas esferas financeira, pessoal e relacional.

A educação financeira, por exemplo, figura como um pilar fundamental nesse processo, capacitando indivíduos a compreenderem e gerirem de forma consciente seus recursos, alinhando-se, assim, com os princípios da abundância e da prosperidade. Paralelamente, o desenvolvimento pessoal revela-se como um caminho essencial na edificação de uma mentalidade fértil, permeada pela autenticidade, pela resiliência e pela capacidade de adaptação diante das vicissitudes da vida.

Ademais, a prática cotidiana da gratidão desponta como um elemento transformador, nutrindo a percepção positiva do mundo e das circunstâncias, erguendo alicerces sólidos para a construção de um *mindset* permeado pela abundância. Nesse sentido, encorajamos cada indivíduo a abraçar o desafio do autodesenvolvimento e o constante aprendizado como vias seguras para fortalecer e solidificar o *mindset* da abundância em suas vidas.

Ao trilhar a jornada de cultivar o *mindset* da abundância, deparamo-nos inevitavelmente com desafios que testam nossa resiliência e nossa determinação. Nesse contexto, a gestão das emoções emerge como uma habilidade crítica, capacitando-nos a enfrentar adversidades com equilíbrio e discernimento, preservando a clareza de pensamento e a positividade necessárias para sustentar a mentalidade próspera.

Ademais, a resiliência mostra-se como um alicerce inabalável, conferindo-nos a capacidade não apenas de superar obstáculos, mas também de florescer em meio às adversidades, nutrindo o solo fértil do *mindset* da abundância.

Além disso, a busca por mentoria e inspiração em figuras que personificam o espírito da abundância pode proporcionar orientação valiosa e encorajamento em momentos desafiadores. Por meio da sabedoria compartilhada por mentores e da inspiração proveniente de histórias de sucesso fundamentadas nessa mentalidade, somos impulsionados a persistir em nosso caminho rumo à plenitude e à prosperidade.

Portanto, ao enfrentar os desafios inerentes à jornada de cultivar o *mindset* da abundância, é fundamental honrar as emoções, fortalecer a resiliência e buscar mentoria e inspiração como pilares que sustentam nossa determinação em abraçar essa filosofia transformadora.

Em suma, o *mindset* da abundância é uma poderosa ferramenta para se construir uma vida plena de significado, propósito e felicidade. Ao adotar essa mentalidade, os indivíduos tornam-se agentes ativos de sua própria prosperidade e contribuem para o bem-estar coletivo, criando um mundo mais justo, solidário e abundante para todos.

> A nutrição de um mindset da abundância demanda introspecção, desapego e uma visão prospectiva, a fim de forjar uma mentalidade próspera e edificante em relação ao capital e à realização pessoal.
>
> (Fabrício Silva Costa)

Cultivando uma mentalidade positiva em relação ao dinheiro

Na jornada em busca da harmonia financeira e do equilíbrio emocional, a arte de cultivar uma mentalidade positiva em relação ao dinheiro revela-se como um dos pilares fundamentais para a construção de uma vida próspera e plena. Essa mentalidade positiva não se resume apenas a uma atitude otimista ou superficial; é um estado de consciência profunda e transformadora que nos permite reconhecer a verdadeira natureza do dinheiro e seu papel em nossa vida.

Ao cultivarmos uma mentalidade positiva em relação ao dinheiro, abrimos as portas para a abundância e a prosperidade fluírem livremente em nossa vida. É o reconhecimento de que o dinheiro é um meio de troca e transformação e não um fim em si mesmo. A mentalidade positiva em relação ao dinheiro convida-nos a transcender crenças limitantes e padrões de escassez que nos aprisionam em um ciclo vicioso de medo e ansiedade. É a capacidade de enxergar além das aparências e de reconhecer as oportunidades e as possibilidades que se apresentam a nós a cada momento. É a confiança inabalável na nossa capacidade de criar e manifestar a vida que desejamos, alinhada aos nossos valores e propósitos mais profundos.

Ao adotarmos uma mentalidade positiva em relação ao dinheiro, somos capazes de transformar nossa relação com a prosperidade e a abundância. Agradecemos por tudo aquilo que recebemos e compartilhamos com generosidade e gratidão os recursos que fluem em nossa direção. Abraçamos a ideia de que a riqueza é um estado de espírito e que a verdadeira abundância reside em nossa capacidade de amar, criar e servir ao mundo.

A prática diária de afirmar e visualizar a prosperidade em nossa vida é uma das formas mais poderosas de cultivar uma mentalidade positiva em relação ao dinheiro. Ao repetirmos afirmações como "Eu sou merecedor de toda a riqueza e prosperidade do universo" e visualizarmos nossos sonhos e metas financeiras se concretizando, estamos programando nossa mente e nosso coração para atrair e manifestar a abundância em todas as áreas de nossa vida.

Que a mentalidade positiva em relação ao dinheiro seja o farol que ilumina seu caminho rumo às realizações financeira e emocional. Que a confiança, a gratidão e a generosidade sejam seus companheiros de jornada, guiando-o na construção de uma vida de equilíbrio, plenitude e significado. Que a prática constante da mentalidade positiva em relação ao dinheiro seja o alicerce sólido sobre o qual você edifica sua vida de prosperidade e bem-estar. Que a harmonia financeira e o equilíbrio emocional sejam os frutos doces e suculentos de sua mentalidade positiva em relação ao dinheiro, enriquecendo não apenas sua carteira, mas também seu coração e sua alma riqueza interior e espiritual que possuímos.

Cultivar uma mentalidade opulenta em relação ao dinheiro requer perspicácia e diligência.

(Fabrício Silva Costa)

Superando crenças limitantes sobre a prosperidade

No contexto da busca pela harmonia financeira e equilíbrio emocional, deparamo-nos com um desafio transcendental: superar crenças limitantes sobre a prosperidade. Essas crenças, enraizadas em nosso subconsciente atuam como barreiras invisíveis que nos impedem de acessar todo o potencial de abundância e prosperidade que o universo nos reserva. Nesse ímpeto de transformação é imperativo adentrar em um processo de autoconhecimento profundo e corajoso, a fim de desvelar e transmutar essas crenças que nos aprisionam em um ciclo de escassez e limitação.

A superação de crenças limitantes sobre a prosperidade demanda uma jornada interior de desconstrução e reconstrução de paradigmas. É um convite à reflexão sobre os padrões de pensamento e comportamento que nos foram impostos e internalizados ao longo de nossa trajetória. É a oportunidade de questionar e desafiar as noções preestabelecidas sobre o dinheiro, a riqueza e o merecimento, e de abrir-se para uma nova visão de si mesmo e do mundo, permeada pela confiança na própria capacidade de prosperar e florescer.

Ao nos depararmos com crenças limitantes sobre a prosperidade, somos convidados a mergulhar nas profundezas do nosso ser a fim de identificar as raízes desses padrões autolimitantes. É um processo delicado e revelador, que nos confronta com nossas sombras e medos mais íntimos, mas que também nos proporciona a oportunidade de nos libertarmos das amarras do passado e de nos reconectarmos com a essência da nossa verdadeira natureza abundante e próspera.

A superação de crenças limitantes sobre a prosperidade requer coragem, determinação e autenticidade. É um ato de amor próprio e de autocuidado, no qual nos comprometemos a nos desapegar do velho e a abraçar o novo com confiança e gratidão. É o momento de nos permitirmos sonhar, de nos permitirmos manifestar a vida plena e abundante que verdadeiramente merecemos.

Que a jornada de superação de crenças limitantes sobre a prosperidade seja o portal que o conduz à realização plena e à prosperidade duradoura. Que cada desafio enfrentado, cada crença transmutada seja um passo em direção à liberdade e à autenticidade. Que a coragem de confrontar e transcender suas limitações seja a força motriz que impulsiona sua vida em direção à riqueza e ao bem-estar. Que a harmonia financeira e o equilíbrio emocional sejam os frutos doces e suculentos da sua jornada de superação de crenças limitantes sobre a prosperidade, iluminando seu caminho e enriquecendo sua existência de forma plena e significativa.

Transcender crenças obsoletas sobre a prosperidade demanda resiliência e autotransformação.

(Fabrício Silva Costa)

Exercícios práticos para fortalecer o *mindset* da abundância

Nessa jornada de busca pela harmonia financeira e equilíbrio emocional, os exercícios práticos desempenham um papel fundamental na construção e no fortalecimento do *mindset* da abundância. Essas práticas cotidianas, que convidam a uma profunda reflexão e ação, são a chave-mestra para desbloquear o potencial ilimitado de prosperidade que reside em cada um de nós.

1. Prática da gratidão abundante: reserve alguns minutos todos os dias para expressar gratidão por todas as bênçãos e todos os recursos que já estão presentes em sua vida. Faça uma lista dos aspectos financeiros e emocionais que você valoriza e agradeça por cada um deles, reconhecendo a abundância que o cerca.

2. Visualização criativa da prosperidade: dedique um tempo diariamente para visualizar seus sonhos e metas financeiras se concretizando. Imagine-se vivendo uma vida de abundância e plenitude, sentindo as emoções positivas que essa realidade traz. Permita-se mergulhar nessa visualização com fé e confiança no poder criativo do universo.

3. Prática de afirmações positivas: crie afirmações poderosas e positivas relacionadas à prosperidade e à abundância. Repita essas afirmações todos os dias, com convicção e entusiasmo, para reprogramar sua mente subconsciente e fortalecer seu *mindset* da abundância.

4. Exercício de abundância compartilhada: envolva-se em atos de generosidade e compartilhamento de recursos com aqueles ao seu redor. Doe tempo, dinheiro, conhecimento ou qualquer outro recurso que você tenha em excesso, cultivando a consciência de que a abundância é um fluxo contínuo que se expande quando é compartilhado.

5. Revisão e planejamento financeiro: reserve um momento regularmente para revisar suas finanças, identificar áreas de melhoria e estabelecer metas claras e tangíveis. Crie um plano de ação para alcançar essas metas, alinhando seus valores e objetivos financeiros com sua visão de prosperidade e bem-estar.

6. Meditação da abundância interior: pratique meditações guiadas ou *mindfulness* focados na conexão com a sua essência abundante e próspera. Permita-se mergulhar na serenidade do momento presente, reconhecendo a riqueza interior que transcende as circunstâncias externas.

7. Prática de reconhecimento da abundância cotidiana: desenvolva o hábito de reconhecer e apreciar a abundância nos pequenos detalhes do dia a dia. Observe a beleza da natureza, a bondade das pessoas ao seu redor e os presentes inesperados que a vida lhe oferece, cultivando a consciência de que a abundância está sempre presente, mesmo nas formas mais simples.

Ao incorporar esses exercícios práticos em sua rotina diária você fortalecerá e nutrirá seu *mindset* da abundância, transformando gradualmente sua relação com o dinheiro, a prosperidade e o bem-estar emocional. Que cada prática seja um passo em direção à realização plena e ao florescimento integral, guiando-o na construção de uma vida de harmonia financeira e equilíbrio emocional. Que a jornada de fortalecimento do *mindset* da abundância seja uma fonte inesgotável de inspiração e transformação, iluminando seu caminho e enriquecendo sua existência de forma significativa e duradoura.

> *Implementar rotinas consistentes para fortalecer a mentalidade de abundância demanda disciplina e perseverança até que os resultados sejam alcançados.*
>
> *(Fabrício Silva Costa)*

Visualização criativa para atrair abundância financeira

A prática da visualização criativa emerge como uma poderosa ferramenta na busca pela harmonia financeira e equilíbrio emocional. Ao empregar a capacidade inata da mente humana de criar imagens vívidas e positivas, a visualização criativa revela-se como um meio eficaz para atrair abundância em todas as áreas da vida, incluindo a esfera financeira.

Ao adotar a visualização criativa somos convidados a imergir em um estado de profunda conexão com nossos desejos e aspirações financeiras. Ao fechar os olhos e permitir que a mente envolva-se em cenários prósperos e gratificantes, estabelecemos um diálogo íntimo com a própria essência da abundância, nutrindo a crença inabalável na realização de nossos objetivos financeiros.

Por meio da visualização detalhada e sensorial somos capazes de invocar emoções e sensações associadas à conquista de metas financeiras significativas. Esse exercício mental não apenas fortalece nossa determinação, mas também sintoniza nossa vibração emocional com a energia positiva do universo, abrindo caminho para a manifestação tangível de oportunidades e recursos que nos conduzem à prosperidade.

Além disso, a prática consistente da visualização criativa estabelece uma ponte entre nossas aspirações financeiras e a realidade concreta, permitindo-nos agir com confiança e clareza em direção aos nossos objetivos. Ao internalizar uma visão clara do sucesso financeiro desejado, nossa mente torna-se uma aliada poderosa na tomada de decisões conscientes e na adoção de comportamentos alinhados com nossa visão de abundância.

Portanto, ao mergulhar na prática da visualização criativa para atrair abundância, comprometemo-nos não apenas com um exercício mental, mas com uma transformação profunda em nosso relacionamento com o dinheiro e a riqueza. Ao nutrir essa conexão íntima entre nossas aspirações financeiras e nossa realidade interior, abrimos as comportas para a fluidez da abundância em todas as áreas de nossas vidas.

Empregar a visualização criativa como estratégia para atrair a abundância financeira requer imaginação vívida e intenção focalizada

(Fabrício Silva Costa)

A visualização criativa pode ser realizada de diversas maneiras, mas aqui estão algumas práticas eficazes que podem ser adotadas:

1. **Estabeleça um ambiente calmo:** encontre um local tranquilo onde você possa sentar-se confortavelmente, sem interrupções. Isso pode ser feito em casa, em um parque ou em qualquer lugar que lhe proporcione paz e tranquilidade.

2. **Respire profundamente e relaxe:** antes de começar, respire profundamente algumas vezes para acalmar a mente e relaxar o corpo. Isso ajudará a criar um estado mental propício para a visualização.

3. **Visualize detalhadamente:** feche os olhos e comece a visualizar sua vida financeira ideal. Imagine-se atingindo seus objetivos, vivendo com abundância e prosperidade. Detalhe as cenas, incluindo cores, sons, cheiros e sensações físicas.

4. **Incorpore emoções positivas:** enquanto visualiza, concentre-se em sentir as emoções associadas ao alcance desses objetivos financeiros. Sinta a alegria, a gratidão e a satisfação que acompanham o sucesso financeiro.

5. Mantenha o foco: mantenha o foco em sua visualização por alguns minutos, permitindo-se imergir completamente nesse estado mental de abundância.

6. Agradeça: ao finalizar a visualização, reserve um momento para expressar gratidão pelo que foi visualizado, como se essas conquistas já fossem reais em sua vida.

Entendendo a conexão entre pensamentos e realidade financeira dentro do *mindset* da abundância

Compreender a intrínseca relação entre nossos pensamentos e nossa realidade financeira é essencial para cultivar um *mindset* de abundância e prosperidade. Nesse contexto, o reconhecimento do poder dos pensamentos na criação da nossa experiência financeira assume um papel central, orientando-nos na busca por uma mentalidade que propicie o florescimento material e emocional.

Alicerçado no princípio da abundância, o entendimento da conexão entre pensamentos e realidade financeira parte da premissa de que nossas crenças e percepções desempenham um papel determinante na manifestação de oportunidades e resultados financeiros. Ao adotar uma postura mental voltada para a riqueza e para a prosperidade, somos capazes de atrair e reconhecer possibilidades de crescimento econômico em nosso entorno.

Nesse contexto, a prática da gratidão e da visualização criativa emerge como ferramentas poderosas para fomentar o *mindset* da abundância. Ao expressar gratidão pelas conquistas presentes e futuras, sintonizamos nossa consciência com a energia positiva que favorece a materialização de objetivos financeiros. Da mesma forma, ao visualizar com clareza os resultados desejados, imprimimos em nossa mente as imagens que irão direcionar nossas ações em direção à concretização desses objetivos.

Paralelamente, é fundamental cultivar uma atitude de desapego em relação à escassez e limitação, nutrindo a convicção de que o universo é abundantemente generoso e está pronto para nos oferecer recursos financeiros em profusão. Ao liberar crenças limitantes sobre dinheiro e adotar uma postura de confiança na capacidade de atrair prosperidade, estabelecemos as bases para a concretização de oportunidades financeiras alinhadas com nosso potencial criativo.

A integração desses princípios no dia a dia requer constante vigilância sobre os padrões mentais dominantes, promovendo a substituição de pensamentos escassos por afirmações positivas e fortalecedoras. Ao adotar uma linguagem interna alinhada com a abundância e o sucesso financeiro, estamos reprogramando nossa mente para acolher experiências econômicas condizentes com nossa visão otimista do futuro.

Em síntese, ao compreender a conexão entre pensamentos e realidade financeira dentro do *mindset* da abundância, abrimos as portas para uma transformação significativa em nossas vidas material e emocional. A adoção consciente dessa perspectiva conduz-nos à percepção ampliada das possibilidades econômicas ao nosso redor, permitindo-nos trilhar um caminho de prosperidade sustentável e realização plena.

> *Compreendendo a intrínseca relação entre os pensamentos e a situação financeira no contexto do mindset da abundância é possível vislumbrar novas perspectivas para a prosperidade e o sucesso.*
>
> *(Fabrício Silva Costa)*

Transformando a mentalidade de escassez em uma mentalidade de abundância

A transição da mentalidade de escassez para uma mentalidade de abundância representa um poderoso processo de transformação pessoal, capaz de redefinir nossa relação com o mundo e com as oportunidades que se apresentam. Ao romper com os grilhões do pensamento limitante, abrimos as portas para uma nova perspectiva, permeada pela convicção de que a vida é plena de recursos e possibilidades aguardando para serem explorados.

O cerne dessa metamorfose reside na conscientização do poder dos nossos pensamentos na criação da realidade que habitamos. Ao reconhecer que nossas crenças e percepções moldam as experiências que vivenciamos, somos impelidos a revisitar e reestruturar os padrões mentais enraizados na escassez, substituindo-os por uma mentalidade voltada para a riqueza e para a prosperidade.

Nesse processo de transmutação, a prática da gratidão emerge como um catalisador fundamental, capacitando-nos a apreciar as dádivas presentes em nossa vida e a vislumbrar um futuro repleto de oportunidades. Ao cultivar a gratidão, sintonizamos nossa consciência com a abundância que permeia o universo, ampliando nossa capacidade de atrair e reconhecer os recursos materiais e emocionais ao nosso redor.

Paralelamente, a adoção de uma postura proativa na busca por crescimento e realização desempenha um papel central na transição para uma mentalidade de abundância. Ao assumir responsabilidade pela construção de nossa própria realidade e buscar ativamente oportunidades de desenvolvimento pessoal e financeiro, estamos alinhando nossas ações com a convicção inabalável de que somos merecedores da plenitude que o mundo tem a oferecer.

Fundamental também é o exercício da visualização criativa, por meio do qual somos capazes de forjar em nossa mente imagens vívidas e inspiradoras do futuro que desejamos manifestar. Ao nutrir essas visualizações com emoções positivas e confiança inabalável em sua realização, plantamos as sementes da abundância em nosso universo interno, preparando o terreno fértil para a materialização desses sonhos.

Em síntese, ao transformar a mentalidade de escassez em uma mentalidade de abundância, inauguramos um novo capítulo em nossa jornada pessoal, caracterizado pela consciência expandida das possibilidades que se desdobram diante de nós. Essa mudança paradigmática capacita-nos a abraçar o fluxo generoso da vida, acolhendo com gratidão e confiança as oportunidades que nos conduzem à plenitude material e espiritual.

Transmutar a mentalidade de escassez em uma mentalidade de abundância demanda introspecção e ressignificação

(Fabrício Silva Costa)

Reconhecendo e desafiando crenças limitantes sobre o dinheiro

O reconhecimento e a superação de crenças limitantes relacionadas ao dinheiro constituem um ponto crucial na jornada em direção à liberdade financeira e ao bem-estar psicológico. Ao confrontar e transcender essas crenças arraigadas, abrimos espaço para uma nova narrativa, permeada pela confiança e pela capacidade de criar uma relação saudável e próspera com a riqueza material.

O primeiro passo rumo à superação dessas crenças reside na conscientização de sua existência. Muitas vezes enraizadas desde a infância, tais crenças podem manifestar-se de maneira sutil, influenciando nossos hábitos financeiros e nossa percepção do próprio valor. Ao trazer à luz essas convicções limitantes, somos capazes de desafiá-las de maneira consciente e intencional, abrindo caminho para a transformação.

É crucial compreender que as crenças limitantes sobre o dinheiro podem manifestar-se de diversas formas, tais como a convicção de que a riqueza é inatingível para determinadas pessoas, a associação do dinheiro com sentimentos de culpa ou egoísmo ou a ideia de que o sucesso financeiro está intrinsecamente ligado à exploração ou à falta de integridade.

Ao identificar e nomear essas crenças, capacitamo-nos a desafiá-las e a substituí-las por novos paradigmas mais saudáveis e empoderadores.

A desconstrução dessas crenças limitantes demanda um processo contínuo de questionamento e reflexão. Ao nos questionarmos sobre a origem dessas convicções, bem como sobre as evidências que as sustentam, fortalecemos nossa capacidade de desafiar sua veracidade e adotar perspectivas mais alinhadas aos nossos objetivos financeiros e pessoais.

Além disso, é fundamental buscar novas fontes de inspiração e aprendizado que possam desafiar as crenças limitantes enraizadas em nossa psique. O contato com histórias de superação, a leitura de obras que abordem o tema da prosperidade e o diálogo com mentores ou profissionais especializados em finanças podem oferecer novos *insights* e promover uma revisão profunda das nossas percepções sobre o dinheiro.

Por fim, a prática da afirmação positiva emerge como uma ferramenta poderosa na reprogramação das crenças limitantes sobre o dinheiro. Ao cultivar afirmações que reforçam uma mentalidade de abundância, de autovalorização e de merecimento em relação à riqueza material, gradualmente reconfiguramos nosso diálogo interno e fortalecemos uma nova narrativa que nos impulsiona na direção do sucesso financeiro e da realização pessoal.

Ao reconhecer e desafiar as crenças limitantes sobre o dinheiro, pavimentamos o caminho para uma relação mais saudável e empoderada com a riqueza material. Essa jornada de autotransformação capacita-nos a assumir as rédeas do nosso destino financeiro, liberando-nos das amarras do pensamento limitante e abrindo espaço para a plenitude econômica e emocional que tanto almejamos.

Desbravar e transmutar crenças limitantes sobre o dinheiro demanda autenticidade e ousadia.

(Fabrício Silva Costa)

Integrando práticas de visualização positiva na gestão financeira

A integração de práticas de visualização positiva na gestão financeira representa um poderoso recurso para direcionar nossos pensamentos e nossas emoções em direção à realização de metas e à manifestação de abundância em nossas vidas. Ao empregar conscientemente a visualização positiva, abrimos as portas para uma transformação profunda em nossa relação com o dinheiro, potencializando nossa capacidade de criar prosperidade e bem-estar financeiro.

A visualização positiva, quando aplicada à gestão financeira, envolve a habilidade de imaginar de forma vívida e detalhada a realização de objetivos financeiros específicos. Ao cultivar mentalmente as sensações, as imagens e as emoções associadas ao alcance desses objetivos, ativamos poderosos mecanismos psicológicos que influenciam positivamente nossas atitudes e nossos comportamentos em relação ao dinheiro.

O primeiro passo para a integração eficaz da visualização positiva na gestão financeira reside na definição clara e específica de metas financeiras tangíveis. Ao estabelecer objetivos concretos, tais como a conquista de uma estabilidade financeira, a realização de investimentos bem-sucedidos ou a criação de múltiplas fontes de renda, fornecemos um ponto focal para nossa prática de visualização.

Uma vez que as metas estejam definidas, podemos dedicar tempo regularmente para nos conectar com esses objetivos por meio da visualização. Ao reservar momentos diários para nos imergir mentalmente na experiência da concretização dessas metas, fortalecemos nossa conexão emocional com elas, estimulando a criatividade e a motivação necessárias para transformar tais visões em realidade.

Além disso, a integração da visualização positiva na gestão financeira pode se beneficiar da criação de quadros visionários ou painéis de visão. Ao compilar imagens, palavras e símbolos que representem nossos objetivos financeiros, estamos fortalecendo o impacto da visualização ao fornecer estímulos visuais concretos que reforcem nossas intenções e desejos.

À medida que nos engajamos na prática regular da visualização positiva, é crucial cultivar um estado mental de gratidão e confiança no processo. A gratidão pela abundância presente em nossas vidas, mesmo antes da realização plena dos objetivos traçados, fortalece nossa conexão com a energia positiva necessária para atrair prosperidade. Da mesma forma, a confiança na eficácia da visualização positiva como ferramenta transformadora é fundamental para consolidar sua aplicação contínua em nossa jornada financeira.

Ao integrar práticas de visualização positiva na gestão financeira, estamos acessando uma fonte inesgotável de potencial criativo e motivacional. Essa abordagem holística nos capacita a alinhar nossos pensamentos, emoções e ações com os resultados financeiros desejados, promovendo uma transformação genuína em nossa relação com o dinheiro e abrindo espaço para a manifestação plena da abundância em todas as áreas da nossa vida.

Integrar práticas de visualização positiva na gestão financeira pode ser uma ferramenta poderosa para manter o foco, aumentar a motivação e ajudar a alcançar metas financeiras. Aqui estão alguns exemplos de como você pode incorporar a visualização positiva em sua jornada financeira:

1. Quadro de visão financeira: crie um quadro de visão ou painel no qual você possa colar imagens, frases motivacionais e representações visuais dos seus objetivos financeiros. Isso ajudará a manter esses objetivos presentes em sua mente diariamente.

2. Meditação visualizada: reserve um tempo regularmente para meditar sobre seus objetivos financeiros de forma visualizada. Feche os olhos, imagine-se alcançando suas metas, sinta as emoções positivas associadas a esse sucesso e visualize os detalhes do seu futuro financeiro.

3. Afirmações positivas: utilize afirmações positivas relacionadas às suas finanças, como "Estou no controle das minhas finanças" ou "Estou atraindo abundância financeira". Repita essas afirmações diariamente para reforçar uma mentalidade positiva em relação ao dinheiro.

4. Visualização de metas alcançadas: tire um tempo para visualizar vividamente como será sua vida quando atingir suas metas financeiras. Imagine-se comprando aquela casa dos sonhos, viajando para destinos incríveis ou desfrutando de uma aposentadoria tranquila e confortável.

5. Gratidão financeira: pratique a gratidão em relação às suas conquistas financeira passadas e presentes. Ao reconhecer e apreciar o que você já alcançou você estará mais propenso a atrair mais prosperidade em sua vida.

Lembrando que a visualização positiva não substitui a ação concreta e o planejamento financeiro, mas é uma ferramenta complementar poderosa para impulsionar sua motivação e foco. Experimente incorporar essas práticas de visualização positiva em sua rotina e veja como elas podem impactar positivamente sua gestão financeira. E não se esqueça de compartilhar essas dicas com seus amigos para que eles também possam se beneficiar dessa abordagem!

Elevando a autoconfiança em relação à capacidade de alcançar prosperidade

A elevação da autoconfiança em relação à capacidade de alcançar prosperidade representa um aspecto fundamental no caminho em direção à realização financeira e ao bem-estar integral. A confiança inabalável em nossas habilidades, potenciais e merecimento de uma vida próspera é o alicerce sobre o qual construímos as bases para atrair e manifestar abundância em todas as áreas de nossas vidas.

A autoconfiança, quando direcionada à busca da prosperidade, transcende além da mera convicção em nossas competências técnicas ou intelectuais. Ela abraça a firme crença em nossa capacidade de superar desafios, de aprender com as experiências e de nos adaptarmos às circunstâncias em constante transformação, confiando que somos merecedores de uma vida plena e próspera.

O primeiro passo para elevar a autoconfiança em relação à capacidade de alcançar prosperidade reside na prática da autorreflexão profunda e compassiva. Ao nos permitirmos investigar e compreender nossas crenças arraigadas sobre o dinheiro, o sucesso e a abundância, abrimos espaço para reavaliar e transformar padrões limitantes que possam minar nossa autoconfiança.

Além disso, a construção da autoconfiança rumo à prosperidade beneficia-se do cultivo de uma mentalidade positiva e proativa. Ao nutrir pensamentos e diálogos internos que reforcem nossa capacidade de alcançar objetivos financeiros significativos, fortalecemos gradualmente a convicção inabalável em nossa habilidade para criar riqueza e bem-estar duradouros.

As práticas consistentes do autocuidado emocional e psicológico também desempenha um papel crucial na elevação da autoconfiança em relação à prosperidade. Ao priorizar a manutenção de um equilíbrio interno saudável, fortificamos nossa resiliência perante desafios financeiros, ampliando nossa capacidade de enfrentar obstáculos com determinação e confiança.

Ademais, a visualização positiva emerge como uma ferramenta poderosa na promoção da autoconfiança voltada à realização da prosperidade. Ao dedicarmos tempo regularmente para visualizar vividamente a concretização de nossos objetivos financeiros mais ambiciosos, estamos fortalecendo não apenas nossa conexão emocional com tais metas, mas também consolidando a convicção profunda em nossa capacidade para alcançá-las.

Por fim, o estabelecimento e a celebração de metas financeiras alcançáveis ao longo do caminho representam um elemento essencial na construção contínua da autoconfiança rumo à prosperidade. Ao atingir marcos financeiros progressivos, validamos nossa competência e habilidades, reforçando a crença inabalável em nosso potencial para alcançar níveis cada vez mais elevados de prosperidade.

Ao elevarmos nossa autoconfiança em relação à capacidade de alcançar prosperidade, pavimentamos um caminho sólido rumo à concretização dos nossos sonhos financeiros mais grandiosos. Essa jornada interior é marcada pela transformação gradual de nossas crenças e atitudes em relação ao dinheiro, impulsionando-nos na direção de uma vida abundante e plenamente realizada.

Elevar a autoconfiança em relação à capacidade de alcançar a prosperidade é um exercício de autodescoberta e fortalecimento interior, que possibilita a manifestação plena do potencial em direção ao sucesso e à realização pessoal.

(Fabrício Silva Costa)

A importância da linguagem interna positiva na relação com o dinheiro

A importância da linguagem interna positiva na relação com o dinheiro transcende a mera escolha de palavras. Ela manifesta-se como um poderoso agente de transformação na construção de uma mentalidade financeira saudável e próspera. A forma como nos comunicamos internamente sobre dinheiro influencia diretamente nossas atitudes, nossas crenças e nossos comportamentos em relação à riqueza e à abundância.

A linguagem interna positiva constitui a base sobre a qual erigimos nossa autoimagem financeira e nossas expectativas em relação à prosperidade. Ao cultivarmos um diálogo interno que celebra a abundância, reconhecemos o valor do dinheiro como uma ferramenta para a realização de sonhos e aspirações, e se alinhamos isso à crença inabalável em nossa capacidade de atrair riqueza, plantamos as sementes para uma relação saudável e enriquecedora com o dinheiro.

A linguagem que utilizamos ao falar conosco mesmos sobre finanças desempenha um papel fundamental na formação de nossas crenças em relação à riqueza e ao merecimento. Ao substituirmos expressões limitantes por afirmações positivas, reprogramamos aos poucos nosso subconsciente para acolher a possibilidade de uma vida financeira próspera e abundante.

Além disso, a linguagem interna positiva atua como um catalisador na promoção da autoconfiança e da resiliência perante desafios financeiros. Ao adotarmos uma abordagem compassiva e encorajadora em nossos diálogos internos sobre dinheiro, reforçamos nossa capacidade de enfrentar obstáculos com determinação, criatividade e confiança, ao invés de sucumbir ao medo ou à autossabotagem.

A prática consistente da linguagem interna positiva também se revela como um instrumento poderoso na promoção da gratidão e do contentamento em relação às nossas circunstâncias financeiras presentes. Ao direcionarmos nossa atenção para as bênçãos e conquistas financeiras já alcançadas, nutrimos um ambiente interno propício para atrair mais abundância e mais prosperidade para nossas vidas.

Ademais, a linguagem interna positiva desempenha um papel crucial na construção de uma mentalidade de crescimento financeiro. Ao adotarmos expressões que enfatizam o aprendizado contínuo, a experimentação e a busca por oportunidades de expansão financeira, fortalecemos nossa disposição para explorar novos horizontes e trilhar caminhos inovadores em direção à realização de nossas metas monetárias mais ambiciosas.

Ao internalizarmos a importância da linguagem interna positiva na relação com o dinheiro, embarcamos em uma jornada rumo à transformação profunda de nossos comportamentos, nossas atitudes e crenças em relação à riqueza. Essa jornada interior é marcada pela reconstrução consciente do nosso diálogo interno sobre finanças, impulsionando-nos na direção de uma vida abundante, equilibrada e plenamente realizada.

> *Sustentar uma linguagem interna positiva na relação com o dinheiro é de suma importância, pois influencia diretamente nossas atitudes e decisões financeiras, impactando a construção de uma mentalidade próspera e equilibrada em relação à riqueza e à abundância.*
>
> *(Fabrício Silva Costa)*

Estratégias para superar o medo do fracasso financeiro

O medo do fracasso financeiro, muitas vezes enraizado em nossas experiências passadas e percepções presentes, pode manifestar-se como um obstáculo significativo em nosso caminho em direção à estabilidade e à prosperidade monetária. No entanto, ao adotarmos estratégias eficazes para enfrentar e superar essa temida barreira psicológica, podemos abrir espaço para uma nova narrativa financeira repleta de oportunidades e crescimento.

Uma das estratégias fundamentais para superar o medo do fracasso financeiro reside na prática da autocompaixão e da aceitação. Ao reconhecermos que o medo é uma emoção humana natural e que o fracasso é uma parte inevitável do processo de aprendizado e crescimento, libertamo-nos da rigidez mental que nos impede de avançar. Cultivar a compreensão de que os reveses financeiros não definem nossa valia como indivíduos, mas oferecem lições valiosas para nosso desenvolvimento, permite-nos abraçar uma postura mais gentil e tolerante em relação a nós mesmos.

Além disso, a busca por conhecimento e educação financeira representa uma estratégia crucial na superação do medo do fracasso monetário. Ao nos equiparmos com informações sólidas sobre gestão financeira, investimentos, planejamento e estratégias de construção de riqueza, fortificamos nossa capacidade de tomar decisões embasadas e assertivas em relação às nossas finanças. O conhecimento atua como um antídoto poderoso contra o medo, conferindo-nos a confiança necessária para enfrentarmos desafios com discernimento e determinação.

Ademais, a prática da visualização criativa e do estabelecimento de metas financeiras realistas revela-se como uma estratégia eficaz na superação do medo do fracasso monetário. Ao nutrirmos uma visão clara e inspiradora de nossa situação financeira desejada, direcionamos nossa atenção para um horizonte de possibilidades positivas, afastando gradualmente os receios paralisantes que nos impedem de agir. O estabelecimento de metas tangíveis e passos concretos em direção à sua realização permitem-nos canalizar nossa energia para a construção de um futuro financeiro sólido e promissor.

A busca por apoio emocional e orientação profissional também figura como uma estratégia essencial na superação do medo do fracasso financeiro. Ao compartilharmos nossas preocupações com amigos íntimos, familiares ou profissionais especializados em finanças, abrimos espaço para a expressão de nossas inquietações e receios ao mesmo tempo em que recebemos *insights* valiosos e encorajamento para seguir adiante. O apoio externo pode oferecer perspectivas renovadas, soluções criativas e um senso reconfortante de não estarmos sozinhos em nossas lutas financeiras.

Ao adotarmos essas estratégias com diligência e determinação, pavimentamos o caminho para a superação do medo do fracasso financeiro, abrindo espaço para uma relação mais harmoniosa e mais construtiva com o dinheiro. Essa jornada interior rumo à coragem financeira convida-nos a transcender nossos receios limitantes, abraçando um novo paradigma de confiança, resiliência e prosperidade.

Superar o medo do fracasso financeiro é essencial para avançar em direção aos seus objetivos financeiros com confiança e determinação. Aqui estão alguns exemplos de estratégias que podem ajudá-lo a lidar com esse medo:

1. Identifique a origem do medo: reflita sobre as origens do seu medo do fracasso financeiro. Entender de onde vem essa preocupação pode ajudá-lo a confrontar e a superar esses sentimentos.

2. Pratique a aceitação e o desapego: reconheça que o fracasso faz parte do processo de aprendizado e crescimento. Esteja aberto a falhas e veja cada obstáculo como uma oportunidade de aprender e crescer.

3. Desenvolva um plano financeiro sólido: ter um plano financeiro bem estruturado pode ajudar a reduzir a incerteza e a ansiedade em relação ao futuro. Estabeleça metas claras, crie um orçamento realista e siga um plano de ação para alcançar seus objetivos.

4. Construa um fundo de emergência: ter uma reserva financeira para imprevistos proporciona segurança e tranquilidade em momentos de incerteza. Saber que você tem um colchão financeiro ajuda a reduzir o medo do fracasso.

5. Busque apoio emocional: compartilhar seus medos e suas preocupações com amigos, familiares ou um profissional pode ajudar a aliviar o peso emocional do medo do fracasso financeiro. Receber apoio e encorajamento auxilia no fortalecimento de sua resiliência.

6. Pratique a gratidão e o pensamento positivo: cultivar uma mentalidade de gratidão pelas suas conquistas passadas e presentes ajuda a mudar o foco para aspectos positivos da sua vida financeira. Praticar o pensamento positivo também pode ajudar a afastar pensamentos negativos de fracasso.

7. Aprenda com experiências passadas: reflita sobre experiências passadas em que você superou desafios financeiros ou adversidades. Use essas experiências como fonte de inspiração e motivação para enfrentar novos desafios com confiança.

Ao aplicar essas estratégias em sua vida diária você estará construindo resiliência emocional e fortalecendo sua capacidade de lidar com o medo do fracasso financeiro. Lembre-se de que é normal sentir medo, mas o importante é não permitir que esse medo paralise suas ações em direção aos seus objetivos financeiros.

Utilizando afirmações positivas para fortalecer o *mindset* da abundância

As afirmações positivas, quando empregadas de maneira consciente e consistente, têm o poder de transformar nossa mentalidade em relação à abundância e à prosperidade. Ao internalizarmos e repetirmos afirmações que ressoam com a energia da plenitude e riqueza, semeamos as sementes de um *mindset* que atrai e valoriza a abundância em todas as áreas de nossas vidas.

O uso intencional de afirmações positivas como ferramenta para fortalecer o *mindset* da abundância inicia-se com a identificação e o reconhecimento de crenças limitantes em relação ao dinheiro, ao sucesso e à prosperidade. Ao tomarmos consciência das narrativas internas que nos mantêm presos a padrões escassos de pensamento, abrimos espaço para a introdução de afirmações que desafiam e reescrevem tais padrões, promovendo uma nova perspectiva baseada na plenitude.

Ao selecionarmos afirmações que ressoam autenticamente conosco, conectamo-nos com uma fonte interna de poder e convicção. Afirmações como "Eu sou merecedor(a) de abundância em todas as áreas da minha vida", "O universo é generoso e está sempre provendo para mim" e "Eu sou capaz de criar oportunidades ilimitadas de prosperidade" atuam como lembretes diários do potencial inerente à mentalidade da abundância. Ao repeti-las regularmente, fortalecemos nossa resiliência emocional e reprogramamos gradualmente nosso diálogo interno em direção à positividade e à gratidão.

Ademais, a prática da visualização associada às afirmações positivas potencializa sua eficácia na consolidação do *mindset* da abundância. Ao combinarmos as palavras com imagens mentais vívidas que representam a realização de nossos desejos mais profundos, ancoramos as afirmações em um terreno fértil de emoções positivas e de convicção. A visualização criativa permite que nos conectemos emocionalmente com a realidade abundante que desejamos manifestar, fortalecendo nossa fé na materialização desses ideais.

Além disso, a prática da gratidão atua como um complemento poderoso para o uso de afirmações positivas no fortalecimento do *mindset* da abundância. Ao expressarmos gratidão pelas bênçãos presentes em nossas vidas, sintonizamos nossa vibração com a frequência da abundância e da apreciação. A combinação da gratidão com as afirmações positivas cria uma sinergia que amplifica nossa capacidade de atrair experiências e recursos alinhados com nossa visão próspera.

Ao incorporarmos essas estratégias no cotidiano, cultivamos um *mindset* da abundância enraizado na confiança, na gratidão e na expectativa positiva em relação ao futuro. O uso intencional de afirmações positivas convida-nos a assumir o papel ativo na criação de uma realidade financeira e emocionalmente enriquecedora, redefinindo nossa relação com a riqueza e a plenitude.

Fortalecer o *mindset* da abundância é essencial para cultivar uma mentalidade positiva em relação ao dinheiro, aos recursos e às oportunidades. Aqui estão algumas afirmações positivas que podem ajudar a fortalecer esse *mindset*:

1. "Eu mereço prosperar e atrair abundância para minha vida".

2. "Estou aberto para receber todas as oportunidades de sucesso financeiro que o universo tem a oferecer".

3. "Estou disposto a liberar crenças limitantes sobre dinheiro e a abraçar uma mentalidade de abundância".

4. "A cada dia estou mais perto de alcançar a prosperidade financeira que almejo".

5. "Eu confio na minha capacidade de criar riqueza e abundância em minha vida".

6. "O dinheiro é uma energia positiva que flui abundantemente para mim e através de mim".

7. "Estou grato pelas bênçãos financeiras que já tenho e pelas que estão por vir".

8. "Eu mereço viver uma vida financeiramente próspera e equilibrada em todos os aspectos".

9. "Estou alinhado com a energia da abundância e permito que ela flua livremente em todas as áreas da minha vida".

10. "Cada decisão que tomo aproxima-me mais da realização dos meus objetivos financeiros".

Recitar essas afirmações diariamente, de preferência pela manhã ou antes de dormir, pode ajudar a reprogramar sua mente e fortalecer sua crença na abundância. Combine essas afirmações com práticas como meditação, visualização criativa e gratidão para potencializar os efeitos positivos no fortalecimento do *mindset* da abundância.

Desenvolver estratégias para superar o medo do fracasso financeiro demanda autoconhecimento e resiliência, envolvendo a identificação e a desconstrução de crenças limitantes, além da busca por novos aprendizados e a adoção de uma postura proativa na gestão financeira, visando ao crescimento e à superação de desafios.

(Fabrício Silva Costa)

Explorando a relação entre gratidão e prosperidade financeira

A relação entre gratidão e prosperidade financeira é um tema de profunda relevância, que nos convida a refletir sobre a interconexão entre nossas atitudes emocionais e nossa realidade material. A prática da gratidão não apenas enriquece nosso mundo interior com sentimentos de apreço e contentamento, mas também exerce um impacto tangível em nossa jornada rumo à prosperidade financeira.

Ao cultivarmos um estado de gratidão em relação às nossas circunstâncias atuais, sintonizamos nossa consciência com a abundância que nos cerca. A gratidão desafia-nos a direcionar nossa atenção para as bênçãos presentes em nossas vidas, mesmo em meio aos desafios e incertezas. Essa mudança de foco cria um ambiente propício para a manifestação da prosperidade à medida que nos tornamos mais conscientes das oportunidades e dos recursos disponíveis para nós.

A prática diária da gratidão atua como um poderoso catalisador para a transformação da nossa mentalidade em relação ao dinheiro e à riqueza. Ao reconhecermos e expressarmos gratidão pelas nossas finanças atuais, emitimos uma vibração de valorização e aceitação, o que, por sua vez, atrai mais motivos para sermos gratos. Esse ciclo virtuoso coloca-nos em alinhamento com a energia da abundância, abrindo portas para novas oportunidades financeiras e crescimento pessoal.

Além disso, a prática da gratidão convida-nos a adotar uma postura de generosidade e partilha elementos fundamentais no caminho da prosperidade. Ao reconhecermos os recursos que temos à disposição, sejam eles materiais ou imateriais, somos inspirados a utilizá-los de maneira consciente e compassiva. A generosidade cria um fluxo contínuo de energia positiva em nossa vida financeira, fortalecendo nossa conexão com a riqueza e com a abundância.

A relação entre gratidão e prosperidade financeira também se estende à capacidade de lidar com desafios e adversidades de forma resiliente. Cultivando um coração grato, fortalecemos nossa capacidade de enfrentar obstáculos com uma perspectiva positiva e determinada. A gratidão atua como um escudo protetor contra o medo e a escassez, capacitando-nos a buscar soluções criativas e oportunidades mesmo em tempos difíceis.

Em suma, explorar a relação entre gratidão e prosperidade financeira é reconhecer o poder transformador que a atitude de gratidão exerce em nossa jornada rumo à abundância material. Ao abraçarmos a prática da gratidão como um pilar fundamental em nossa vida financeira, plantamos as sementes para uma colheita farta de oportunidades, sucesso e realização.

> *Explorando a intrínseca relação entre gratidão e prosperidade financeira vislumbra-se a essência da abundância em cada experiência.*
>
> *(Fabrício Silva Costa)*

Incorporando práticas de generosidade e compartilhamento na vida financeira

A incorporação de práticas de generosidade e compartilhamento na vida financeira é um convite à transformação de nossa relação com o dinheiro e à criação de um impacto positivo em nosso entorno. Ao adotarmos uma postura generosa e compassiva em relação às nossas finanças, não apenas nutrimos nossa própria prosperidade, mas também contribuímos para a construção de uma sociedade mais solidária e equitativa.

A generosidade, quando aplicada ao contexto financeiro, transcende a mera doação de recursos materiais. Ela manifesta-se como uma atitude de abertura, disposição para compartilhar e reconhecimento do valor intrínseco das relações humanas. Ao incorporarmos a generosidade em nossas práticas financeiras, estabelecemos um ciclo virtuoso de abundância, no qual a partilha ativa o fluxo contínuo de recursos e oportunidades em nossa vida.

Além disso, a generosidade convida-nos a desenvolver uma consciência expandida em relação ao impacto positivo que podemos exercer no mundo por meio de nossas escolhas financeiras. Ao direcionarmos parte dos nossos recursos para causas e iniciativas que promovem o bem-estar coletivo, contribuímos para a construção de um tecido social mais resiliente e inclusivo. Dessa forma, nossa generosidade torna-se um agente catalisador de mudanças significativas e duradouras.

A prática do compartilhamento também desempenha um papel fundamental na criação de uma vida financeira enriquecedora e significativa. Ao compartilharmos nossos recursos com aqueles que necessitam, reforçamos os laços de solidariedade e empatia que sustentam o tecido da sociedade. O ato de compartilhar não apenas beneficia os receptores diretos, mas também nos enriquece espiritualmente, fortalecendo nosso senso de propósito e conexão com o próximo.

Ademais, o compartilhamento inteligente de recursos financeiros permite-nos maximizar o impacto positivo que podemos gerar no mundo. Ao investirmos em projetos e iniciativas socialmente responsáveis, direcionamos nosso capital não apenas para obtermos retornos financeiros, mas também para promover o desenvolvimento sustentável e a justiça social. Essa abordagem consciente do compartilhamento posiciona-nos como agentes ativos na construção de um futuro mais equitativo e próspero para todos.

Em resumo, incorporar práticas de generosidade e compartilhamento na vida financeira é um convite para transcender a visão limitada do dinheiro como mera transação comercial. É um chamado para abraçar o potencial transformador das nossas escolhas financeiras e reconhecer o papel fundamental que desempenhamos na construção de um mundo mais justo e compassivo.

Praticar a generosidade e o compartilhamento na vida financeira não apenas beneficia os outros, mas também traz as sensações de realização e de gratidão para quem pratica essas ações. Aqui estão algumas práticas que você pode adotar para incorporar mais generosidade e compartilhamento em sua vida financeira:

1. Doações para instituições de caridade: destinar parte do seu dinheiro para apoiar causas sociais e organizações sem fins lucrativos é uma forma significativa de praticar a generosidade. Escolha causas com as quais você se identifica e faça doações regulares, se possível.

2. Ajuda a pessoas em situações de vulnerabilidade: esteja atento às necessidades das pessoas ao seu redor e ofereça ajuda financeira quando possível. Isso pode incluir ajudar um amigo em dificuldades, contribuir para a campanha de arrecadação de fundos de alguém necessitado ou apoiar um familiar em momentos de crise.

3. Compartilhamento de conhecimento financeiro: compartilhe seus conhecimentos sobre educação financeira com amigos, familiares ou colegas que possam se beneficiar dessas informações. Ensinar outras pessoas a gerenciar melhor seu dinheiro é uma forma poderosa de impactar positivamente suas vidas.

4. Investimento em causas sustentáveis: procure investir em empresas ou projetos que tenham um impacto positivo no meio ambiente, na comunidade ou na sociedade em geral. Escolher investimentos socialmente responsáveis é uma maneira de usar seu dinheiro para promover mudanças positivas no mundo.

5. Oferta de tempo e habilidades: além do aspecto financeiro, também é possível praticar a generosidade oferecendo seu tempo e suas habilidades para ajudar os outros. Participe de voluntariado em organizações locais, ofereça-se para mentorar alguém em questões financeiras ou compartilhe suas habilidades profissionais gratuitamente.

6. Cultivo da gratidão e do reconhecimento: reconheça e valorize as pessoas que contribuem positivamente para sua vida financeira. Agradeça aos profissionais que prestam serviços a você, reconheça o esforço de colegas de trabalho e demonstre apreço pelas pessoas que fazem parte da sua jornada financeira.

Ao incorporar essas práticas de generosidade e compartilhamento em sua vida financeira, você não só estará impactando positivamente a vida dos outros, mas também fortalecendo seus próprios valores e sentimentos de gratidão e abundância. Compartilhe essas ideias com seus amigos para incentivá-los a também adotarem atitudes generosas em relação ao dinheiro!

Praticar a generosidade é semear prosperidade e colher gratidão.

(Fabrício Silva Costa)

Capítulo 3

PLANEJAMENTO FINANCEIRO CONSCIENTE

No capítulo dedicado ao Planejamento Financeiro Consciente, adentramos em um território de vital importância para a construção de uma vida pautada pela abundância e pela segurança. O ato de planejar conscientemente as finanças transcende a mera gestão de recursos monetários, abraçando uma filosofia que preza pela harmonia entre receitas, despesas e investimentos, em consonância com valores pessoais e objetivos em longo prazo.

Ao adotar essa abordagem, somos convocados a exercitar a reflexão profunda sobre nossas prioridades e aspirações, alinhando-as às nossas práticas financeiras cotidianas. Dessa forma, o planejamento financeiro consciente não apenas viabiliza a realização de sonhos e metas, mas também promove uma relação saudável e equilibrada com o dinheiro, afastando a ansiedade e as incertezas que frequentemente permeiam as questões financeiras.

Por meio da prática do planejamento financeiro consciente cada indivíduo é convidado a assumir as rédeas de sua trajetória econômica, cultivando hábitos que nutrem a prosperidade e a estabilidade futura. Essa abordagem não se restringe à mera acumulação de riquezas, mas à edificação de um alicerce sólido que sustenta uma existência plena e significativa.

Assim, ao explorar o capítulo dedicado ao Planejamento Financeiro Consciente, somos instigados a mergulhar em um universo de autoconhecimento, responsabilidade e visão estratégica, pavimentando o caminho rumo a uma vida financeira abundante e congruente com nossos anseios mais profundos.

Imagine a seguinte situação: você recebe seu salário no início do mês, e com o passar dos dias percebe que o dinheiro parece escorrer por entre seus dedos, sem que você saiba ao certo para onde está indo. Essa sensação é familiar para muitas pessoas, e é exatamente nesse momento que a prática do planejamento financeiro consciente pode fazer toda a diferença.

Vamos supor que ao invés de deixar as despesas acumularem-se sem controle, você reserve um tempo no início do mês para elaborar um orçamento detalhado. Ao fazer isso, você consegue visualizar claramente para onde seu dinheiro está indo e, mais importante ainda, pode planejar com antecedência como deseja alocar seus recursos.

Por exemplo, ao identificar que uma parte significativa de seus ganhos está sendo destinada a gastos supérfluos, você pode redirecionar esses recursos para a criação de uma reserva financeira ou para investimentos que tragam retornos em longo prazo. Dessa forma, você não apenas controla suas finanças de maneira consciente, mas também abre portas para a realização de sonhos e objetivos que antes pareciam distantes.

Esses exemplos reais e práticos ilustram como o planejamento financeiro consciente pode transformar a maneira como lidamos com o dinheiro, proporcionando não apenas estabilidade financeira, mas também uma sensação de controle e direcionamento em relação às nossas metas e aspirações.

Implementar um planejamento financeiro consciente pode parecer uma tarefa assustadora à primeira vista, mas, na verdade, consiste em uma série de passos simples que podem ser adotados imediatamente. Aqui estão algumas dicas para ajudar os leitores a começarem essa jornada:

1. Estabeleça um orçamento realista: comece acompanhando suas despesas e receitas para ter uma visão clara de como você está gastando seu dinheiro. Em seguida, crie um orçamento realista que leve em consideração suas necessidades básicas, dívidas e objetivos financeiros.

2. Crie um fundo de emergência: reserve uma parte de sua renda mensal para construir um fundo de emergência que cubra de três a seis meses de despesas. Isso proporcionará segurança financeira em casos de imprevistos, como perda de emprego ou despesas médicas inesperadas.

3. Comece a investir de forma consciente: mesmo que seja com quantias pequenas. Iniciar um plano de investimento pode ser fundamental para alcançar a estabilidade financeira em longo prazo. Considere opções como fundos de investimento, tesouro direto ou ações, sempre levando em conta seu perfil de investidor e objetivos financeiros.

4. Elimine dívidas desnecessárias: priorize o pagamento de dívidas com juros altos, como cartão de crédito ou empréstimos pessoais. Ao reduzir essas dívidas, você estará liberando recursos para destinar a outras áreas de sua vida financeira.

Quando se trata de finanças, é crucial reconhecer a influência das emoções em nossas decisões e comportamentos. Muitas vezes, nossas atitudes em relação ao dinheiro são moldadas por experiências passadas, crenças arraigadas e até mesmo por questões emocionais profundas. É comum que sentimentos como medo, ansiedade, culpa ou até mesmo euforia impactem nossas escolhas financeiras, afastando-nos de uma abordagem consciente em relação ao planejamento financeiro.

Para superar esses obstáculos emocionais é fundamental desenvolver uma maior consciência sobre nossas reações emocionais em relação ao dinheiro. Isso pode incluir práticas de autorreflexão, como identificar gatilhos emocionais que levam a gastos impulsivos, ou a evitar lidar com questões financeiras importantes.

Além disso, buscar apoio profissional, seja por meio de terapia financeira ou consultoria especializada, pode ser extremamente benéfico para lidar com as questões emocionais relacionadas às finanças. Ao compreender as origens das nossas atitudes em relação ao dinheiro e desenvolver estratégias para lidar com essas emoções, estaremos mais capacitados para adotarmos uma abordagem consciente e equilibrada em relação ao planejamento financeiro.

Por fim, é importante lembrar que o caminho em direção a uma saúde financeira consciente não é apenas uma jornada racional, mas também emocional. Ao reconhecer e abordar as emoções relacionadas ao dinheiro, construímos as bases para uma relação mais saudável e sustentável com nossas finanças. Assim como os exemplos a seguir, com nomes fictícios, podemos nos aprimorar para alcançar nossas metas.

Conheça a história de João, um profissional comum que após enfrentar dificuldades financeiras, decidiu adotar um planejamento consciente em relação ao seu dinheiro: João começou acompanhando suas despesas e estabelecendo metas realistas para economizar e investir. Com o tempo, ele conseguiu construir um fundo de emergência sólido, eliminou suas dívidas e começou a investir de forma estratégica. Hoje, João desfruta de maior liberdade financeira, podendo viajar, investir em seus hobbies e até mesmo ajudar familiares em momentos de necessidade.

O outro exemplo é o de Maria e como ela transformou sua relação com o dinheiro: Maria sempre teve uma relação conturbada com o dinheiro, muitas vezes deixando-se levar por impulsos emocionais ao fazer compras ou lidar com suas finanças. Ao buscar orientação financeira e trabalhar sua inteligência emocional em relação ao dinheiro, ela conseguiu mudar sua mentalidade e seu comportamento financeiro. Ela aprendeu a estabelecer metas claras, controlar impulsos de gastos desnecessários e priorizar investimentos em seu futuro. Hoje, Maria sente-se mais confiante e no controle de suas finanças, podendo planejar com segurança seus objetivos pessoais e profissionais.

Importância do planejamento financeiro para a estabilidade emocional

No contexto da busca pela harmonia financeira e pelo equilíbrio emocional, a importância do planejamento financeiro para a estabilidade emocional revela-se como um alicerce sólido e essencial. O planejamento financeiro, longe de ser apenas uma questão de números e cifras, é um instrumento poderoso que promove a segurança, a tranquilidade e a confiança necessárias para cultivar uma vida plena e equilibrada.

O ato de planejar as finanças de forma consciente e estruturada não se limita à organização dos recursos monetários; ele estende-se a uma profunda reflexão sobre os valores, objetivos e prioridades que norteiam a vida de cada indivíduo. Ao estabelecer metas financeiras claras e tangíveis, traçar um plano de ação detalhado e monitorar o progresso ao longo do tempo, o indivíduo não só se prepara para enfrentar os desafios econômicos, mas também fortalece sua resiliência emocional diante das adversidades.

A estabilidade emocional é intrinsecamente ligada à estabilidade financeira, uma vez que a incerteza e a instabilidade econômica frequentemente desencadeiam sentimentos de ansiedade, estresse e insegurança. O planejamento financeiro consciente e proativo atua como um antídoto eficaz contra essas emoções negativas, proporcionando uma sensação de controle e previsibilidade que acalma a mente e acalenta o coração.

Além disso, o planejamento financeiro contribui para a construção de uma relação saudável e equilibrada com o dinheiro, transformando-o de fonte de preocupação e angústia em instrumento de realização e liberdade. Ao estabelecer uma base sólida de segurança financeira, o indivíduo liberta-se das amarras da escassez e da dependência, permitindo-se viver com leveza e alegria, sem os pesos e as amarras das dívidas e das privações.

A estabilidade emocional proporcionada pelo planejamento financeiro consciente transcende as fronteiras do bem-estar individual, influenciando positivamente as relações interpessoais, a saúde mental e o sentido de propósito e significado na vida. Ao cultivar uma mentalidade de abundância e prosperidade, o indivíduo irradia confiança, generosidade e gratidão, criando um ciclo virtuoso de bem-estar e felicidade que se reflete em todas as esferas de sua existência.

Que a importância do planejamento financeiro para a estabilidade emocional seja reconhecida e valorizada como um pilar fundamental da jornada de autotransformação e crescimento pessoal. Que cada decisão financeira seja tomada com consciência e responsabilidade, guiando o indivíduo na direção da estabilidade emocional, da paz interior e da harmonia entre o bolso e o coração. Que o planejamento financeiro seja não apenas uma ferramenta prática, mas também um caminho de autoconhecimento e empoderamento, conduzindo a uma vida de equilíbrio, plenitude e realização.

A importância do planejamento financeiro para a estabilidade emocional transcende a esfera econômica, estendendo-se ao bem-estar psicológico e à tranquilidade interior. Ao fornecer uma estrutura sólida e previsível, o planejamento financeiro reduz a ansiedade, promove a confiança e possibilita uma relação mais saudável com o dinheiro, favorecendo a harmonia emocional e mental.

(Fabrício Silva Costa)

Ferramentas e métodos para elaborar um planejamento financeiro eficaz

Na trajetória em busca da harmonia financeira e do equilíbrio emocional, a elaboração de um planejamento financeiro eficaz revela-se como um elemento crucial e primordial. Para tal empreitada é fundamental dispor de ferramentas e métodos que permitam uma abordagem estruturada e assertiva na gestão dos recursos financeiros, visando não apenas à estabilidade econômica, mas também ao bem-estar emocional e à realização de metas e sonhos.

Uma das ferramentas fundamentais para a elaboração de um planejamento financeiro eficaz é a elaboração de um orçamento detalhado e realista. Por meio do mapeamento das receitas e despesas mensais, o indivíduo adquire uma visão clara e objetiva de sua situação financeira, identificando áreas de oportunidade para economia, investimento e crescimento patrimonial.

Além disso, a utilização de planilhas e softwares de gestão financeira pode ser um recurso valioso na organização e no controle das finanças pessoais. Essas ferramentas permitem o acompanhamento em tempo real das movimentações financeiras, a categorização das despesas e a geração de relatórios e gráficos que facilitam a análise e a tomada de decisões informadas.

Outro método eficaz para elaborar um planejamento financeiro consistente é a definição de metas financeiras claras e mensuráveis, alinhadas com os valores e os objetivos de vida do indivíduo. Estabelecer objetivos em curto, médio e longo prazos para a poupança, investimentos, eliminação de dívidas e realização de sonhos é essencial para direcionar as ações e prioridades financeiras de forma estratégica e coerente.

A diversificação de investimentos também apresenta-se como uma estratégia-chave para a construção de um patrimônio sólido e sustentável ao longo do tempo. Ao distribuir os recursos em diferentes classes de ativos, como ações, renda fixa, imóveis e fundos de investimento, o investidor reduz os riscos e maximiza as oportunidades de retorno, garantindo maior segurança e rentabilidade em seu portfólio.

Ademais, a educação financeira contínua e o acompanhamento de especialistas, como consultores financeiros e planejadores certificados, são recursos essenciais para aprimorar o conhecimento e as habilidades necessárias para uma gestão financeira eficaz e bem-sucedida. O aprendizado constante sobre temas como planejamento tributário, gestão de riscos e estratégias de investimento amplia a visão e as possibilidades de crescimento financeiro, proporcionando uma base sólida para a tomada de decisões conscientes e assertivas.

Que a utilização de ferramentas e métodos para elaborar um planejamento financeiro eficaz seja encarada não apenas como uma tarefa burocrática, mas como um processo de autoconhecimento, empoderamento e transformação pessoal. Que cada decisão financeira seja tomada com sabedoria e discernimento, guiando o indivíduo na jornada rumo à estabilidade econômica, ao bem-estar emocional e à realização de seus mais nobres anseios e aspirações. Que o planejamento financeiro seja não apenas uma técnica, mas também uma arte que harmoniza a mente, o coração e a carteira, conduzindo a uma vida de equilíbrio, de plenitude e de prosperidade.

Destaco, ainda, que há ferramentas que podem auxiliar no planejamento para que se possa chegar na tão sonhada prosperidade financeira. São elas:

1. Orçamento mensal: acompanhar suas receitas e suas despesas mensais de forma detalhada para entender para onde vai o seu dinheiro.

2. Estabelecer metas financeiras: definir objetivos claros, como economizar para uma viagem, comprar um carro ou fazer um investimento.

3. Poupança e investimento: identificar oportunidades de poupança e investimento de acordo com suas metas financeiras.

4. Redução de dívidas: desenvolver estratégias para pagar dívidas existentes e evitar acumular novas dívidas.

5. Controle de gastos: utilizar ferramentas como aplicativos de controle financeiro para monitorar e categorizar seus gastos.

6. Análise SWOT financeira: realizar uma análise dos pontos fortes e fracos, das oportunidades e das ameaças relacionadas às suas finanças pessoais para identificar áreas de melhoria e oportunidades de crescimento.

7. Matriz de priorização financeira: classificar suas despesas e seus investimentos em uma matriz que leve em consideração a importância e o impacto financeiro de cada um, priorizando as ações mais relevantes.

8. Mapa mental financeiro: criar um mapa mental visualizando seus objetivos financeiros, estratégias e recursos disponíveis, facilitando o planejamento e a tomada de decisões.

> *A aplicação de ferramentas e métodos para elaborar um planejamento financeiro eficaz engloba a utilização de orçamentos detalhados, a definição de metas financeiras claras, a diversificação de investimentos, a gestão criteriosa de dívidas e despesas e a busca por conhecimento constante sobre educação financeira e estratégias de otimização patrimonial, resultando em um plano sólido e adaptável às necessidades individuais.*
>
> *(Fabrício Silva Costa)*

Dicas para poupar, investir e alcançar seus objetivos financeiros

No contexto da busca pela harmonia financeira e pelo equilíbrio emocional, a arte de poupar, investir e alcançar os objetivos financeiros revela-se como um desafio instigante e recompensador. Por meio de práticas e estratégias cuidadosamente planejadas, é possível criar uma base sólida e duradoura para a realização de sonhos e aspirações, garantindo não apenas a segurança financeira, mas também a liberdade e a autonomia necessárias para uma vida plena e equilibrada.

Uma das dicas primordiais para poupar de forma eficiente é a adoção de um estilo de vida frugal e consciente, baseado no princípio da moderação e da parcimônia. Ao cultivar o hábito de gastar menos do que se ganha e evitar desperdícios desnecessários, o indivíduo cria uma margem de segurança financeira que lhe permite construir reservas de emergência e realizar investimentos estratégicos no futuro.

Além disso, a diversificação das fontes de renda e a busca por oportunidades de aumentar os ganhos, como aperfeiçoamento profissional, empreendedorismo e investimentos adicionais, são estratégias eficazes para ampliar o potencial de poupança e acelerar o alcance dos objetivos financeiros. A multiplicidade de fontes de renda não só aumenta a estabilidade financeira, mas também abre novas perspectivas de crescimento e prosperidade.

No que tange ao investimento, a prudência e a diligência são qualidades essenciais para construir um portfólio sólido e rentável ao longo do tempo. A diversificação dos investimentos em diferentes classes de ativos, como ações, renda fixa, imóveis e fundos de investimento, reduz os riscos e maximiza as oportunidades de retorno, garantindo maior segurança e rentabilidade no mercado financeiro

Para alcançar os objetivos financeiros de forma eficaz é imprescindível estabelecer metas claras e mensuráveis, alinhadas com os valores e as aspirações mais profundos de cada indivíduo. Ao definir objetivos em curto, médio e longo prazos para poupança, investimentos, eliminação de dívidas e realização de sonhos, o indivíduo cria um mapa de referência que orienta suas ações e decisões financeiras de forma estratégica e coerente.

Por fim, a educação financeira contínua e o acompanhamento de profissionais especializados, como consultores financeiros e planejadores certificados, são recursos valiosos para aprimorar o conhecimento e as habilidades necessárias para uma gestão financeira eficiente e bem-sucedida. O aprendizado constante sobre temas como planejamento tributário, gestão de riscos e estratégias de investimento amplia a visão e as possibilidades de crescimento financeiro, proporcionando uma base sólida para a tomada de decisões informadas e assertivas.

Que a aplicação dessas dicas para poupar, investir e alcançar os objetivos financeiros seja encarada como um convite à transformação pessoal e ao empoderamento financeiro. Que cada escolha e cada ação sejam orientadas pela sabedoria, pela prudência e pela visão em longo prazo, guiando o indivíduo na jornada rumo à prosperidade, à segurança financeira e à realização de seus mais nobres sonhos e ambições. Que a busca pela harmonia financeira e pelo equilíbrio emocional seja não apenas um objetivo, mas uma jornada de autodescoberta, de crescimento e de plenitude.

Estratégias para lidar com imprevistos financeiros

Na jornada em busca da harmonia financeira, deparar-se com imprevistos é uma inevitabilidade que demanda nossa atenção e preparo. Diante desses desafios inesperados, é imperativo cultivar estratégias sólidas e resilientes que nos permitam navegar pelas águas turbulentas da incerteza com serenidade e determinação.

Em primeiro lugar, é essencial nutrir uma mentalidade proativa e preventiva em relação às finanças pessoais. Estabelecer um fundo de emergência robusto, capaz de cobrir despesas inesperadas, é como tecer uma rede de segurança que nos resguarda em tempos de adversidade financeira. Ao antecipar possíveis imprevistos e agir com prudência, fortalecemos nossa posição diante das intempéries do destino.

Além disso, a diversificação de investimentos se revela como uma estratégia inteligente para mitigar os impactos de crises econômicas repentinas. Ao distribuir sabiamente nossos recursos em diferentes classes de ativos e setores da economia, reduzimos a exposição a riscos específicos e aumentamos nossa resiliência frente à volatilidade do mercado.

Em momentos de aperto financeiro inesperado, é fundamental manter a calma e a clareza mental para tomar decisões ponderadas e assertivas. Recorrer a fontes confiáveis de aconselhamento financeiro e buscar alternativas criativas para gerir despesas imprevistas são atitudes que podem nos guiar rumo à superação dos obstáculos financeiros com destreza e confiança.

Por fim, cultivar uma relação saudável com o dinheiro, pautada na consciência e na gratidão, nos capacita a enfrentar os desafios financeiros com equilíbrio emocional e serenidade. Ao reconhecer o valor intrínseco das experiências vivenciadas nos momentos de adversidade, transformamos os imprevistos em oportunidades de crescimento pessoal e evolução financeira.

Assim, ao adotar estratégias sólidas e conscientes para lidar com imprevistos financeiros, transcendemos as vicissitudes do destino e trilhamos os caminhos da abundância e da serenidade com sabedoria e determinação.

Aqui estão algumas estratégias para lidar com imprevistos financeiros detalhadas:

1. Estabeleça um fundo de emergência: Reserve uma quantia de dinheiro para cobrir despesas inesperadas, como reparos em casa, despesas médicas ou perda de emprego.

2. Diversifique seus investimentos: Distribua seus recursos em diferentes classes de ativos e setores da economia para reduzir a exposição a riscos específicos e aumentar sua resiliência frente à volatilidade do mercado.

3. Mantenha a calma e clareza mental: Em momentos de aperto financeiro inesperado, é fundamental manter a calma e a clareza mental para tomar decisões ponderadas e assertivas.

4. Busque aconselhamento financeiro: Recorra a fontes confiáveis de aconselhamento financeiro para obter orientação sobre como lidar com despesas inesperadas e gerir suas finanças de forma eficaz.

5. Cultive uma relação saudável com o dinheiro: Mantenha uma relação consciente e gratificante com o dinheiro, reconhecendo o valor das experiências vivenciadas nos momentos de adversidade.

Estratégias para sair de dívidas e manter a estabilidade financeira:

Em tempos de desafios financeiros é essencial adotar estratégias eficazes para sair de dívidas e garantir a estabilidade econômica. O primeiro passo consiste em realizar um levantamento detalhado de todas as dívidas, identificando suas origens e taxas de juros associadas. Em seguida, é crucial elaborar um plano de pagamento, priorizando as dívidas com juros mais elevados.

Além disso, é fundamental reavaliar os padrões de consumo e adotar medidas para reduzir gastos supérfluos. A busca por fontes adicionais de renda e a negociação de prazos e condições com credores também são ferramentas valiosas nesse processo. Paralelamente, investir em educação financeira e planejamento em longo prazo é essencial para evitar futuras armadilhas financeiras.

Manter a estabilidade financeira requer disciplina e comprometimento. Ao estabelecer metas realistas e acompanhar regularmente o progresso rumo à quitação das dívidas, é possível construir uma base sólida para o equilíbrio econômico. A prática da reavaliação constante das finanças pessoais, aliada a um estilo de vida consciente, fortalece a saúde financeira e promove um futuro mais próspero e equilibrado.

Alcançar a estabilidade financeira é mais do que um objetivo material, é a conquista de tranquilidade, liberdade e segurança, possibilitando a realização de sonhos e a construção de um legado sólido e significativo para as futuras gerações.

(Fabrício Silva Costa)

Como organizar um plano de emergência financeira:

Em meio à imprevisibilidade da vida, a organização de um plano de emergência financeira é um pilar fundamental para a segurança e para estabilidade econômica. Esse plano, meticulosamente elaborado, visa preparar indivíduos e famílias para enfrentar situações inesperadas, tais como desemprego, doenças ou despesas imprevistas.

Para estruturar tal plano é essencial iniciar com a definição de uma reserva financeira que cubra de três a seis meses de despesas essenciais. Dessa forma, em caso de eventualidades, será possível manter o sustento sem comprometer o equilíbrio financeiro. Além disso, é imprescindível identificar e priorizar as despesas essenciais, permitindo uma alocação eficiente dos recursos disponíveis em momentos críticos.

A diversificação de investimentos conservadores e a constante revisão do plano de emergência são práticas que fortalecem sua eficácia ao longo do tempo. A busca por alternativas de geração adicional de renda e o estabelecimento de metas realistas para constituição da reserva representam passos sólidos na construção dessa rede de proteção financeira.

Ao organizar um plano de emergência financeira, o indivíduo assume o controle proativo sobre seu futuro econômico, promovendo tranquilidade e preparo para enfrentar os desafios que possam surgir. A implementação diligente desse plano representa não apenas uma medida preventiva, mas também um ato de responsabilidade consigo mesmo e com aqueles que dependem da estabilidade financeira.

Investimentos sustentáveis e responsáveis:

Os investimentos sustentáveis e responsáveis surgem como uma abordagem inovadora e consciente no universo financeiro, alinhando rentabilidade com impacto positivo no meio ambiente, na sociedade e na governança corporativa. Esse modelo de investimento visa não apenas à obtenção de retornos financeiros, mas também a promoção do desenvolvimento sustentável e a contribuição para um futuro mais equitativo e próspero.

Ao direcionarem recursos para empresas e projetos que adotam práticas ambientalmente amigáveis, os investidores sustentáveis promovem a diversidade e a inclusão, demonstram comprometimento com boas práticas de governança e exercem influência positiva no mercado. Essa abordagem considera não apenas o desempenho financeiro das empresas, mas também seu impacto social e ambiental, estimulando a transição para uma economia mais sustentável.

A avaliação criteriosa dos critérios ESG (ambientais, sociais e de governança) desempenha um papel central na seleção de investimentos responsáveis. A transparência, a ética e a prestação de contas são valores fundamentais que norteiam essa prática, garantindo que o capital seja direcionado para iniciativas que agreguem valor de forma holística.

Os investidores têm o poder de impulsionar mudanças significativas por meio de suas escolhas de investimento. Ao optar por estratégias que buscam conciliar retorno financeiro com impacto positivo, os investimentos sustentáveis e responsáveis ampliam as oportunidades de crescimento e contribuem para a construção de um mundo mais justo e sustentável para as gerações futuras.

> *Os investimentos sustentáveis e responsáveis não apenas visam ao retorno financeiro, mas também o impacto positivo nas esferas social e ambiental, contribuindo para a construção de um mundo mais equitativo, saudável e próspero para as atuais e futuras gerações.*
>
> *(Fabrício Silva Costa)*

A importância da educação financeira desde cedo

A educação financeira desde os primeiros anos de vida representa um alicerce fundamental para o desenvolvimento de indivíduos conscientes, responsáveis e preparados para enfrentar os desafios econômicos ao longo de suas vidas. Ao adquirir conhecimentos sobre orçamento, poupança, investimento e consumo consciente desde tenra idade, crianças e jovens estão mais bem equipados para tomarem decisões financeiras informadas e assertivas no futuro.

Ao internalizar conceitos de planejamento financeiro, gestão de recursos e compreensão das consequências das escolhas econômicas, os jovens adquirem habilidades que os acompanharão ao longo da vida adulta. A capacidade de estabelecer metas financeiras realistas, gerenciar dívidas de forma responsável e investir de maneira consciente são competências que se traduzem em autonomia e segurança financeira.

Além disso, a educação financeira desde cedo contribui para a formação de uma sociedade mais resiliente e equitativa, reduzindo a vulnerabilidade ao endividamento excessivo e promovendo o acesso igualitário a oportunidades econômicas. Ao compreender a importância do planejamento financeiro pessoal e da construção de reservas para o futuro, os jovens tornam-se agentes ativos na promoção do bem-estar coletivo.

A integração da educação financeira no currículo escolar e o incentivo à abertura de diálogo sobre questões econômicas no ambiente familiar representam passos cruciais na disseminação desses conhecimentos. Ao fortalecer a consciência financeira desde cedo é possível estabelecer as bases para uma geração futura mais preparada, empoderada e capaz de exercer um papel ativo na construção de um futuro econômico sustentável.

> *Proporcionar educação financeira desde cedo é plantar as sementes da prosperidade e da sabedoria, capacitando as gerações futuras a construírem um futuro financeiro sólido e consciente, repleto de oportunidades e realizações.*
>
> (Fabrício Silva Costa)

Como lidar com gastos imprevistos e ajustar o planejamento financeiro

Lidar com gastos imprevistos faz parte da jornada financeira de qualquer pessoa e a habilidade de ajustar o planejamento financeiro diante dessas situações inesperadas é crucial para manter a estabilidade econômica. A capacidade de lidar com imprevistos de forma consciente e estratégica representa um diferencial na construção de uma base sólida para o equilíbrio financeiro.

Diante de gastos imprevistos, é essencial manter a calma e adotar uma abordagem proativa. A avaliação criteriosa das despesas e a identificação de áreas passíveis de ajuste são passos iniciais para reequilibrar as finanças. Redefinir prioridades, renegociar prazos e buscar alternativas criativas são estratégias que permitem enfrentar os imprevistos sem comprometer gravemente o planejamento financeiro.

Além disso, a constituição de reservas para emergências é um elemento-chave na gestão eficaz de gastos imprevistos. Ao priorizar a formação de um fundo destinado a cobrir despesas não planejadas, os indivíduos preparam-se para enfrentar situações adversas sem comprometer o equilíbrio financeiro geral. Essa prática proporciona segurança e tranquilidade diante de eventualidades inesperadas.

A flexibilidade e a capacidade de adaptação são virtudes fundamentais ao lidarmos com gastos imprevistos. A revisão periódica do planejamento financeiro, a busca por novas fontes de renda temporária e o estabelecimento de estratégias preventivas contribuem para fortalecer a resiliência financeira diante das incertezas do cotidiano.

Em última análise, lidar com gastos imprevistos representa uma oportunidade para fortalecer a disciplina financeira e desenvolver habilidades de gestão eficaz. Ao encarar esses desafios com determinação e estratégia é possível reajustar o planejamento financeiro e consolidar uma base sólida para enfrentar os altos e baixos da vida.

Técnicas para evitar gastos desnecessários e controlar impulsos de consumo

Evitar gastos desnecessários e controlar impulsos de consumo são habilidades essenciais para manter uma saúde financeira equilibrada e alcançar objetivos econômicos em longo prazo. Ao adotar técnicas eficazes de controle de despesas e gestão do consumo, os indivíduos podem direcionar seus recursos de forma consciente e estratégica, evitando armadilhas financeiras e promovendo uma relação mais saudável com o dinheiro.

Uma das técnicas fundamentais para evitar gastos desnecessários é refletir antes da compra. Questionando a real necessidade e utilidade do item desejado pode-se evitar compras por impulso e direcionar os recursos para prioridades reais. Estabelecer um período de reflexão, como aguardar 24 horas antes de efetuar uma compra não essencial, ajuda a evitar decisões precipitadas e incentiva escolhas mais conscientes.

Além disso, a elaboração de um orçamento detalhado e o acompanhamento rigoroso das despesas são estratégias eficazes para controlar impulsos de consumo. Ao estabelecer limites claros para cada categoria de gastos e monitorar constantemente os registros financeiros, os indivíduos têm maior controle sobre suas finanças e podem identificar padrões de comportamento que levam a gastos desnecessários.

A prática da diferenciação entre desejos e necessidades é outra técnica valiosa para evitar gastos supérfluos. Ao priorizar as necessidades essenciais e adiar a satisfação de impulsos consumistas não fundamentais consegue-se direcionar os recursos para metas financeiras mais significativas, como a construção de reservas ou investimentos em longo prazo.

Por fim, o cultivo de hábitos saudáveis em relação ao consumo, como a valorização da qualidade sobre a quantidade, o incentivo ao consumo consciente e sustentável e a busca por alternativas criativas e econômicas para satisfazer necessidades pessoais contribuem para fortalecer a disciplina financeira e promover um estilo de vida mais equilibrado e satisfatório.

A relação entre bem-estar emocional e saúde financeira

A relação entre bem-estar emocional e saúde financeira é intrínseca e complexa, refletindo a influência mútua entre as dimensões psicológicas e econômicas da vida humana. O equilíbrio emocional desempenha um papel central na capacidade de gerir as finanças de forma saudável, ao passo que a estabilidade financeira exerce impacto significativo no bem-estar mental e emocional.

O equilíbrio emocional favorece a tomada de decisões financeiras mais conscientes e ponderadas. Indivíduos que cultivam hábitos saudáveis de autocuidado emocional estão mais propensos a estabelecer metas financeiras realistas, evitar gastos impulsivos e lidar com desafios econômicos de forma resiliente. A clareza mental e a capacidade de enfrentar adversidades com serenidade são aliadas fundamentais na busca por uma saúde financeira sólida.

Por outro lado, a estabilidade financeira contribui significativamente para o bem-estar emocional. A ausência de preocupações constantes com dívidas, a capacidade de prover segurança para si e para a família e o acesso a recursos que promovam os desenvolvimentos pessoal e social estão diretamente associados a níveis mais elevados de satisfação e tranquilidade emocional.

Dessa forma, investir no cultivo do bem-estar emocional e na construção de uma base sólida para a saúde financeira representa um caminho essencial para uma vida plena e equilibrada. A busca por apoio psicológico quando necessário, o desenvolvimento de habilidades de gestão emocional e a adoção de práticas conscientes de planejamento financeiro são passos fundamentais na promoção dessa interconexão positiva entre mente sã e bolso são.

Ao reconhecer a estreita ligação entre bem-estar emocional e saúde financeira, os indivíduos têm a oportunidade de promover mudanças significativas em suas vidas, construindo um futuro pautado pela harmonia entre os aspectos psicológicos e econômicos da existência.

Utilizando tecnologia para gerenciar e acompanhar suas finanças

A era digital trouxe consigo uma variedade de ferramentas e aplicativos que revolucionaram a maneira como as pessoas gerenciam suas finanças. A utilização de tecnologia para acompanhar e controlar os aspectos econômicos da vida cotidiana oferece inúmeras vantagens, proporcionando maior praticidade, agilidade e eficiência na gestão financeira pessoal.

Aplicativos de controle financeiro permitem que os usuários monitorem suas despesas, receitas e investimentos em tempo real, oferecendo uma visão abrangente de sua situação econômica. A possibilidade de categorizar gastos, estabelecer metas de economia e receber notificações sobre vencimentos de contas contribui para uma maior conscientização e controle sobre as finanças pessoais.

Além disso, a integração com serviços bancários on-line simplifica o acompanhamento de transações, facilitando a identificação de padrões de gastos e a tomada de decisões embasadas. A análise de dados financeiros torna-se mais acessível e intuitiva por meio dessas plataformas, permitindo que os usuários identifiquem áreas passíveis de otimização e melhoria em sua gestão financeira.

A tecnologia também viabiliza o planejamento financeiro colaborativo e o compartilhamento de informações entre membros da família ou parceiros, promovendo uma abordagem mais integrada à administração do dinheiro. Essa colaboração facilita a definição de objetivos comuns, o estabelecimento de orçamentos compartilhados e a promoção de hábitos financeiros saudáveis no ambiente doméstico.

Diante disso, a utilização da tecnologia para gerenciar e acompanhar as finanças representa uma ferramenta poderosa para promover a educação financeira, fomentar a disciplina econômica e proporcionar maior autonomia aos indivíduos em relação ao seu dinheiro. Ao adotar essas soluções inovadoras, os usuários podem alcançar níveis mais elevados de organização e controle sobre suas finanças, contribuindo para uma vida econômica mais equilibrada e consciente.

Estratégias para aumentar sua renda e diversificar suas fontes de receita

Buscar maneiras de aumentar a renda e diversificar as fontes de receita é uma prática fundamental para promover estabilidade financeira e criar oportunidades de crescimento econômico. A adoção de estratégias eficazes nesse sentido pode proporcionar maior segurança financeira, ampliar o potencial de ganhos e fomentar a construção de um patrimônio sólido ao longo do tempo.

Uma das abordagens mais comuns para aumentar a renda é buscar oportunidades de progressão na carreira, seja por meio de capacitação profissional, busca por promoções ou transições para áreas mais lucrativas. Investir em educação continuada, desenvolver habilidades valorizadas pelo mercado e estabelecer redes de contatos sólidas são práticas que podem impulsionar o crescimento da renda pessoal.

Além disso, explorar fontes adicionais de renda, como trabalho autônomo, prestação de serviços *freelancer* ou empreendedorismo, pode ser uma estratégia eficaz para diversificar os ganhos e reduzir a dependência de uma única fonte de receita. A criação de um negócio próprio, a oferta de habilidades especializadas no mercado ou a participação em projetos paralelos são formas de ampliar as oportunidades financeiras e explorar novas áreas de atuação.

Investir em ativos financeiros, como ações, fundos de investimento ou imóveis também é uma maneira de diversificar as fontes de receita e potencializar os ganhos ao longo do tempo. A alocação inteligente dos recursos disponíveis, a diversificação da carteira de investimentos e o acompanhamento constante do mercado são práticas essenciais para maximizar os retornos financeiros e mitigar riscos.

Por fim, a busca por oportunidades de renda passiva, como aluguéis, *royalties* ou investimentos em projetos colaborativos pode complementar os ganhos ativos e criar uma base sólida para a construção de um fluxo contínuo de receitas. A combinação equilibrada entre renda ativa e passiva possibilita maior estabilidade financeira e abre portas para novas possibilidades de crescimento econômico.

Ao adotar estratégias para aumentar a renda e diversificar as fontes de receita, os indivíduos podem expandir suas oportunidades econômicas, fortalecer sua posição financeira e construir um futuro mais próspero e sustentável. A busca constante por novas formas de geração de renda e o planejamento cuidadoso dos recursos disponíveis são pilares fundamentais para uma trajetória financeira bem-sucedida.

Planejamento financeiro para a aposentadoria e o futuro

Em um mundo em constante transformação, o planejamento financeiro para a aposentadoria e o futuro torna-se cada vez mais crucial para garantir a segurança e a estabilidade financeira ao longo dos anos. Preparar-se adequadamente para as necessidades financeiras da terceira idade e para imprevistos futuros requer um olhar atento e estratégico sobre as finanças pessoais, visando assegurar um futuro tranquilo e próspero.

O processo de planejamento financeiro para a aposentadoria envolve uma série de etapas fundamentais que visam não apenas acumular recursos ao longo da vida laboral, mas também garantir sua preservação e seu crescimento ao longo do tempo. A definição de metas claras, o estabelecimento de um orçamento realista, o controle de gastos, a aplicação em fontes de renda passiva e a diversificação de investimentos são práticas essenciais para construir uma base sólida para a fase da aposentadoria.

Além disso, é fundamental considerar fatores como a inflação, os custos de saúde, os impostos e os imprevistos ao planejar as finanças para o futuro. A elaboração de um plano de previdência complementar, a contratação de seguros adequados e a constituição de uma reserva financeira emergencial são estratégias que podem minimizar os impactos negativos de eventos inesperados e assegurar maior tranquilidade em longo prazo.

A educação financeira desempenha um papel crucial no processo de planejamento para a aposentadoria, capacitando os indivíduos a tomarem decisões conscientes e informadas sobre suas finanças pessoais. O conhecimento sobre investimentos, tributação, previdência social e gestão de patrimônio permite que as pessoas ajam proativamente na construção de um futuro financeiramente estável e sustentável.

Ademais, é importante revisitar regularmente o plano financeiro para a aposentadoria, ajustando-o conforme as circunstâncias pessoais mudam e as condições econômicas alteram-se. Manter-se atualizado sobre novas oportunidades de investimento, mudanças na legislação previdenciária e tendências do mercado financeiro é essencial para garantir que o plano permaneça alinhado com os objetivos financeiros em longo prazo.

Em suma, o planejamento financeiro para a aposentadoria e o futuro é um processo contínuo que exige disciplina, conhecimento e visão estratégica. Ao adotarem práticas sólidas de gestão financeira, buscar orientação especializada quando necessário e manter-se comprometido com seus objetivos financeiros, os indivíduos podem construir uma base segura para desfrutar de uma vida tranquila e próspera na terceira idade e além.

Resumindo os principais pontos sobre o planejamento financeiro para a aposentadoria e o futuro:

1. Definição de metas claras: estabelecer objetivos financeiros específicos para a aposentadoria e o futuro.

O planejamento financeiro para a aposentadoria e o futuro é um processo essencial para garantir a segurança e a estabilidade financeira ao longo da vida. Um dos primeiros passos nesse processo é a definição de metas claras e específicas, que servirão como bússola para orientar as decisões e os investimentos ao longo do caminho.

Estabelecer objetivos financeiros bem definidos para a aposentadoria e o futuro é fundamental para criar um plano sólido e sustentável. Essas metas podem incluir a quantia desejada para a aposentadoria, a idade em que se pretende se aposentar, o estilo de vida desejado após a aposentadoria, a realização de projetos pessoais, como viagens ou aquisição de bens, e a constituição de uma reserva de emergência para imprevistos.

Ao definir metas claras, os indivíduos podem visualizar com mais clareza o que desejam alcançar e traçar um plano de ação para atingir esses objetivos. Essas metas também servem como incentivo e motivação para manter a disciplina financeira e o foco ao longo do tempo.

É importante revisitar e ajustar regularmente as metas estabelecidas, levando em consideração as mudanças na situação financeira, no contexto econômico e nas preferências pessoais. Manter um diálogo aberto e transparente com um planejador financeiro pode ser de grande ajuda nesse processo, auxiliando na definição de metas realistas e na elaboração de estratégias eficazes para alcançá-las.

Em suma, a definição de metas claras no planejamento financeiro para a aposentadoria e o futuro é o alicerce sobre o qual se constrói uma trajetória de segurança financeira e realização pessoal. Ao estabelecer objetivos específicos e tangíveis, os indivíduos podem trilhar um caminho consciente e planejado em direção a uma aposentadoria tranquila e um futuro próspero.

2. Orçamento realista: criar e manter um orçamento que reflita as necessidades atuais e futuras.

Um orçamento realista é como um mapa que guia seus passos em direção a um futuro financeiro próspero e seguro. Ao criar um orçamento que leve em consideração suas despesas atuais e futuras, você estará mais preparado para lidar com imprevistos, alcançar metas de poupança e investimento e manter um equilíbrio saudável entre suas receitas e despesas.

É importante não apenas estabelecer um orçamento, mas também monitorá-lo e ajustá-lo regularmente conforme as circunstâncias mudam. Ao manter um controle rigoroso de seus gastos e receitas você terá uma visão clara de sua situação financeira e poderá identificar áreas que exigem atenção ou ajustes.

Além disso, um orçamento realista permite que você estabeleça prioridades e tome decisões financeiras mais conscientes e alinhadas com seus objetivos em longo prazo, como a aposentadoria e a construção de um patrimônio sólido. Ao ter uma visão clara de suas finanças, você poderá planejar com mais eficácia e evitar armadilhas que possam comprometer sua estabilidade financeira no futuro.

Em resumo, criar e manter um orçamento realista é um passo fundamental no planejamento financeiro para a aposentadoria e o futuro. Ao fazer do orçamento uma ferramenta ativa em sua gestão financeira, você estará construindo as bases para uma vida financeira equilibrada, segura e próspera, preparando-se para enfrentar os desafios e aproveitar as oportunidades que o futuro traga.

3. Controle de gastos: monitorar e limitar os gastos para garantir a economia de recursos.

O controle de gastos é uma prática fundamental para garantir a saúde financeira e a economia de recursos em longo prazo. Monitorar e limitar os gastos é essencial para manter as finanças em ordem, evitar desperdícios e criar uma base sólida para alcançar metas financeiras e garantir estabilidade no futuro.

Ao monitorar os gastos de forma regular e detalhada consegue-se ter uma visão clara de para onde está indo o dinheiro e identificar áreas em que é possível economizar. Registrar todas as despesas, desde os gastos diários até as contas fixas, permite analisar padrões de consumo, identificar hábitos que podem estar impactando negativamente as finanças e tomar medidas para ajustar o orçamento.

Além disso, o controle de gastos possibilita estabelecer limites claros para cada categoria de despesas, evitando excessos e garantindo que o dinheiro seja direcionado para as prioridades financeiras. Estabelecer um plano de gastos mensal ou semanal, com metas de economia e investimento, ajuda a manter o foco e a disciplina na gestão financeira.

Limitar os gastos não significa necessariamente cortar todas as despesas, mas priorizar aquelas que são essenciais e alinhadas com os objetivos financeiros em curto e longo prazos. É importante identificar gastos supérfluos, reduzir despesas desnecessárias e buscar alternativas mais econômicas sem comprometer a qualidade de vida.

Ao adotar uma postura de controle de gastos cria-se um ciclo virtuoso de economia e investimento, aumentando a capacidade de poupança e acumulação de recursos ao longo do tempo. Manter o equilíbrio entre receitas e despesas, controlar impulsos de consumo e buscar formas inteligentes de economizar são práticas essenciais para garantir a estabilidade financeira e a construção de um futuro próspero.

Em síntese, o controle de gastos é uma ferramenta poderosa para garantir a economia de recursos, promover o uso consciente do dinheiro e criar bases sólidas para alcançar metas financeiras e garantir segurança e estabilidade no futuro. A prática regular do monitoramento e limitação de gastos é um passo fundamental para uma vida financeira equilibrada e bem-sucedida.

4. Investimento em fontes de renda passiva: buscar formas de renda que não dependam do trabalho ativo, como investimentos.

Investir em fontes de renda passiva é uma estratégia inteligente e eficaz para garantir estabilidade financeira e independência em longo prazo. Essa abordagem consiste em buscar formas de rendimento que não dependam do trabalho ativo, permitindo que o dinheiro trabalhe por você e gere uma renda contínua e crescente ao longo do tempo.

Uma das principais vantagens de investir em fontes de renda passiva é a possibilidade de diversificação de fontes de rendimento, reduzindo a dependência de uma única fonte de renda e aumentando a segurança financeira. Além disso, as receitas passivas podem ser uma maneira eficaz de construir patrimônio e alcançar a independência financeira, proporcionando liberdade para dedicar tempo a outras atividades e interesses.

Existem diversas formas de investimento em fontes de renda passiva, como ações, fundos imobiliários, renda fixa, aluguel de imóveis, dividendos de empresas, entre outros. Cada modalidade de investimento tem suas características e objetivos específicos, cabendo ao investidor avaliar suas necessidades e perfil de risco para escolher as melhores opções.

Ao investir em fontes de renda passiva é importante ter uma abordagem em longo prazo, buscando oportunidades de investimento sólidas e consistentes, que ofereçam retornos atrativos e estáveis ao longo do tempo. A diversificação da carteira de investimentos é fundamental para mitigar riscos e maximizar os ganhos, distribuindo o capital em diferentes ativos e setores da economia.

Além disso, é essencial manter-se atualizado sobre o mercado financeiro, acompanhar tendências e buscar orientação de profissionais especializados, como consultores financeiros e gestores de investimentos, para tomar decisões mais informadas e assertivas.

Investir em fontes de renda passiva requer disciplina, conhecimento e planejamento financeiro adequado. Ao adotar essa estratégia pode-se construir um portfólio de investimentos diversificado, gerar uma renda estável e crescente ao longo do tempo e alcançar a tão almejada independência financeira, possibilitando maior qualidade de vida e liberdade para desfrutar dos frutos do trabalho e do planejamento financeiro.

5. Diversificação de investimentos: espalhar os investimentos em diferentes tipos de ativos para reduzir riscos.

Certamente, a diversificação de investimentos é uma estratégia fundamental para reduzir os riscos e potencializar os retornos no mercado financeiro. Ao investir em diferentes tipos de ativos, os investidores buscam minimizar a exposição a eventuais volatilidades ou perdas em um único setor ou classe de ativos. Essa abordagem busca equilibrar o portfólio, tornando-o mais resiliente diante das oscilações do mercado.

A diversificação pode ocorrer em vários níveis. Em primeiro lugar, é possível diversificar entre classes de ativos, como ações, títulos de renda fixa, imóveis e *commodities*. Cada classe de ativo tem características e comportamentos distintos, o que contribui para a redução do risco global da carteira de investimentos. Além disso, dentro de cada classe de ativo, é recomendável diversificar ainda mais, buscando variedade em setores econômicos, regiões geográficas e tipos de instrumentos financeiros.

Distribuindo os investimentos dessa maneira, os investidores podem mitigar o impacto negativo que eventos específicos possam ter sobre determinadas partes do mercado. Por exemplo, uma crise em um setor específico não afetaria toda a carteira se houver diversificação adequada.

A diversificação de investimentos não apenas busca reduzir riscos; também pode potencializar os retornos ao capturar oportunidades em diferentes áreas da economia. É importante ressaltar que a diversificação deve ser realizada com base no perfil de risco e nos objetivos financeiros de cada investidor.

Em resumo, diversificar os investimentos é uma estratégia inteligente que visa equilibrar o portfólio e reduzir a exposição a riscos específicos do mercado. Investindo em diferentes tipos de ativos, os investidores buscam construir uma base sólida para alcançar seus objetivos financeiros em longo prazo.

6. Considerar fatores como inflação, custos de saúde, impostos e imprevistos ao planejar as finanças

Ao planejar as finanças é crucial considerar uma série de fatores que podem impactar significativamente a estabilidade e o crescimento do patrimônio ao longo do tempo. Entre esses fatores destacam-se a inflação, os custos com saúde, os impostos e os imprevistos. Cada um desses elementos desempenha um papel fundamental na elaboração de um plano financeiro sólido e eficaz.

A inflação é um fenômeno econômico que representa o aumento geral dos preços dos bens e serviços ao longo do tempo. Quando se ignora a inflação, corre-se o risco de subestimar as necessidades financeiras futuras. Portanto é essencial considerar o impacto da inflação ao estimar despesas futuras, como mensalidades escolares, custos de vida e despesas médicas. Investir em ativos que historicamente superaram a inflação pode ajudar a preservar o poder de compra ao longo dos anos.

Os custos com saúde representam outro aspecto crítico a ser considerado no planejamento financeiro. Com o avanço da idade é natural que as despesas médicas aumentem. Portanto reservar recursos para cobrir possíveis gastos com tratamentos médicos, exames e cuidados em longo prazo é essencial para garantir a segurança financeira no futuro.

Além disso, os impostos exercem um impacto significativo sobre os investimentos e rendimentos. É fundamental compreender as implicações fiscais de diferentes tipos de investimentos e estratégias financeiras, bem como buscar maneiras legais e eficazes de minimizar a carga tributária.

Por fim, imprevistos podem ocorrer em qualquer momento da vida e ter um impacto substancial nas finanças pessoais. Ter uma reserva financeira para emergências é fundamental para lidar com situações inesperadas, como despesas médicas ou perda de emprego.

Em resumo, ao planejar as finanças para o futuro é crucial considerar fatores como inflação, custos com saúde, impostos e imprevistos. Essa abordagem proativa permite uma preparação eficaz para enfrentar os desafios financeiros que vão surgindo ao longo da vida.

7. Elaboração de um plano de previdência complementar, contratação de seguros adequados e constituição de uma reserva financeira emergencial

Elaborar um plano de previdência complementar, contratar seguros adequados e constituir uma reserva financeira emergencial são passos essenciais para garantir a segurança financeira e o bem-estar em longo prazo. Cada um desses elementos desempenha um papel crucial na proteção do patrimônio e na preparação para imprevistos, aposentadoria e eventualidades.

A previdência complementar, também conhecida como previdência privada, é uma ferramenta fundamental para garantir uma aposentadoria tranquila e confortável. Ao elaborar um plano de previdência complementar é importante considerar fatores como idade de aposentadoria desejada, expectativas de renda mensal, perfil de investimento e objetivos financeiros em longo prazo. Diferentemente da previdência pública, a previdência complementar oferece maior flexibilidade e possibilidade de escolha de modalidades de recebimento dos recursos acumulados ao longo dos anos.

A contratação de seguros adequados também desempenha um papel fundamental na proteção do patrimônio e na gestão de riscos. Seguros de vida, saúde, residencial e de automóvel são exemplos de instrumentos que podem oferecer proteção financeira em situações imprevistas, como doenças graves, acidentes ou perda de bens materiais. Ao escolher seguros adequados, é essencial considerar as necessidades individuais e familiares, bem como avaliar as coberturas oferecidas e os valores das apólices.

Além disso, constituir uma reserva financeira emergencial é uma prática financeira fundamental para lidar com imprevistos e situações não esperadas. Essa reserva pode ser utilizada para cobrir despesas inesperadas, como reparos emergenciais na casa, despesas médicas ou perda repentina de emprego. A recomendação geral é que essa reserva corresponda a pelo menos de seis a doze meses de despesas fixas.

Ao considerar a elaboração de um plano de previdência complementar, a contratação de seguros adequados e a constituição de uma reserva financeira emergencial, os indivíduos conseguem enfrentar os desafios financeiros com mais tranquilidade e segurança. Essas medidas visam garantir uma base sólida para o futuro financeiro pessoal e familiar.

8. Educação financeira: adquirir conhecimento sobre investimentos, tributação, previdência social e gestão de patrimônio.

Educação financeira é um pilar essencial para a construção de uma base sólida de conhecimento e habilidades que permitem tomar decisões financeiras conscientes e alinhadas com os objetivos em longo prazo. Adquirir conhecimentos sobre investimentos, tributação, previdência social e gestão de patrimônio são aspectos fundamentais da educação financeira que capacitam indivíduos a administrarem suas finanças de forma eficaz e sustentável.

Em primeiro lugar, compreender os diferentes tipos de investimentos disponíveis no mercado é crucial para construir um portfólio diversificado e alinhado com os objetivos financeiros pessoais. Desde ações e títulos até fundos de investimento e imóveis, cada classe de ativos tem características específicas que devem ser compreendidas para tomar decisões informadas e estratégicas.

Além disso, entender a tributação dos investimentos é fundamental para otimizar a rentabilidade e minimizar o impacto fiscal sobre os rendimentos. Conhecer as alíquotas de imposto de renda, as modalidades de declaração e as isenções disponíveis permite uma gestão mais eficiente dos investimentos levando em consideração o aspecto tributário.

A previdência social também é um elemento importante a ser compreendido no contexto da educação financeira. Conhecer as regras, os benefícios e as modalidades de contribuição do sistema previdenciário auxilia na tomada de decisões relacionadas à aposentadoria e na elaboração de um plano previdenciário complementar que atenda às necessidades individuais.

Por fim, a gestão de patrimônio engloba o conjunto de estratégias e práticas utilizadas para administrar ativos, passivos e riscos financeiros de forma integrada. Compreender conceitos como orçamento pessoal, planejamento sucessório, proteção patrimonial e diversificação de ativos é essencial para preservar e fazer crescer o patrimônio ao longo do tempo.

Em resumo, adquirir conhecimentos sobre investimentos, tributação, previdência social e gestão de patrimônio são pilares fundamentais da educação financeira. Desenvolvendo proficiência nessas áreas, os indivíduos estão mais bem preparados para tomarem decisões financeiras informadas, mitigar riscos e alcançar seus objetivos financeiros em longo prazo.

9. Revisitar regularmente o plano financeiro, ajustando-o conforme as circunstâncias pessoais mudam e as condições econômicas se alteram

Revisitar regularmente o plano financeiro é uma prática crucial para garantir que as finanças pessoais estejam alinhadas com as circunstâncias em constante mudança e as condições econômicas variáveis. A capacidade de ajustar o plano financeiro conforme necessário é essencial para manter a saúde financeira e alcançar os objetivos em longo prazo.

À medida que as circunstâncias pessoais evoluem, tais como mudanças no emprego, aumento ou redução de renda, despesas inesperadas ou novos objetivos financeiros, é fundamental revisitar o plano financeiro para garantir que ele continue a refletir com precisão a situação atual. Isso pode envolver a reavaliação das metas de economia, investimento e orçamento, bem como a realocação de recursos para atender às novas necessidades e prioridades.

Além disso, as condições econômicas estão sujeitas a flutuações ao longo do tempo, o que pode impactar diretamente o desempenho dos investimentos, taxas de juros e custo de vida. Rever regularmente o plano financeiro possibilita aos indivíduos ajustar suas estratégias de investimento, reavaliar a alocação de ativos e tomar decisões informadas para mitigar os impactos das mudanças econômicas em suas finanças pessoais.

Uma abordagem proativa para revisitar o plano financeiro também permite identificar oportunidades de otimização e melhoria contínua. Isso pode envolver a busca por novas opções de investimento, a renegociação de contratos financeiros ou a adoção de estratégias fiscais mais eficientes. Permanecendo atentos às mudanças nos ambientes financeiro e econômico, os indivíduos podem tomar medidas preventivas para proteger seu patrimônio e aproveitar oportunidades favoráveis.

Em resumo, revisitar com frequência o plano financeiro e ajustá-lo conforme as circunstâncias pessoais e as condições econômicas se alteram é uma prática fundamental para garantir a relevância e a eficácia do plano ao longo do tempo. Ao adotarem uma abordagem dinâmica e adaptável em relação às finanças pessoais, os indivíduos podem posicionar-se para enfrentar os desafios e aproveitar as oportunidades que surgem ao longo da jornada financeira.

Capítulo 4

AUTOCONHECIMENTO E EQUILÍBRIO EMOCIONAL

No âmbito da busca pela harmonia financeira e equilíbrio emocional, o capítulo dedicado ao autoconhecimento e ao equilíbrio emocional emerge como um alicerce fundamental e imprescindível para a transformação interior e o florescimento do ser. A jornada rumo ao autoconhecimento e ao equilíbrio emocional é um convite à introspecção, à contemplação e à integração das dimensões mais profundas da psique humana, vislumbrando não apenas a compreensão de si mesmo, mas também a conexão com o universo e a transcendência das limitações do ego.

O autoconhecimento, nessa perspectiva elevada e transcendental, é um processo de autodescoberta e autorrevelação que conduz o indivíduo à essência de sua própria existência, revelando camadas ocultas e sublimes de sua identidade e propósito. Por meio da prática da meditação, da reflexão e do diálogo interno, o indivíduo acessa o âmago de sua alma e desvenda mistérios profundos e ancestrais que o conectam à fonte primordial da consciência e da sabedoria.

A jornada do autoconhecimento, entrelaçada com o equilíbrio emocional, é um convite à integração das polaridades internas, à reconciliação das sombras e luzes do ser, e à aceitação plena de todas as facetas e nuances da existência humana. Por meio da prática da autocompaixão, da aceitação incondicional e da integração das emoções e experiências passadas, o indivíduo transcende as barreiras da dualidade e abraça a totalidade de sua natureza humana, libertando-se das amarras do julgamento e da autocondenação.

Por sua vez, o equilíbrio emocional é um estado de serenidade, resiliência e plenitude que emerge da integração e da harmonização das emoções, pensamentos e sensações que habitam o interior do ser. Ao cultivar a consciência plena do momento presente, a capacidade de lidar com as adversidades com serenidade e a prática da gratidão e do perdão, o indivíduo nutre e fortalece sua vida emocional, criando um ambiente interno de paz, equilíbrio e harmonia que se reflete em todas as esferas de sua existência.

A prática do perdão transcende a mera concessão de clemência aos outros; é um ato de transcendência e autolibertação. Ao estender o perdão a si mesmo, o indivíduo empreende uma jornada de cura interior, liberando-se das correntes emocionais que o aprisionam e abrindo espaço para a renovação e a plenitude. O perdão próprio é a chave que desvenda os grilhões do passado, permitindo que a luz da compaixão dissipe as sombras da autocrítica e da culpa, nutrindo, assim, um solo fértil para o florescimento do bem-estar emocional e espiritual.

Que o capítulo dedicado ao autoconhecimento e equilíbrio emocional seja reconhecido como um convite sagrado à jornada do ser, um chamado à autotransformação e à expansão da consciência. Que cada palavra, cada reflexão e cada experiência compartilhada nesse contexto seja um farol de luz e sabedoria que guie o leitor na travessia dos abismos interiores e nas alturas da espiritualidade e da autorrealização. Que a busca pela harmonia financeira e pelo equilíbrio emocional seja não apenas um objetivo, mas uma jornada de autoconhecimento, de crescimento e de transcendência que o conduza à plenitude e à iluminação.

No percurso do autoconhecimento, desvendamos a chave para comandar nossas emoções, permitindo-nos navegar pelos mares tumultuosos da existência com serenidade e equilíbrio íntimo. Ao decifrar as camadas mais profundas de nossos sentimentos, abrimos espaço para forjar uma relação mais saudável e harmônica conosco mesmos e com o próximo.

(Fabrício Silva Costa)

A importância do autoconhecimento no controle emocional

A importância do autoconhecimento no controle emocional é um tema de profunda relevância na busca pela harmonia financeira e pelo equilíbrio emocional. A jornada rumo ao autodomínio emocional e à autorregulação psicológica revela-se como um caminho de descobertas íntimas e transformações profundas, em que a compreensão e a aceitação das nuances mais sutis e complexas do ser humano são fundamentais para a conquista da estabilidade emocional e da paz interior.

O autoconhecimento, enquanto instrumento de autoconsciência e autoexploração, é a chave-mestra que abre as portas para o entendimento e a gestão das emoções, pensamentos e comportamentos que permeiam a psique humana. Ao mergulhar nas profundezas de sua própria essência, o indivíduo depara-se com os labirintos da mente e os abismos da alma, desvendando segredos ocultos e revelando verdades essenciais que orientam seu caminho rumo à plenitude e à integridade emocional.

A prática do autoconhecimento, aliada ao cultivo da introspecção e da autorreflexão, possibilita ao indivíduo a identificação e a compreensão dos padrões emocionais e mentais que regem seu comportamento e influenciam suas reações diante das circunstâncias da vida. Ao reconhecer e nomear as emoções que emergem em seu interior, o indivíduo adquire a capacidade de observar-se de forma imparcial e objetiva, desenvolvendo a inteligência emocional e a autocompaixão necessárias para lidar de forma construtiva e saudável com os desafios e as adversidades que se apresentam em seu caminho.

O autoconhecimento, como ferramenta de autotransformação e autossuperação, é um convite à exploração das sombras e luzes do ser, à reconciliação das dualidades internas e à integração das polaridades emocionais que habitam o interior do indivíduo. Ao reconhecer e aceitar suas vulnerabilidades e fragilidades, assim como suas potencialidades e talentos latentes, o indivíduo fortalece sua autoestima e sua autoconfiança, criando um ambiente interno de equilíbrio, integridade e autenticidade que se reflete em sua relação consigo mesmo e com o mundo ao seu redor.

Que a importância do autoconhecimento no controle emocional seja reconhecida como uma ponte para a harmonia financeira e o equilíbrio emocional, um portal de acesso à sabedoria interior e à compaixão incondicional que conduzem o indivíduo à paz e à serenidade. Que cada passo na jornada do autoconhecimento seja um ato de coragem e autenticidade, uma escolha consciente de mergulhar nas profundezas de sua própria alma e encontrar a verdadeira essência que o habita. Que a busca pela harmonia financeira e pelo equilíbrio emocional seja não apenas um objetivo, mas uma jornada de autoconhecimento, crescimento e transcendência que conduza o indivíduo à plenitude e à realização de seu potencial mais elevado.

> *Para enfrentar o estresse financeiro é imperativo empregar técnicas de inteligência emocional que nos auxiliem a manter a calma e a lucidez diante dos desafios monetários. Aprender a gerir as emoções, cultivar a resiliência e buscar soluções criativas são instrumentos poderosos para encarar os obstáculos financeiros com discernimento e equilíbrio emocional.*
>
> *(Fabrício Silva Costa)*

Técnicas de inteligência emocional para lidar com situações de estresse financeiro

A capacidade de manejar com destreza e sensibilidade as adversidades financeiras por meio da inteligência emocional assume um papel fundamental na jornada em direção à estabilidade financeira e ao equilíbrio emocional. Munido de um repertório de estratégias sofisticadas e refinadas, o indivíduo que almeja dominar seus impulsos diante do estresse financeiro depara-se com a oportunidade de mergulhar nas profundezas de sua psique, desvendando os intricados meandros de suas reações emocionais e padrões de pensamento disfuncionais.

Em meio ao cenário desafiador das crises financeiras, a prática da autoconsciência emerge como uma bússola confiável, guiando o indivíduo na navegação dos mares agitados da incerteza e da instabilidade econômica. Ao reconhecer e rotular as emoções que surgem em resposta às pressões financeiras, o indivíduo adquire a capacidade de discernir entre reações automáticas e respostas conscientes, cultivando a resiliência e a adaptabilidade necessárias para enfrentar os desafios com serenidade e clareza de propósito.

A inteligência emocional, enquanto ferramenta de autogestão e autorregulação, possibilita ao indivíduo identificar e transformar os padrões mentais e emocionais que minam sua estabilidade financeira e seu bem-estar emocional. Pela prática da autorreflexão e do diálogo interno, o indivíduo torna-se capaz de desativar os gatilhos emocionais que desencadeiam o estresse financeiro, promovendo a paciência, a empatia e a compaixão consigo mesmo e com os demais.

A resiliência emocional, como um escudo protetor diante das tempestades financeiras, é forjada na força da adversidade e na determinação interior. Ao cultivar a aceitação incondicional das circunstâncias financeiras, a capacidade de adaptação às mudanças e a habilidade de manter a calma e a clareza mental diante dos desafios, o indivíduo torna-se um mestre de si mesmo, navegando com maestria e sabedoria pelas águas turbulentas do estresse financeiro.

Que as técnicas de inteligência emocional para lidar com situações de estresse financeiro sejam reconhecidas como uma dádiva preciosa na busca pela harmonia financeira e pelo equilíbrio emocional, um tesouro interior que orienta o indivíduo na travessia dos desertos áridos da escassez e da incerteza. Que cada passo na jornada do autodomínio emocional seja um ato de coragem e autenticidade, uma escolha consciente de transcender os limites da mente e encontrar a paz e a serenidade que residem no centro do ser.

Para lidar com situações de estresse financeiro por meio da inteligência emocional, algumas técnicas podem ser muito úteis. Aqui estão algumas delas:

1. Autoconhecimento: reconhecer suas emoções em relação ao estresse financeiro, identificar gatilhos emocionais e entender como você costuma reagir a essas situações.

2. Gestão emocional: desenvolver habilidades para controlar e regular suas emoções diante do estresse financeiro, evitando decisões impulsivas ou baseadas em medo.

3. Empatia: compreender as emoções dos outros em relação ao seu próprio estresse financeiro, buscando apoio e compreensão mútua em momentos difíceis.

4. Resiliência: cultivar a capacidade de adaptar-se às adversidades financeiras, mantendo a esperança e buscando soluções criativas para os desafios.

5. Comunicação assertiva: expressar suas preocupações financeiras de forma clara e respeitosa, buscando apoio de familiares, amigos ou profissionais especializados.

6. *Mindfulness*: praticar a atenção plena pode ajudar a reduzir a ansiedade em relação às questões financeiras, permitindo que você concentre-se no presente e tome decisões com mais clareza.

7. Planejamento financeiro: desenvolver um plano realista para lidar com a situação financeira, estabelecendo metas alcançáveis e criando um orçamento que proporcione segurança e controle.

8. Aprendizado contínuo: buscar conhecimento sobre finanças pessoais, investimentos e estratégias de gestão financeira pode ajudar a tomar decisões mais informadas e reduzir incertezas.

9. Autoempoderamento: cultivar uma mentalidade de responsabilidade e empoderamento em relação às finanças, buscando soluções proativas e assumindo o controle da situação.

> *A prática da meditação revela-se um caminho poderoso para nutrir o equilíbrio interior e a paz de espírito. Ao dedicarmos preciosos momentos para conectar-nos com nossa essência mais profunda, encontramos a serenidade necessária para encarar as tormentas da vida com tranquilidade e clareza mental. A meditação representa um santuário de paz que nos auxilia a fomentar o equilíbrio emocional e a harmonia interior em meio ao turbilhão do mundo exterior.*
>
> *(Fabrício Silva Costa)*

Práticas de *mindfulness* e meditação para promover o equilíbrio interior

As práticas de *mindfulness* e meditação despontam como ferramentas exímias na busca pela harmonia financeira e pelo equilíbrio emocional, oferecendo ao indivíduo um caminho de autoexploração e autotranscendência que conduz à integração plena de sua essência interior. Por meio da imersão consciente no momento presente e da atenção plena aos pensamentos e sensações que emergem na esfera da consciência, o praticante adentra os domínios do silêncio interior e da serenidade profunda, tecendo uma teia de conexões sutis e relações íntimas que revelam a verdadeira natureza de sua existência.

A prática do *mindfulness*, como uma arte refinada de presença plena e consciência expandida, permite ao indivíduo mergulhar nas águas cristalinas do aqui e agora, desvelando as camadas mais profundas de sua psique e as sombras ocultas de sua alma. Ao cultivar a habilidade de observar os movimentos da mente e os fluxos das emoções com curiosidade e desapego, o praticante adquire a capacidade de desidentificar-se dos pensamentos negativos e das crenças limitantes que geram desequilíbrio e sofrimento, abrindo espaço para a nutrição da paz interior e da clareza mental que são a base da estabilidade emocional e bem-estar psicológico.

A meditação, como uma prática ancestral de autotransformação e autodescoberta, é um portal de acesso ao oceano infinito da consciência pura e à fonte inesgotável de sabedoria interior que habita no centro do ser. Ao dedicar-se à contemplação silenciosa e à interiorização profunda, o praticante conecta-se com a essência etérea de sua alma e com a centelha divina que anima seu ser, atingindo estados de elevada consciência e transcendência, que ultrapassa as limitações da mente e do ego, revelando a verdadeira natureza de sua essência e a conexão cósmica que une todas as formas de vida.

Que as práticas de *mindfulness* e de meditação para promover o equilíbrio interior sejam reconhecidas como uma via de acesso à paz interior e à autotransformação, que conduz o indivíduo à realização de seu potencial mais elevado e à manifestação de sua verdadeira essência. Que cada respiração consciente e cada momento de presença plena sejam uma oferta de amor e gratidão ao universo, uma celebração da vida e da consciência que pulsam em cada átomo e em cada célula de nosso ser.

Praticar *mindfulness* e meditação regularmente pode ser uma poderosa ferramenta para promover o equilíbrio interior. Aqui estão algumas práticas que podem ajudar nesse sentido:

1. Respiração consciente: dedique alguns minutos do seu dia para focar na sua respiração, observando-a sem tentar modificá-la. Isso ajuda a acalmar a mente e a trazer mais consciência ao momento presente.

2. Meditação guiada: utilize áudios ou vídeos de meditação guiada para auxiliar na prática da atenção plena. Essas meditações podem focar em temas como gratidão, compaixão e autoaceitação.

3. Body scan: faça uma varredura mental do seu corpo, prestando atenção em cada parte, desde os pés até a cabeça. Isso ajuda a relaxar os músculos e a trazer consciência corporal.

4. Meditação caminhando: caminhe de forma consciente, prestando atenção nas sensações do corpo, nos movimentos dos membros e no ambiente ao seu redor. Isso pode ser feito em um local tranquilo, como um parque.

5. Gratidão: reserve um momento do dia para refletir sobre as coisas pelas quais você é grato, cultivando sentimentos de apreciação e de contentamento.

6. Yoga: a prática da ioga combina movimentos físicos, respiração consciente e meditação, ajudando a fortalecer o corpo e a mente ao mesmo tempo.

7. Escrita terapêutica: reserve um tempo para escrever sobre seus pensamentos, suas emoções e suas experiências. Escrever pode ajudar a processar sentimentos e promover autoconhecimento.

8. Prática de bondade amorosa (Metta): dedique momentos para enviar pensamentos de bondade e compaixão a si mesmo, a pessoas queridas, a desconhecidos e até mesmo a pessoas com quem você tem dificuldades.

9. Visualização criativa: imagine cenários positivos, situações de sucesso ou momentos de tranquilidade, utilizando a visualização como uma ferramenta para acalmar a mente e cultivar emoções positivas.

Experimente incorporar algumas dessas práticas adicionais à sua rotina de autocuidado para ampliar as possibilidades de promover equilíbrio interior e bem-estar emocional, encontrando as técnicas que melhor se adéquam às suas necessidades e preferências. Ao incorporar essas práticas de *mindfulness* e meditação em sua rotina você fortalece o equilíbrio interior, reduz o estresse e promove uma maior conexão consigo mesmo e com o mundo ao seu redor.

Identificação de gatilhos emocionais relacionados ao dinheiro

Em nossa jornada em busca da harmonia financeira e equilíbrio emocional deparamo-nos com os intricados gatilhos emocionais que permeiam nossa relação com o dinheiro. Identificar e compreender esses disparadores emocionais é essencial para desvendar os meandros de nossas atitudes e comportamentos financeiros, permitindo-nos trilhar os caminhos da abundância e da serenidade com sabedoria e discernimento.

Os gatilhos emocionais relacionados ao dinheiro são como fios invisíveis que conectam nossas emoções mais profundas às nossas decisões financeiras cotidianas. Pode ser o medo da escassez que nos leva a adotar uma postura excessivamente conservadora em relação aos investimentos ou a busca incessante por validação e status social que nos impulsiona a gastos supérfluos e descontrolados.

Ao nos depararmos com situações que despertam emoções intensas em relação ao dinheiro, é fundamental cultivar a autoconsciência e a autocompaixão. Observar nossas reações emocionais sem julgamento e compreender as raízes profundas desses padrões comportamentais permitem-nos desarmar os gatilhos emocionais e transformar positivamente e de modo construtivo a nossa relação com o dinheiro.

As práticas da *mindfulness* e da meditação emergem como uma ferramenta poderosa na identificação e na gestão dos gatilhos emocionais relacionados ao dinheiro. Ao cultivar a presença plena no momento presente somos capazes de reconhecer as emoções que surgem em resposta às questões financeiras sem nos deixarmos envolver por elas de forma automática e reativa.

Além disso, buscar o apoio de profissionais especializados em saúde mental e finanças ajuda a oferecer *insights* valiosos e estratégias personalizadas para lidar com os gatilhos emocionais relacionados ao dinheiro. A terapia cognitivo-comportamental, por exemplo, pode ajudar a reestruturar crenças limitantes e padrões disfuncionais de pensamento que impactam nossas saúdes financeira e emocional.

Ao reconhecer, compreender e gerir os gatilhos emocionais relacionados ao dinheiro com compaixão e consciência abrimos espaço para uma transformação profunda em nossa relação com as finanças. Ao integrar esses aprendizados em nosso dia a dia, pavimentamos os caminhos da abundância e da serenidade, nos quais o equilíbrio entre as emoções e as decisões financeiras torna-se não apenas possível, mas também libertador.

Alguns gatilhos emocionais relacionados ao dinheiro podem incluir:

1. Estresse financeiro: preocupações constantes com contas, dívidas e despesas podem desencadear estresse e ansiedade.

2. Comparação social: sentir-se inadequado em comparação a outras pessoas em termos de status financeiro, posses materiais ou conquistas profissionais.

3. Medo de escassez: a preocupação constante de não ter o suficiente para atender às necessidades básicas ou de enfrentar imprevistos.

4. Culpa ou vergonha: sentir-se culpado por gastos passados, por não economizar o suficiente ou por não atingir metas financeiras.

5. Pressão familiar ou social: expectativas externas em relação a padrões de consumo, investimentos ou estilo de vida, gerando pressão emocional.

6. Insegurança sobre o futuro financeiro: preocupações com a aposentadoria, a estabilidade profissional ou a capacidade de prover para a família.

7. Perfeccionismo financeiro: sentir a necessidade de ter controle absoluto sobre as finanças, levando a altos níveis de estresse e autocrítica em caso de desvios dos planos financeiros.

8. Frustração com investimentos: experimentar frustração, ansiedade ou arrependimento em relação a decisões de investimento que não trouxeram os resultados esperados.

9. Dependência financeira: sentir-se preso ou incapaz de tomar decisões financeiras independentes, seja por questões familiares, sociais ou emocionais.

10. Desigualdade financeira em relacionamentos: conflitos devido a diferenças de opinião ou comportamentos em relação ao dinheiro entre parceiros ou familiares.

11. Impulsividade financeira: tomar decisões precipitadas de compra sem considerar as consequências em longo prazo, gerando arrependimento e culpa posteriormente.

Reconhecer esses gatilhos emocionais relacionados ao dinheiro pode ser o primeiro passo para lidar com eles de forma mais consciente e equilibrada. É importante buscar apoio emocional, educar-se sobre finanças pessoais e desenvolver estratégias para gerenciar essas emoções de maneira saudável.

A influência das crenças limitantes na relação com o dinheiro

Em um contexto no qual as crenças e os valores moldam significativamente nossas atitudes e comportamentos, a influência das crenças limitantes na relação com o dinheiro revela-se como um aspecto crucial a ser compreendido e transformado. Crenças enraizadas, muitas vezes adquiridas ao longo da vida, atuam como barreiras invisíveis que sabotam nosso potencial financeiro e impedem-nos de alcançar uma relação saudável e próspera com o dinheiro.

As crenças limitantes relacionadas ao dinheiro podem manifestar-se de diversas formas, desde a ideia de que "dinheiro é sujo" até a crença de que "riqueza é para poucos privilegiados". Esses pensamentos negativos e restritivos podem gerar sentimentos de culpa, medo, escassez e autossabotagem em relação às finanças, criando um ciclo vicioso que dificulta a construção de uma base financeira sólida e a realização de objetivos econômicos.

Ao internalizarmos crenças limitantes sobre o dinheiro, acabamos restringindo nosso potencial de prosperidade e bem-estar financeiro. A mentalidade de escassez, por exemplo, pode nos levar a adotar comportamentos de excessiva contenção ou a evitar oportunidades de crescimento financeiro por medo de perder o pouco que temos. Por outro lado, crenças sobre merecimento ou autovalorização podem influenciar nossas decisões de gastos e investimentos, levando-nos a desconsiderar nosso próprio bem-estar em prol de uma suposta validação externa.

Para romper com as crenças limitantes e transformar nossa relação com o dinheiro é essencial realizar um profundo trabalho de autoconhecimento e reflexão. Questionar as origens dessas crenças, desafiar seus fundamentos e substituí-las por pensamentos mais positivos e construtivos são passos fundamentais nesse processo de mudança. A prática da gratidão, o desenvolvimento da autoconfiança e o cultivo de uma mentalidade abundante são ferramentas poderosas para reprogramar nossa mente em direção à prosperidade financeira.

Além disso, buscar orientação profissional, como terapia financeira ou *coaching* especializado em *mindset* financeiro, pode ser um apoio valioso para identificar e superar crenças limitantes arraigadas. O diálogo aberto sobre questões financeiras com amigos, familiares ou grupos de apoio também ajuda a proporcionar *insights* enriquecedores e encorajamento mútuo no processo de transformação pessoal.

Em suma, reconhecer e confrontar as crenças limitantes na relação com o dinheiro é um passo fundamental para construir uma base sólida de prosperidade financeira e bem-estar emocional. Ao cultivarmos uma mentalidade positiva, flexível e empoderada em relação às finanças, abrimos espaço para novas oportunidades, crescimento pessoal e realização de sonhos que antes pareciam inalcançáveis. A transformação começa dentro de nós, no poder da nossa mente em criar uma realidade financeira abundante e significativa.

Aqui estão alguns exemplos de crenças limitantes relacionadas ao dinheiro:

1. Dinheiro é a raiz de todo mal: acreditar que ter dinheiro ou buscar prosperidade financeira é algo negativo ou que pode corromper as pessoas.

2. Não mereço ser rico: sentir-se não digno ou merecedor de ter sucesso financeiro ou acumular riqueza.

3. Dinheiro não traz felicidade: acreditar que a busca por dinheiro e conforto material não leva à verdadeira felicidade, desvalorizando a importância da estabilidade financeira.

4. Sou destinado a viver com dificuldades financeiras: aceitar passivamente uma situação de escassez ou dificuldades financeiras como algo inevitável e parte do destino pessoal.

5. Não sou bom com dinheiro: internalizar a ideia de que não se tem habilidades ou capacidade para lidar eficazmente com questões financeiras, limitando o próprio potencial de crescimento financeiro.

6. O dinheiro é sujo: associar negativamente o dinheiro a conceitos como ganância, corrupção ou exploração, criando uma aversão inconsciente à busca por prosperidade financeira.

7. É impossível ficar rico honestamente: acreditar que a riqueza só é possível mediante práticas desonestas ou questionáveis pode impedir a busca por oportunidades legítimas de prosperidade.

8. Dinheiro é escasso e nunca será o bastante: sentir constantemente que não importa o quanto se ganhe, pois nunca será suficiente, gera ansiedade e insatisfação financeira constante.

9. Rico é quem nasce rico: acreditar que a riqueza é determinada apenas pela origem social ou familiar, desconsiderando a possibilidade de construir independência financeira por meio do esforço pessoal.

10. Investir é arriscado demais, melhor evitar: evitar oportunidades de investimento ou crescimento financeiro por medo de perder dinheiro, limitando as possibilidades de aumentar patrimônio e garantir estabilidade futura.

Reconhecer e questionar essas crenças limitantes é um grande passo para transformar a relação com o dinheiro e buscar uma mentalidade mais positiva e saudável em relação às finanças pessoais. É importante substituir essas crenças por pensamentos mais construtivos e alinhados com objetivos financeiros saudáveis.

Vou apresentar exemplos de como transformar essas crenças limitantes em pensamentos positivos e construtivos. Mudando esses pensamentos e colocando-os em prática você verá que sua vida fluíra para alcançar seus objetivos junto a uma boa gestão financeira:

1. Dinheiro é a raiz de todo mal – O dinheiro é uma ferramenta que me permite realizar meus sonhos e ajudar os outros: reconhecer que o dinheiro pode ser utilizado para promover o bem e alcançar objetivos pessoais e altruístas.

2. Não mereço ser rico – Mereço prosperar e desfrutar da abundância em minha vida: aceitar que é legítimo buscar o sucesso financeiro e que você merece desfrutar dos frutos do próprio trabalho e do próprio esforço.

3. Dinheiro não traz felicidade – O dinheiro proporciona segurança e liberdade para viver uma vida plena e feliz: entender que a estabilidade financeira pode contribuir para o bem-estar emocional e a realização de sonhos.

4. Sou destinado a viver com dificuldades financeiras – Tenho o poder de transformar minha situação financeira e criar abundância em minha vida: assumir o controle sobre as próprias finanças e buscar oportunidades de crescimento e prosperidade.

5. Não sou bom com dinheiro – Estou aprendendo a gerir minhas finanças com eficiência e posso melhorar cada dia mais nesse aspecto:

reconhecer que habilidades financeiras podem ser desenvolvidas e aprimoradas ao longo do tempo, gerando maior controle sobre as próprias finanças.

6. O dinheiro é sujo – O dinheiro é uma troca justa pelo valor que ofereço ao mundo e posso utilizá-lo de forma ética e positiva: entender que o dinheiro é uma ferramenta neutra que pode ser usada para promover o bem e contribuir para o crescimento pessoal e coletivo.

7. É impossível ficar rico honestamente – Posso alcançar a prosperidade de forma honesta e ética, contribuindo para meu crescimento e o bem-estar da sociedade: acreditar que é possível conquistar a riqueza por meio do trabalho árduo, da integridade e da busca por oportunidades legítimas de crescimento financeiro.

8. Dinheiro é escasso e nunca será o bastante – Sou capaz de atrair abundância e gerenciar minha prosperidade de forma equilibrada: reconhecer que a mentalidade de escassez pode ser transformada em uma mentalidade de abundância, em que se valoriza o que se tem e se busca gerenciar os recursos de forma consciente.

9. Rico é quem nasce rico – Tenho o poder de criar minha própria riqueza com o meu esforço, meu conhecimento e minha persistência: entender que a riqueza não está limitada à origem social ou familiar e que é possível construir independência financeira por meio do desenvolvimento pessoal e profissional.

10. Investir é arriscado demais, melhor evitar – Ao educar-me financeiramente e diversificar meus investimentos posso aumentar minha segurança financeira e alcançar meus objetivos em longo prazo: reconhecer que o conhecimento sobre investimentos e a diversificação podem reduzir os riscos financeiros, permitindo aproveitar oportunidades de crescimento patrimonial com segurança.

A crença limitante de que **quem quer ser rico cai no laço do diabo** está enraizada na ideia de que a busca pela riqueza é associada a valores negativos, como ganância, corrupção ou desonestidade. Essa crença pode levar ao sentimento de culpa ou autossabotagem em relação ao desejo de prosperar financeiramente, limitando o desenvolvimento pessoal e as oportunidades de crescimento econômico.

É importante reconhecer que a busca pela prosperidade financeira pode ser motivada por valores positivos, como a realização pessoal, a capacidade de ajudar outros e o desejo de criar um impacto positivo na sociedade. Desafiar essa crença limitante envolve compreender que é possível buscar a riqueza de forma ética, alinhada com princípios e valores que promovam o bem-estar coletivo.

Ao substituir essa crença por pensamentos mais construtivos e equilibrados, como Posso buscar a prosperidade financeira de forma ética e contribuir para o bem-estar coletivo, conseguimos transformar a relação com o dinheiro e abrir espaço para uma mentalidade mais saudável em relação à riqueza.

Transformar essas crenças limitantes em pensamentos positivos abre portas para uma relação saudável e próspera com o dinheiro, permitindo alcançar metas financeiras e desfrutar de maior estabilidade econômica no futuro, trazendo maior liberdade financeira e bem-estar emocional.

Práticas de gratidão e abundância para transformar a mentalidade financeira:

Em um mundo permeado por desafios financeiros e incertezas, as práticas de gratidão e abundância emergem como poderosas ferramentas de transformação da mentalidade financeira. Ao incorporarmos esses valores em nosso cotidiano somos capazes de reconfigurar nossa relação com o dinheiro, cultivando uma perspectiva mais positiva, generosa e próspera em relação às finanças.

A gratidão, enquanto atitude de reconhecimento e apreciação pelas bênçãos presentes em nossas vidas, desempenha um papel fundamental na construção de uma mentalidade financeira saudável e equilibrada. Ao direcionarmos nosso foco para aquilo que já possuímos e pelas conquistas alcançadas, somos capazes de ampliar nossa percepção de abundância e plenitude, mesmo diante de desafios econômicos ou restrições financeiras.

Praticar a gratidão no contexto das finanças envolve não apenas valorizar o que temos materialmente, mas também reconhecer o poder transformador das experiências, dos relacionamentos e dos aprendizados que o dinheiro não pode comprar. Apreciar a capacidade de gerar renda, o acesso a recursos essenciais e a liberdade de escolha proporcionada pela estabilidade financeira são aspectos que podem ser celebrados como expressões tangíveis da gratidão no âmbito monetário.

Além disso, a prática da gratidão convida-nos a adotar uma postura de generosidade e compartilhamento em relação ao dinheiro. Ao reconhecermos a importância de contribuir para o bem-estar coletivo e apoiar causas sociais ou iniciativas comunitárias, expandimos nosso senso de propósito e significado para além do aspecto puramente individualista das finanças. A doação, o voluntariado e o investimento social tornam-se formas concretas de expressar nossa gratidão pela abundância que recebemos.

Por outro lado, a mentalidade de abundância convida-nos a transcender a visão limitada de escassez e competição que frequentemente permeia as relações financeiras. Acreditar na possibilidade de crescimento ilimitado, na criatividade para gerar novas oportunidades e na capacidade de atrair prosperidade para nossas vidas são pilares essenciais dessa abordagem abundante. Enxergar o dinheiro como um recurso fluído e renovável, capaz de circular em benefício próprio e da coletividade, liberta-nos do medo da falta e abre-nos para um horizonte vasto de potencialidades econômicas.

Ao integrarmos as práticas de gratidão e abundância em nossa jornada financeira estamos não apenas transformando nossas crenças limitantes sobre o dinheiro, mas também construindo alicerces sólidos para uma vida financeira plena, significativa e sustentável. A mudança começa no interior de cada um de nós, na escolha diária de cultivar pensamentos positivos, atitudes generosas e hábitos conscientes em relação às finanças.

Que essas reflexões possam inspirar sua trajetória rumo a uma mentalidade financeira mais próspera e realizadora. A gratidão e a abundância estão ao alcance de todos aqueles que escolhem nutrir esses valores em seus corações e mentes. Práticas de gratidão e abundância podem ser poderosas para transformar a mentalidade financeira. Aqui estão algumas sugestões:

1. Diário de gratidão financeira: reserve um tempo todos os dias para escrever três coisas pelas quais você é grato em relação às suas finanças. Pode ser desde a capacidade de pagar as contas até oportunidades de crescimento profissional. Focar no que você tem em vez do que falta ajuda a cultivar uma mentalidade de abundância.

2. Doações e compartilhamento: pratique doar ou compartilhar recursos financeiros, mesmo que em pequena escala. Isso pode ser desde contribuir para uma causa social até ajudar um amigo em necessidade. Ao compartilhar o que tem, você reconhece a abundância em sua vida e fortalece a crença de que há o suficiente para todos.

3. Visualização positiva: reserve um momento diariamente para visualizar seus objetivos financeiros alcançados. Imagine-se vivendo com segurança financeira, realizando seus sonhos e ajudando os outros. Essa prática reforça a mentalidade de abundância e atrai pensamentos positivos sobre o dinheiro.

4. Apreciação do presente: ao lidar com suas finanças diárias, pratique a gratidão pelo que está disponível no momento. Agradeça por cada compra consciente, por cada pagamento realizado e por cada oportunidade de ganho. Reconhecer o valor do presente ajuda a construir uma mentalidade financeira mais positiva.

5. Afirmações positivas: dedique alguns minutos todos os dias para repetir afirmações positivas relacionadas à abundância financeira. Por exemplo, "Eu mereço prosperar financeiramente", "Estou aberto para receber oportunidades de sucesso financeiro", "Eu sou capaz de gerar riqueza de forma ética e positiva". Essas afirmações ajudam a reprogramar a mente para acolher a abundância.

6. Acompanhamento dos gastos e receitas: mantenha um registro claro e organizado de seus gastos e receitas. Ao revisar suas finanças de forma sistemática, você pode reconhecer padrões positivos, identificar áreas de crescimento e celebrar suas conquistas financeiras, promovendo uma mentalidade de responsabilidade e gratidão.

7. Educação financeira: busque constantemente aprender mais sobre finanças pessoais, investimentos e gestão do dinheiro. Quanto mais conhecimento você adquire, mais capacitado se sente em relação às suas finanças, o que gera confiança e uma visão mais ampla das oportunidades disponíveis.

8. Prática da generosidade: além das doações ou dos compartilhamentos mencionados anteriormente, pratique atos de generosidade não necessariamente ligados ao dinheiro. Pode ser oferecendo seu tempo, sua habilidade ou seus recursos para ajudar os outros. A generosidade abre espaço para a abundância em todas as áreas da vida.

Ao incorporar essas práticas em sua rotina diária, você estará fortalecendo uma mentalidade de gratidão e abundância em relação às suas finanças. Lembre-se de que a transformação da mentalidade financeira é um processo gradual, mas com persistência e comprometimento é possível alcançar uma visão mais positiva e saudável em relação ao dinheiro.

Como Lidar com pressões externas e expectativas sociais em relação às finanças

Em meio a uma sociedade marcada por padrões e expectativas em relação ao sucesso financeiro, a habilidade de lidar com pressões externas e demandas sociais é essencial para preservar não apenas a estabilidade econômica, mas também as saúdes mental e emocional. O enfrentamento de julgamentos, comparações e cobranças provenientes do ambiente externo requer um equilíbrio delicado entre a autenticidade pessoal e a responsabilidade financeira.

As pressões externas relacionadas às finanças frequentemente se manifestam por meio de narrativas culturais que associam o valor individual à riqueza material, à ostentação de bens de consumo e ao status social derivado do acúmulo de patrimônio. Essa lógica do ter em detrimento do ser pode gerar um intenso senso de inadequação e insatisfação naqueles que não se enquadram nos padrões preestabelecidos de sucesso financeiro.

Nesse contexto, é fundamental cultivar uma consciência crítica em relação às mensagens midiáticas, às influências sociais e às expectativas familiares que moldam nossas percepções sobre dinheiro e felicidade. Questionar os valores dominantes, ressignificar o significado de prosperidade e reconhecer a diversidade de trajetórias financeiras possíveis são passos importantes para desvincular nossa autoestima do desempenho econômico e da aprovação externa.

Ao lidar com as expectativas sociais em relação às finanças, é essencial estabelecer limites saudáveis, comunicar assertivamente nossos valores e prioridades financeiras e desenvolver uma relação autêntica com o dinheiro, alinhada aos nossos objetivos pessoais e princípios éticos. A transparência sobre a nossa realidade financeira, a capacidade de dizer não a pressões consumistas e o cultivo de relações baseadas no respeito mútuo são estratégias-chave para preservar nossa integridade diante das influências externas.

Além disso, buscar apoio emocional, orientação profissional ou acompanhamento terapêutico pode ser fundamental para lidar com o estresse, a ansiedade e as inseguranças geradas pelas pressões sociais em torno das finanças. O autocuidado, a prática da autoaceitação e o fortalecimento da autoconfiança são pilares essenciais para enfrentar as cobranças externas sem comprometer nossa saúde mental e bem-estar emocional.

Em última análise, reconhecer que somos mais do que nossas conquistas materiais, mais do que nosso saldo bancário ou nossa posição social é o primeiro passo para desarmar as armadilhas das expectativas sociais em relação às finanças. Cultivar uma identidade financeira autêntica, baseada na integridade, na gratidão pelo que temos e na consciência do que realmente valorizamos na vida liberta-nos da tirania da comparação constante e conduz-nos em direção a uma relação mais saudável e equilibrada com o dinheiro.

Que essas reflexões possam inspirar sua jornada rumo à autonomia financeira e ao bem-estar emocional diante das pressões externas e das expectativas sociais. Lembre-se: seu valor vai muito além do seu saldo bancário ou das opiniões alheias.

O impacto da compaixão e empatia nas relações financeiras

Em um contexto em que as relações humanas muitas vezes são permeadas por interesses financeiros e transações comerciais, a presença da compaixão e da empatia emerge como força transformadora capaz de redefinir o significado e a dinâmica dessas interações. Quando incorporamos esses valores fundamentais em nossas práticas financeiras, somos capazes de estabelecer conexões mais profundas, significativas e sustentáveis com o dinheiro e com aqueles que nos rodeiam.

A compaixão, enquanto capacidade de reconhecer, sentir e agir diante do sofrimento alheio, desempenha um papel crucial na construção de relações financeiras mais humanizadas e solidárias. Ao nos colocarmos no lugar do outro, compreendendo suas necessidades, desafios e aspirações, somos capazes de agir com generosidade, respeito e cuidado em nossas interações monetárias. A empatia, por sua vez, complementa esse processo ao permitir nossa sintonia emocional com o universo do outro, criando pontes de entendimento e de colaboração no campo das finanças.

Quando aplicadas às relações financeiras, a compaixão e a empatia manifestam-se por meio de atitudes concretas que visam ao bem-estar coletivo e à equidade nas trocas econômicas. Desde a negociação de contratos comerciais até a gestão de investimentos e doações filantrópicas, esses valores orientam nossas decisões em direção a um maior equilíbrio entre interesses individuais e o bem comum. A sensibilidade para as necessidades dos outros leva-nos a adotar práticas financeiras mais éticas, transparentes e inclusivas, promovendo relações baseadas na confiança, na reciprocidade e na integridade.

Além disso, a compaixão e a empatia convidam-nos a questionar os paradigmas dominantes de acumulação desenfreada de riqueza e competição predatória que frequentemente regem o mundo dos negócios. Ao priorizarmos o cuidado com as pessoas envolvidas em transações financeiras, sejam clientes, colaboradores ou parceiros comerciais, transcendemos a lógica do lucro a todo custo para abraçar uma visão mais holística e sustentável das relações econômicas. A valorização do ser humano como centro das atividades financeiras conduz-nos a um modelo mais justo, solidário e empático de lidar com o dinheiro.

Nesse sentido, a compaixão e a empatia não apenas humanizam as relações financeiras, elas também potencializam seu impacto positivo na sociedade como um todo. Ao reconhecermos a interconexão entre nossas escolhas monetárias e o bem-estar coletivo somos capazes de gerar transformações significativas no tecido social, promovendo uma cultura financeira mais consciente, inclusiva e compassiva.

Que essas reflexões inspirem sua jornada rumo a relações financeiras mais enriquecedoras, solidárias e significativas. A compaixão e a empatia são bússolas poderosas que podem guiar suas escolhas monetárias em direção a um mundo mais justo e equitativo para todos.

O desenvolvimento de uma mentalidade de crescimento em relação ao dinheiro

Em um mundo onde o dinheiro exerce um papel central em nossas vidas, desenvolver uma mentalidade de crescimento em relação a ele torna-se essencial para nossa prosperidade e bem-estar. A maneira como encaramos a riqueza, os recursos e as oportunidades monetárias impacta significativamente nossa capacidade de alcançar nossos objetivos, de administrar nossas finanças com sabedoria e construir um futuro financeiramente sólido e sustentável.

Uma mentalidade de crescimento em relação ao dinheiro parte do pressuposto fundamental de que nossas crenças, atitudes e comportamentos em relação às questões financeiras não são fixos ou imutáveis, mas passíveis de transformação e aprimoramento contínuo. Ao adotarmos essa perspectiva dinâmica, abrimos espaço para o aprendizado, a para a experimentação e para o desenvolvimento pessoal no campo das finanças, permitindo-nos expandir nossos horizontes e potencializar nossas capacidades nesse âmbito.

Uma das características centrais da mentalidade de crescimento em relação ao dinheiro é a disposição para assumir riscos calculados e explorar novas oportunidades de crescimento e prosperidade financeira. Em vez de apegar-se a uma visão limitada ou estática sobre o dinheiro, aqueles que cultivam essa mentalidade estão abertos a desafiar seus próprios paradigmas, sair da zona de conforto e buscar novas formas de geração de renda, investimento e planejamento financeiro.

Além disso, uma mentalidade de crescimento em relação ao dinheiro está fundamentada na noção de que o conhecimento e a educação financeira são ferramentas poderosas para o empoderamento individual e a tomada de decisões conscientes no campo das finanças. Buscar constantemente ampliar nosso repertório de informações sobre investimentos, orçamento pessoal, gestão do crédito e estratégias para acumular riqueza permite-nos agir com mais segurança, assertividade e autonomia em relação ao nosso dinheiro.

Outro aspecto fundamental da mentalidade de crescimento em relação ao dinheiro é a capacidade de enxergar os erros e os fracassos financeiros como oportunidades de aprendizado e crescimento, em vez de como obstáculos intransponíveis ou fontes de vergonha e desencorajamento. Cultivar uma postura resiliente diante dos desafios financeiros leva-nos à capacidade de extrair lições valiosas de nossas experiências passadas, corrigir rotas, ajustar estratégias e seguir em frente com determinação rumo aos nossos objetivos econômicos.

Em suma, desenvolver uma mentalidade de crescimento em relação ao dinheiro envolve um compromisso contínuo com o autodesenvolvimento, a resiliência emocional e a busca constante por novas oportunidades de aprendizado e crescimento no campo das finanças pessoais. Adotar essa postura proativa e aberta às possibilidades de evolução financeira, pavimenta nosso caminho para uma vida mais próspera, equilibrada e realizada do ponto de vista monetário.

Explorando o papel da intuição na tomada de decisões financeiras

A relação entre intuição e tomada de decisões financeiras é um tema fascinante e complexo, que envolve a intersecção entre a razão e a emoção, a lógica e a percepção subjetiva. Muitas vezes, a intuição é vista como um recurso subestimado ou desconsiderado no âmbito das finanças, e desempenha um papel crucial na forma como interpretamos informações, avaliamos riscos e oportunidades e, finalmente, fazemos escolhas relacionadas ao dinheiro.

A intuição pode ser definida como uma forma de conhecimento implícito, baseado em experiências passadas, padrões inconscientes e sensibilidades emocionais, que orienta nossas percepções e julgamentos sem necessariamente passar pelo crivo da análise racional ou do pensamento consciente. No contexto das decisões financeiras, a intuição pode manifestar-se como um pressentimento, uma sensação de confiança ou desconfiança em relação a um investimento, uma negociação ou uma estratégia financeira.

Uma das principais vantagens da intuição na tomada de decisões financeiras é sua capacidade de processar informações de forma rápida e holística, integrando múltiplos aspectos cognitivos e emocionais em uma percepção global e intuitiva da situação. Em um mundo financeiro caracterizado pela volatilidade, pela incerteza e pela complexidade, a intuição pode ser uma aliada poderosa na identificação de padrões emergentes, tendências ocultas e oportunidades não óbvias que escapariam a uma análise puramente racional.

No entanto é importante ressaltar que a intuição também apresenta limitações e armadilhas na tomada de decisões financeiras. O excesso de confiança nas correntes intuições pode levar a escolhas impulsivas, irracionais ou baseadas em preconceitos inconscientes, comprometendo a solidez e a eficácia de nossas decisões econômicas. Portanto é fundamental equilibrar a intuição com a análise crítica, o planejamento metódico e a consulta a especialistas qualificados para garantir que nossas escolhas financeiras sejam fundamentadas em bases sólidas e sustentáveis.

Além disso, cabe ressaltar que o desenvolvimento da intuição na tomada de decisões financeiras requer prática, autoconhecimento e feedback constante sobre os resultados de nossas escolhas. Ao cultivarmos uma relação saudável com nossa intuição financeira, aprendemos a reconhecer seus sinais, interpretar suas mensagens e integrá-las de forma construtiva em nosso processo decisório, ampliando nossa capacidade de navegar com segurança e confiança no universo complexo das finanças pessoais.

Em suma, explorar o papel da intuição na tomada de decisões financeiras é adentrar em um território rico em nuances, desafios e oportunidades para expandir nossa consciência financeira e aprimorar nossa habilidade de fazer escolhas inteligentes e alinhadas com nossos objetivos econômicos. Ao integrarmos sabiamente intuição e razão em nosso arsenal decisório, potencializamos nossa capacidade de prosperar no mundo financeiro com discernimento, equilíbrio e sabedoria.

Estratégias para superar o medo do fracasso financeiro

O medo do fracasso financeiro é uma emoção poderosa que pode paralisar, limitar e sabotar nossos esforços para alcançar estabilidade, prosperidade e independência econômica. É uma preocupação legítima, devido à incerteza e à volatilidade inerentes ao mundo das finanças, mas é fundamental aprender a lidar com esse medo de forma construtiva e empoderadora. Nesse contexto, exploraremos algumas estratégias eficazes para superar o medo do fracasso financeiro e cultivar uma mentalidade positiva em relação ao dinheiro e aos investimentos.

Em primeiro lugar, é crucial reconhecer e aceitar que o medo do fracasso financeiro é uma emoção natural e comum, compartilhada por muitas pessoas em diferentes estágios de suas vidas e carreiras. Ao normalizarmos esse sentimento e compreendermos suas origens e manifestações individuais, começamos a desmistificá-lo e a reduzir seu poder de influência sobre nossas decisões financeiras.

Uma estratégia eficaz para lidar com o medo do fracasso financeiro é educar-se e informar-se sobre questões econômicas, investimentos, planejamento financeiro pessoal e gestão de riscos. Quanto mais conhecimento adquirimos sobre esses temas, mais segurança e confiança desenvolvemos para enfrentar desafios financeiros, tomar decisões fundamentadas e navegar com destreza no ambiente complexo do mercado financeiro.

Além disso, é importante cultivar uma mentalidade de crescimento e resiliência em relação ao dinheiro, encarando os erros e as adversidades como oportunidades de aprendizado e crescimento pessoal. Enxergar o fracasso como um trampolim para o sucesso e não como um beco sem saída permite-nos superar o medo paralisante da falha e motiva-nos a persistir, inovar e buscar soluções criativas para alcançar nossos objetivos financeiros.

Outra estratégia valiosa para superar o medo do fracasso financeiro é estabelecer metas claras, realistas e mensuráveis em relação às nossas finanças pessoais, criando um plano de ação concreto e passos progressivos para alcançá-las. Ao definirmos objetivos tangíveis e prazos específicos para nossa jornada financeira, criamos um senso de propósito, de direção e de controle sobre nossas escolhas econômicas, reduzindo a ansiedade e a incerteza inerentes ao desconhecido.

Por fim, buscar apoio emocional, orientação profissional e redes de suporte social também são estratégias fundamentais para lidar com o medo do fracasso financeiro. Compartilhar nossas preocupações, dúvidas e desafios com pessoas de confiança, mentores ou profissionais especializados permite-nos obter *insights* valiosos, feedback construtivo e encorajamento necessário para enfrentar obstáculos com coragem, determinação e resiliência.

Em suma, superar o medo do fracasso financeiro requer autoconhecimento, educação contínua, mentalidade positiva, planejamento estratégico e apoio emocional. Ao adotarmos essas estratégias em nossa jornada rumo à saúde financeira e ao bem-estar econômico estamos fortalecendo nossa capacidade de enfrentar desafios com confiança, aprender com experiências passadas e construir um futuro sustentável baseado em escolhas conscientes e alinhadas com nossos valores e objetivos pessoais.

Aqui estão algumas estratégias que podem ajudar nesse processo:

1. Educação financeira: aprender sobre finanças pessoais, investimentos e gestão do dinheiro ajuda a reduzir o medo do fracasso financeiro. Quanto mais conhecimento você adquire, mais confiante sentir-se-á ao lidar com questões financeiras.

2. Planejamento financeiro: criar um plano financeiro sólido pode proporcionar segurança e clareza em relação às suas metas e recursos. Estabelecer um orçamento realista, definir objetivos financeiros e acompanhar regularmente sua situação financeira reduz a incerteza e o medo.

3. Mudança de perspectiva: em vez de ver o fracasso como um obstáculo intransponível, encare-o como uma oportunidade de aprendizado e crescimento. Reflita sobre suas experiências passadas e identifique lições que possam ser aplicadas para evitar os mesmos erros no futuro.

4. Desenvolvimento da resiliência: cultivar a capacidade de recuperar-se de contratempos financeiros é fundamental. Isso envolve a construção de uma rede de apoio, tanto emocional quanto prática, e a adoção de uma mentalidade voltada para soluções em vez de focar apenas nos problemas.

5. Visualização positiva: pratique visualizar o sucesso financeiro ao invés de concentrar-se no medo do fracasso. Imagine-se alcançando suas metas financeiras, superando desafios e desfrutando de estabilidade econômica. Isso pode ajudar a reprogramar sua mente para atrair pensamentos mais positivos em relação ao dinheiro.

6. Ação consciente: em vez de permitir que o medo paralise suas ações, tome medidas conscientes para enfrentar suas preocupações financeiras. Isso pode incluir buscar orientação profissional, ajustar seu plano financeiro ou explorar novas oportunidades para aumentar sua renda.

7. Estabelecer metas realistas: definir metas financeiras alcançáveis e mensuráveis pode proporcionar um senso de propósito e direção. Ao dividir metas maiores em objetivos menores e mais tangíveis, você pode acompanhar o progresso e sentir-se mais confiante em relação às suas conquistas.

8. Cultivar a gratidão: praticar a gratidão diariamente pode auxiliar a mudar o foco da escassez para a abundância. Reconhecer as coisas positivas em sua vida, mesmo as pequenas, ajuda a reduzir a ansiedade em relação ao dinheiro e a criar uma mentalidade mais positiva.

9. Desenvolver habilidades adicionais: buscar oportunidades de desenvolver novas habilidades ou aprimorar as existentes aumenta sua empregabilidade e abre portas para novas fontes de renda. Isso pode proporcionar uma sensação de segurança adicional em relação às finanças.

10. Cuidar da saúde mental: priorizar o bem-estar emocional e mental é fundamental para lidar com o medo do fracasso financeiro. Praticar técnicas de relaxamento, meditação ou exercícios físicos auxilia a reduzir o estresse e promover uma atitude mais equilibrada em relação ao dinheiro.

11. Buscar apoio profissional: em certos casos, buscar orientação de um profissional, como um consultor financeiro ou um psicólogo, pode ser benéfico. Eles podem oferecer *insights* especializados e estratégias personalizadas para lidar com questões financeiras e emocionais.

Lembro aqui que cada pessoa é única e nem todas as estratégias funcionam da mesma forma para todos. Pode ser útil experimentar diferentes abordagens e identificar aquelas que melhor se adéquam à sua situação pessoal. Lembre-se também de que superar o medo do fracasso financeiro é um processo contínuo, então seja gentil consigo mesmo durante essa jornada. Ao aplicar essas estratégias você estará se capacitando para superar o medo do fracasso financeiro e construir uma mentalidade mais confiante e resiliente em relação às suas finanças pessoais. Lembre-se de que é um processo gradual, mas com dedicação e persistência é possível superar esse medo e alcançar maior tranquilidade em relação ao seu futuro financeiro.

Nutrição emocional: como cuidar das emoções em momentos de desafio financeiro

A nutrição emocional desempenha um papel fundamental em nossa capacidade de lidar com os desafios financeiros e as pressões do mundo econômico. Em momentos de incerteza, estresse e dificuldades monetárias, é essencial cuidarmos de nossas emoções com carinho, atenção e compaixão, para preservarmos nossa saúde mental, nosso bem-estar emocional e nosso equilíbrio psicológico. Nesse contexto, exploraremos estratégias práticas e eficazes para nutrir nossas emoções em meio a desafios financeiros e cultivar resiliência, autoestima e positividade em nossa jornada rumo à estabilidade econômica e emocional.

Em primeiro lugar, é importante reconhecer e validar as emoções que surgem em resposta a situações de desafio financeiro, como ansiedade, medo, frustração, tristeza ou culpa. Em vez de reprimir ou negar esses sentimentos, é fundamental acolhê-los com gentileza e autocompaixão, compreendendo que são reações naturais a circunstâncias difíceis e que fazem parte da experiência humana.

Uma estratégia eficaz para cuidar das emoções em momentos de desafio financeiro é praticar a atenção plena (*mindfulness*), cultivando a consciência do momento presente, o autoconhecimento emocional e a aceitação incondicional dos nossos pensamentos e sentimentos. Ao nos conectarmos com nossas emoções de forma consciente e compassiva, conseguimos reduzir a intensidade do estresse, da ansiedade e da negatividade associados às preocupações financeiras e desenvolver maior resiliência emocional para enfrentar adversidades com serenidade e equilíbrio.

Além disso, é essencial manter hábitos saudáveis de autocuidado físico, emocional e mental em períodos de desafio financeiro, como alimentação balanceada, sono reparador, atividade física regular, prática de hobbies relaxantes e conexões sociais significativas. Cuidar do corpo, da mente e do espírito fortalece nossa saúde emocional, melhora nossa capacidade de lidar com o estresse e promove um senso de bem-estar integral que nos sustenta nos momentos mais difíceis.

Outra estratégia valiosa para nutrir nossas emoções em meio a desafios financeiros é desenvolver habilidades de comunicação assertiva, tanto consigo mesmo quanto com os outros, expressando nossas necessidades, limites e preocupações de forma clara, respeitosa e empática. Ao estabelecermos limites saudáveis, buscarmos apoio emocional quando necessário e compartilharmos nossas angústias com pessoas confiáveis, fortalecemos nossa rede de suporte social e encontramos conforto e orientação para enfrentar dificuldades com coragem e determinação.

Por fim, cultivar uma mentalidade positiva, otimista e proativa em relação aos desafios financeiros é essencial para nutrir nossas emoções e manter nossa motivação e esperança em tempos difíceis. Encarar as adversidades como oportunidades de crescimento pessoal, aprendizado e transformação permite-nos desenvolver resiliência emocional, criatividade na resolução de problemas e gratidão pelas lições valiosas que emergem das experiências desafiadoras.

Em suma, cuidar das emoções em momentos de desafio financeiro requer autocompaixão, atenção plena, autocuidado holístico, comunicação assertiva e mentalidade positiva. Ao adotarmos essas estratégias em nossa jornada rumo ao equilíbrio emocional e econômico, fortalecemos nossa capacidade de enfrentar dificuldades com serenidade, compaixão e resiliência. Lembre-se sempre: suas emoções são valiosas, merecem ser acolhidas com amor e cuidado.

O poder da visualização criativa na manifestação de objetivos financeiros

A visualização criativa é uma poderosa ferramenta que pode ser utilizada para manifestar objetivos financeiros, transformar sonhos em realidade e criar abundância e prosperidade em nossas vidas. Cultivando uma mentalidade positiva, focada e criativa por meio da visualização de nossos objetivos financeiros, somos capazes de direcionar nossa energia, nossa intenção e nossa ação para atrair oportunidades, recursos e sucesso em nossa jornada rumo à realização plena de nossos potenciais econômicos.

Visualizar de forma criativa e detalhada os objetivos financeiros que desejamos alcançar é o primeiro passo para ativar o poder da mente subconsciente, que age como um ímã poderoso para atrair as circunstâncias, pessoas e eventos necessários para concretizar nossos sonhos e aspirações monetárias. Ao imaginar com clareza e intensidade a realização de metas financeiras específicas, como ganhar um aumento salarial, lançar um negócio próprio ou conquistar a independência financeira, sintonizamos nossa mente com a frequência vibracional dessas conquistas e alinhamo-nos com o fluxo da abundância universal.

Durante o processo de visualização criativa de objetivos financeiros é essencial envolver não apenas a mente, mas também as emoções, os sentidos e a intuição para potencializar a eficácia dessa prática transformadora. Ao visualizarmos com paixão, entusiasmo e gratidão a concretização dos nossos desejos econômicos, ativamos emoções positivas, que geram uma ressonância magnética com as possibilidades infinitas do universo e impulsionam-nos a agir de forma coerente e inspirada em direção aos nossos objetivos.

Além disso, a visualização criativa de objetivos financeiros pode ser enriquecida por elementos sensoriais que ampliam as experiências mental e emocional da manifestação desejada, como cores vibrantes, sons relaxantes, aromas estimulantes e texturas reconfortantes. Criar um ambiente propício à visualização por meio da estimulação dos sentidos potencializa nossa capacidade de imaginar vividamente o sucesso financeiro, fortalece nossa convicção na realização dos nossos sonhos e nutre nossa confiança no poder transformador da mente criativa.

Outro aspecto relevante da visualização criativa na manifestação de objetivos financeiros é a prática consistente e dedicada dessa técnica ao longo do tempo, incorporando-a como um hábito diário ou semanal em nossa rotina de autocuidado mental e emocional. Ao reservarmos momentos regulares para nos conectarmos com nossas aspirações financeiras mais profundas por meio da visualização criativa, fortificamos nossa fé na materialização desses objetivos, expandindo nossa consciência sobre as possibilidades ilimitadas do universo e cultivando uma atitude positiva e proativa em relação à construção de riqueza e prosperidade em todas as áreas de nossas vidas.

Em suma, o poder da visualização criativa na manifestação de objetivos financeiros reside na capacidade do ser humano de cocriar sua realidade mediante a imaginação consciente, a emoção positiva e a ação inspirada. Ao nos permitirmos sonhar grande, sentir profundamente e agir com determinação em direção aos nossos sonhos econômicos mais audaciosos, ativamos o potencial ilimitado de nossa mente criativa para transformar desejos em conquistas tangíveis e criar uma vida abundante, próspera e significativa em todos os níveis.

A importância do equilíbrio entre trabalho, lazer e descanso na saúde emocional e financeira

Encontrar o equilíbrio entre trabalho, lazer e descanso é essencial para manter não apenas a saúde emocional, mas também a saúde financeira em harmonia. Muitas vezes, na busca por sucesso profissional e estabilidade econômica, acabamos negligenciando aspectos fundamentais de nosso bem-estar, como o tempo para relaxar, divertir-se e recarregar as energias. Porém é crucial compreender que as saúdes emocional e financeira estão intrinsecamente ligadas e dependem de um equilíbrio saudável entre elas.

No contexto atual, em que a sociedade valoriza cada vez mais a produtividade, a eficiência e o sucesso material, é comum ficarmos imersos em jornadas de trabalho exaustivas, compromissos intermináveis e pressões constantes para alcançar metas financeiras cada vez mais ambiciosas. Mas é importante lembrar que a qualidade de vida não se resume apenas ao saldo bancário ou ao status profissional; ela também inclui a capacidade de desfrutar dos pequenos prazeres da vida, cuidar das saúde mental e emocional e cultivar relacionamentos significativos.

Quando dedicamos tempo ao trabalho de forma equilibrada, estabelecendo limites saudáveis para nossa jornada profissional e priorizando atividades que nos tragam realização pessoal e profissional, contribuímos não apenas para nossa produtividade e desempenho no ambiente de trabalho, mas também para nossa saúde emocional e bem-estar psicológico. O trabalho é uma parte importante de nossas vidas, mas não deve ser o único foco de nossa existência. É fundamental reservar momentos para descansarmos, divertirmo-nos e cuidarmos de nós mesmos para mantermos um equilíbrio saudável entre as demandas do mundo exterior e as necessidades internas de nosso corpo, mente e espírito.

Da mesma forma, o lazer desempenha um papel crucial na promoção das saúdes emocional e financeira, permitindo-nos relaxar, liberar o estresse acumulado, estimular nossa criatividade e fortalecer nossos laços sociais. Ao reservarmos tempo para atividades recreativas que nos trazem alegria, prazer e descontração, investimos em nossa felicidade, bem-estar e qualidade de vida de forma integral. O lazer não é um luxo dispensável, mas uma necessidade humana fundamental que nos ajuda a recarregar as energias, manter o equilíbrio emocional e enfrentar os desafios do dia a dia com mais leveza e resiliência.

Por fim, o descanso adequado é essencial para restaurar nosso corpo, mente e espírito após períodos intensos de trabalho ou atividades extenuantes. O sono reparador, as pausas ao longo do dia e os momentos de quietude são fundamentais para reequilibrar nossas energias, fortalecer nosso sistema imunológico e promover a regeneração celular necessária para manter nossa saúde física e mental em ótimo estado. Negligenciar o descanso pode levar a fadiga crônica, irritabilidade, problemas de concentração e até mesmo prejuízos financeiros decorrentes de decisões tomadas sob estresse ou exaustão.

Em resumo, o equilíbrio entre trabalho, lazer e descanso desempenha um papel fundamental na promoção da saúde emocional e financeira, permitindo-nos viver com mais plenitude, propósito e harmonia em todas as áreas da nossa vida. Ao cultivarmos esse equilíbrio saudável entre nossas responsabilidades profissionais, nossas atividades recreativas e nossos momentos de repouso e autocuidado, estamos investindo no nosso bem-estar integral e construindo as bases sólidas para uma vida abundante em significado, realização pessoal e prosperidade duradoura.

Capítulo 5

CONSTRUINDO RELAÇÕES SAUDÁVEIS COM O DINHEIRO

Na busca por harmonia financeira e equilíbrio emocional é imperativo que se empreenda uma jornada interna de autoconhecimento e transformação no que tange à forja de relações salutares com o dinheiro. A construção de um vínculo saudável com a moeda, para além de sua mera utilidade transacional, demanda uma abordagem holística que abarca as esferas psicológica, emocional e espiritual do indivíduo.

A relação com o dinheiro, embora muitas vezes relegada a um plano puramente pragmático, é, em sua essência, um reflexo do estado interior do ser. O manejo das finanças pessoais não se restringe ao domínio da matemática e das planilhas, ele estende-se ao domínio das emoções, dos valores e das crenças arraigadas que moldam as atitudes e os comportamentos em relação à riqueza e à abundância.

Nesse contexto, a construção de relações saudáveis com o dinheiro requer uma profunda introspecção e um mergulho nas camadas mais profundas da psique, a fim de identificar e transmutar padrões disfuncionais de pensamento e comportamento financeiro. A consciência dos condicionamentos e traumas relacionados ao dinheiro é o ponto de partida para a reconstrução de uma narrativa positiva e empoderadora em relação à prosperidade e ao sucesso financeiro.

A prática da autocompaixão e do perdão em relação às experiências passadas de escassez e privação é um passo fundamental na jornada de cura e transformação da relação com o dinheiro. Ao acolher e integrar as sombras financeiras, o indivíduo liberta-se das amarras do medo e da escassez, abrindo espaço para a manifestação da abundância e da prosperidade em sua vida.

A construção de relações saudáveis com o dinheiro é, portanto, um convite à autenticidade e à integridade, um compromisso consigo mesmo de cultivar uma postura de gratidão e responsabilidade em relação aos recursos financeiros. Que cada transação monetária seja uma oportunidade de expressar os valores mais elevados e os propósitos mais nobres do ser, nutrindo não apenas o bolso, mas também o coração e a alma com a energia da generosidade e da gratidão. Que a jornada rumo à harmonia financeira e o equilíbrio emocional seja pavimentada com a sabedoria e a clareza de quem reconhece no dinheiro não apenas um meio de troca, mas também um reflexo do próprio ser em sua busca incessante pela plenitude e integração.

A importância do planejamento financeiro e do desenvolvimento de habilidades práticas de gestão de dinheiro é essencial para a construção de relações saudáveis com o dinheiro.

O planejamento financeiro representa a base sólida sobre a qual se erguem as estruturas da estabilidade e da prosperidade financeira. Por meio do estabelecimento de metas claras, da elaboração de um orçamento realista e da definição de prioridades, o indivíduo adquire o controle consciente de suas finanças, capacitando-se para tomar decisões informadas e alinhadas com seus objetivos em longo prazo.

Além disso, o desenvolvimento de habilidades práticas de gestão de dinheiro é um investimento valioso no autodesenvolvimento e na autonomia financeira. As capacidades de poupar, de investir com discernimento e administrar dívidas de forma responsável são pilares fundamentais para a construção de uma base financeira sólida e duradoura.

Ao adquirir tais habilidades, o indivíduo empodera-se para fazer escolhas conscientes em prol de seu bem-estar financeiro, promovendo não apenas a segurança material, mas também a tranquilidade emocional advinda da sensação de controle e domínio sobre suas finanças.

Portanto, ao integrar o planejamento financeiro e o desenvolvimento de habilidades práticas de gestão de dinheiro em sua jornada rumo à harmonia financeira, o indivíduo capacita-se não apenas para alcançar suas metas materiais, mas também para cultivar uma relação consciente, saudável e equilibrada com o dinheiro, refletindo sua busca incessante pela plenitude e pela integração.

> *Edificar relações salutíferas com o numerário é empreender a jornada de autoconhecimento e equilíbrio financeiro, em que a opulência corporifica-se na conexão amorosa e respeitosa com as finanças, refletindo autenticidade e propósito em cada eleição.*
>
> (Fabrício Silva Costa)

Desconstruindo padrões negativos em relação ao dinheiro

Na procura pela harmonia financeira e pelo equilíbrio emocional é preciso adentrar no âmbito da desconstrução de padrões nocivos enraizados quanto à moeda e à riqueza material. A desconstrução desses paradigmas negativos, que permeiam a psique e influenciam as ações e decisões financeiras, demanda uma abordagem delicada e perspicaz que permita ao indivíduo desvendar as raízes profundas desses condicionamentos e transformá-los em novos padrões de pensamento e comportamento mais saudáveis e construtivos.

A jornada de desconstrução dos padrões negativos em relação ao dinheiro exige uma profunda introspecção e um mergulho nas camadas mais íntimas da psique, a fim de identificar as crenças limitantes, os traumas financeiros e os condicionamentos culturais que moldaram a relação do indivíduo com a prosperidade e a abundância. Somente ao reconhecer e compreender as origens desses padrões disfuncionais, o praticante poderá iniciar o processo de transformação e ressignificação desses esquemas mentais que regem sua vida financeira.

A prática da desconstrução de padrões negativos em relação ao dinheiro requer coragem e determinação para enfrentar os medos e as inseguranças que permeiam a esfera financeira. É preciso questionar as narrativas internalizadas de escassez e limitação, desafiando as noções preestabelecidas de valor e merecimento que regem as interações com a riqueza material. Ao desmantelar essas estruturas mentais obsoletas e abrir espaço para novas perspectivas e possibilidades, o indivíduo liberta-se do jugo da escassez e da autossabotagem, abrindo caminho para a manifestação da abundância e do bem-estar material e emocional.

Que a jornada de desconstrução de padrões negativos em relação ao dinheiro seja encarada como um convite à autotransformação e à expansão da consciência, um chamado para a liberdade e a realização plena do potencial humano. Que cada passo rumo à desconstrução desses condicionamentos seja uma oportunidade de crescimento e empoderamento, um ato de amor e autocuidado que conduza o indivíduo à integração plena de sua essência e à manifestação de sua verdadeira natureza abundante e próspera.

Estratégias para construir uma relação saudável e consciente com as finanças

Para se alcançar o equilíbrio emocional e a harmonia financeira é necessário explorar estratégias refinadas e sofisticadas para edificar uma relação saudável e consciente com as finanças. Tal empreitada requer uma abordagem holística que transcende a mera gestão monetária, envolvendo uma profunda imersão nas nuances psicológicas e emocionais que permeiam a interação do indivíduo com o dinheiro.

A construção de uma relação saudável e consciente com as finanças demanda, primordialmente, a prática da autotransformação e do autoconhecimento, possibilitando ao indivíduo desvelar os padrões inconscientes e as crenças arraigadas que regem suas atitudes e seus comportamentos em relação à riqueza material. Por meio da reflexão introspectiva e da análise crítica de seus valores e prioridades, o indivíduo pode identificar os condicionamentos e os hábitos que influenciam seu relacionamento com o dinheiro, abrindo caminho para a implementação de mudanças positivas e construtivas.

Além disso, adotar práticas de *mindfulness* e meditação é uma ferramenta poderosa na construção de uma relação saudável e consciente com as finanças, permitindo que se cultive a consciência plena e a atenção focada no momento presente. Pela prática da presença consciente, desenvolve-se a capacidade de observar com clareza e discernimento suas emoções, pensamentos e comportamentos em relação ao dinheiro, promovendo a autorreflexão e a autorregulação emocional, que são essenciais para uma gestão financeira equilibrada e consciente.

Por fim, a definição de metas financeiras claras e alinhadas a valores e objetivos pessoais, bem como a elaboração de um plano de ação estruturado e sustentável, são fundamentais para a construção de uma relação saudável e consciente com as finanças. Ao estabelecer prioridades financeiras e adotar práticas de planejamento e controle, o indivíduo cria as bases sólidas para uma gestão financeira responsável e empoderadora, que não apenas promove a segurança e a estabilidade material, mas também contribui para o desenvolvimento de uma consciência financeira mais elevada e uma relação mais harmoniosa e consciente com o dinheiro.

Como alinhar seus valores pessoais com suas escolhas financeiras

Para encontrar harmonia financeira e equilíbrio emocional é preciso alinhar os valores pessoais do indivíduo com suas escolhas financeiras. Tal empreitada demanda uma abordagem sofisticada e perspicaz, que transcende a mera gestão monetária e adentre no âmago das convicções e dos princípios que regem a vida do ser humano.

O alinhamento dos valores pessoais com as escolhas financeiras requer uma profunda introspecção e um mergulho nas camadas mais íntimas da psique, a fim de identificar os fundamentos éticos e morais que orientam as ações e decisões em relação ao dinheiro. É imprescindível que o indivíduo detenha-se em uma análise crítica de suas prioridades e aspirações, a fim de assegurar que suas práticas financeiras estejam em consonância com seus valores mais profundos e autênticos.

A integração dos valores pessoais no contexto das escolhas financeiras implica em uma reflexão cuidadosa sobre o significado da riqueza e da prosperidade na vida do indivíduo. É necessário que se reconheça que as decisões financeiras não se resumem apenas a questões pragmáticas, elas refletem também as convicções e os ideais que norteiam a existência do ser humano. Ao alinhar as escolhas financeiras com os valores pessoais, o indivíduo coloca-se em um caminho de congruência e autenticidade, promovendo a integridade e o equilíbrio em todas as esferas de sua vida.

A prática do alinhamento dos valores pessoais com as escolhas financeiras requer coragem e determinação para romper com padrões já estabelecidos e adotar uma postura de integridade e coerência em relação ao dinheiro. É somente ao reconhecer e honrar seus valores mais profundos que o indivíduo poderá construir uma relação saudável e sustentável com a riqueza material, pautada pela consciência e pela responsabilidade. Que cada escolha financeira seja um reflexo fiel dos valores e princípios que guiam a jornada do ser humano, promovendo não apenas a prosperidade material, mas também a realização e o bem-estar emocional.

O papel da gratidão no fortalecimento da conexão com o dinheiro

A gratidão, nobre virtude que enobrece a alma e ilumina o espírito, desempenha um papel transcendental no fortalecimento da conexão com o dinheiro. Ao cultivarmos um coração grato em relação às nossas circunstâncias financeiras, somos brindados com uma perspectiva renovada e uma profunda reverência pela abundância que permeia nossas vidas.

A prática da gratidão convida-nos a reconhecer e a apreciar as inúmeras bênçãos que fluem em nossa jornada financeira, independentemente de sua magnitude. Seja na prosperidade ou nas adversidades, a gratidão convida-nos a olhar para além das aparências e a reconhecer a riqueza intrínseca presente em cada experiência, aprendizado e recurso financeiro que nos é concedido.

Ao direcionarmos nossa atenção para as dádivas cotidianas, sejam elas tangíveis ou sutis, nutrimos um senso de plenitude e contentamento que transcende as limitações da mera acumulação material. A gratidão convida-nos a celebrar não apenas os ganhos materiais, mas também as conexões humanas, as oportunidades de crescimento pessoal e as lições extraídas das dificuldades financeiras.

Além disso, a prática regular da gratidão sintoniza-nos com as energias da abundância e da generosidade, abrindo os canais para receber e compartilhar de forma consciente e compassiva. Ao reconhecer a generosidade do universo em nossas vidas somos impelidos a agir com responsabilidade e integridade em relação ao dinheiro, honrando sua fluidez e seu impacto nas vidas daqueles ao nosso redor.

A conexão entre gratidão e prosperidade não se limita ao âmbito individual, estendendo-se à esfera coletiva. Ao nutrir um coração grato em relação ao dinheiro, contribuímos para a construção de uma consciência financeira mais compassiva e equitativa, em que a partilha e a solidariedade tornam-se pilares fundamentais de uma sociedade harmoniosa.

Assim, ao honrar o papel da gratidão no fortalecimento da conexão com o dinheiro, somos agraciados com uma visão renovada sobre nossa jornada financeira. A gratidão não apenas enriquece nossa percepção sobre a riqueza presente em nossas vidas, mas também nos capacita a trilhar os caminhos da abundância e da serenidade com humildade, generosidade e sabedoria.

Mindfulness financeiro: como praticar a atenção plena nas decisões financeiras

Em um mundo cada vez mais conectado digitalmente, a relação entre tecnologia e finanças desempenha um papel essencial no dia a dia das pessoas, oferecendo ferramentas inovadoras para simplificar o controle financeiro e promover melhor saúde emocional em relação ao dinheiro. A união da praticidade da tecnologia com a gestão inteligente das finanças abre caminho para uma nova era de autonomia financeira e bem-estar emocional.

As ferramentas digitais voltadas para o controle financeiro tornaram-se aliadas indispensáveis na jornada rumo à estabilidade econômica e emocional. Aplicativos de gestão de despesas, plataformas de investimento on-line, consultores financeiros automatizados e soluções de pagamento eletrônico são algumas das inovações tecnológicas que têm transformado a maneira como as pessoas lidam com seu dinheiro no cotidiano.

A facilidade e a acessibilidade dessas ferramentas digitais permitem que os usuários organizem suas finanças pessoais de forma eficiente, acompanhem seus gastos em tempo real, recebam orientações personalizadas sobre seus hábitos financeiros e tomem decisões embasadas em informações concretas. A transparência e a simplicidade proporcionadas pela tecnologia contribuem para maior consciência financeira e independência na gestão dos recursos monetários.

Além da dimensão prática, as ferramentas digitais também têm um impacto significativo na saúde emocional das pessoas em relação ao dinheiro. Ao oferecer uma visão clara da situação financeira pessoal, essas tecnologias ajudam a reduzir a ansiedade, o estresse e a incerteza associados às questões monetárias, permitindo que as pessoas desenvolvam uma relação mais equilibrada e saudável com suas finanças.

A capacidade de estabelecer metas financeiras alcançáveis, monitorar o progresso em direção a esses objetivos e receber feedback por meio de aplicativos especializados fortalece a motivação e o engajamento dos usuários no planejamento financeiro. A gamificação, a educação financeira personalizada e as notificações inteligentes são estratégias adotadas pelas plataformas digitais para incentivar comportamentos saudáveis em relação ao dinheiro.

Ao integrar tecnologia e finanças, as pessoas têm a oportunidade não apenas de otimizar sua gestão financeira, mas também de promover uma transformação positiva em sua saúde emocional e bem-estar geral. A automação de tarefas rotineiras, a simplificação de processos burocráticos e o acesso facilitado a informações relevantes contribuem para maior eficiência, produtividade e tranquilidade no âmbito financeiro.

Em resumo, as ferramentas digitais são um recurso valioso para aqueles que buscam equilibrar suas vidas financeira e emocional. Ao unir os benefícios da tecnologia com as necessidades individuais de cada pessoa, é possível criar um ambiente propício para o desenvolvimento de hábitos saudáveis, a conquista de metas financeiras significativas e a construção de uma relação positiva e empoderadora com o dinheiro.

Investimentos sustentáveis e éticos: alinhando seu dinheiro com seus valores

Vivemos em uma era em que as consciências ambiental e social estão cada vez mais presentes nas discussões e nas práticas do dia a dia. Nesse contexto, os investimentos sustentáveis e éticos surgem como uma forma poderosa de não apenas buscar retornos financeiros, mas também de promover impactos positivos no mundo ao nosso redor.

Investir de forma sustentável e ética significa direcionar recursos financeiros para empresas e projetos que estejam alinhados com princípios de responsabilidade socioambiental, transparência e governança corporativa. É a busca por um equilíbrio entre o retorno financeiro e o impacto positivo que esses investimentos podem gerar na sociedade e no meio ambiente.

Ao optar por investimentos sustentáveis e éticos, os investidores têm a oportunidade de apoiar iniciativas que promovam a preservação do meio ambiente, o respeito aos direitos humanos, a igualdade de gênero e outras causas sociais relevantes. Dessa forma, o dinheiro deixa de ser apenas um instrumento de acumulação de riqueza para tornar-se uma ferramenta de transformação e construção de um mundo mais justo e equitativo.

Além disso, os investimentos sustentáveis e éticos têm se mostrado cada vez mais rentáveis e resilientes em longo prazo. Empresas que adotam práticas sustentáveis tendem a ter melhor desempenho financeiro, reduzindo riscos associados a questões ambientais, sociais e de governança. Portanto investir alinhando seu dinheiro com seus valores não significa abrir mão da rentabilidade, mas buscar um equilíbrio entre lucro e propósito.

Para os investidores conscientes, a escolha por investimentos sustentáveis e éticos vai além da simples busca por retornos financeiros. Trata-se de assumir um compromisso com as gerações futuras, contribuindo para a construção de um mundo mais sustentável, justo e inclusivo.

Em resumo, os investimentos sustentáveis e éticos representam uma oportunidade única de transformar o sistema financeiro em uma força positiva para a sociedade e para o planeta. Alinhando seu dinheiro com seus valores mais profundos, você não apenas fortalece sua carteira de investimentos, como também contribui para um mundo melhor para todos.

Educação financeira para crianças: ensinando desde cedo uma relação saudável com o dinheiro

A importância da educação financeira para crianças não pode ser subestimada. Ensinar os pequenos desde cedo sobre o valor do dinheiro, a importância de poupar, investir e gastar de forma consciente é fundamental para prepará-los para as responsabilidades financeiras que terão ao longo da vida.

Introduzir conceitos de educação financeira de maneira lúdica e acessível às crianças contribui para o desenvolvimento de uma relação saudável e equilibrada com o dinheiro. É com esse aprendizado precoce que os pequenos poderão tomar decisões financeiras mais conscientes e responsáveis no futuro.

A educação financeira para crianças não se trata apenas de ensinar a contar moedas ou notas, mas cultivar valores como planejamento, disciplina, responsabilidade e gratidão. Ao compreenderem a importância de poupar para alcançar objetivos, as crianças desenvolvem habilidades essenciais que serão úteis em todas as áreas de suas vidas.

Além disso, ao ensinar sobre a diferença entre necessidades e desejos, as crianças aprendem a fazer escolhas mais conscientes na hora de gastar seu dinheiro. Isso ajuda no desenvolvimento de um consumo mais sustentável e equilibrado, evitando o endividamento excessivo e promovendo uma relação saudável com as finanças pessoais.

Outro aspecto crucial da educação financeira para crianças é o estímulo ao empreendedorismo e à criatividade. Ao incentivar os pequenos a pensar em maneiras de ganhar seu próprio dinheiro, estamos estimulando o desenvolvimento de habilidades empreendedoras e a autonomia financeira desde cedo.

Em resumo, investir na educação financeira das crianças é investir no futuro delas e da sociedade como um todo. Ao proporcionar-lhes ferramentas para lidarem com o dinheiro de forma consciente e responsável, contribuímos para a formação de cidadãos mais preparados, seguros e capazes de fazer escolhas financeiras acertadas ao longo da vida.

Minimalismo financeiro: simplificando suas finanças para uma vida mais plena

O minimalismo financeiro é muito mais do que uma simples abordagem de organização das finanças pessoais. Trata-se de um estilo de vida que busca simplificar as relações com o dinheiro, priorizando o essencial e eliminando o supérfluo em busca de uma vida mais plena e significativa.

Adotando o minimalismo financeiro, as pessoas buscam reduzir o consumo impulsivo, questionar padrões de consumo excessivos e repensar suas prioridades em relação ao dinheiro. A ideia central é viver com menos, porém com mais qualidade de vida, valorizando experiências e relações em detrimento de bens materiais.

Simplificar as finanças pessoais é um passo fundamental para alcançar a liberdade financeira e a paz de espírito. Ao eliminar gastos desnecessários, consolidar dívidas, criar um orçamento realista e investir de forma consciente, as pessoas que adotam o minimalismo financeiro conseguem ter mais controle sobre seu dinheiro e direcioná-lo para aquilo que realmente importa.

Além disso, o minimalismo financeiro está intimamente ligado à sustentabilidade e à preservação do meio ambiente. Ao consumir menos e com consciência, contribuímos para a redução do impacto ambiental gerado pelo consumo desenfreado e incentivamos práticas mais sustentáveis tanto em nível pessoal quanto coletivo.

Quando as pessoas que simplificam suas finanças e adotam o minimalismo financeiro, elas experimentam uma sensação de leveza e desapego em relação ao dinheiro. A busca por uma vida mais plena e significativa passa a ser prioridade, levando a uma maior valorização das experiências, dos relacionamentos interpessoais e do autoconhecimento.

Em suma, o minimalismo financeiro propõe uma nova forma de encarar as finanças pessoais, baseada na simplicidade, na consciência e no equilíbrio. Simplificando nossas relações com o dinheiro, abrimos espaço para uma vida mais autêntica, livre das amarras do consumismo desenfreado e alinhada com nossos valores mais profundos.

Impacto das redes sociais nas finanças pessoais: lidando com influências externas

O impacto das redes sociais nas finanças pessoais tem se tornado cada vez mais evidente na sociedade contemporânea. Com a exposição constante a um mundo virtual repleto de padrões de consumo e de estilo de vida aparentemente perfeitos, muitas pessoas veem-se influenciadas a gastar além de suas possibilidades, comprometendo sua saúde financeira.

As redes sociais exercem uma poderosa influência sobre as decisões de compra e os hábitos de consumo das pessoas. A constante exposição a *posts* patrocinados, fotos de viagens luxuosas, roupas de grife e bens materiais pode criar um senso distorcido da realidade, levando muitos indivíduos a adotarem um estilo de vida baseado em comparações e aparências.

O fenômeno da "vida perfeita" retratada nas redes sociais pode gerar uma pressão social implícita para que as pessoas consumam determinados produtos ou serviços a fim de se encaixarem nesse padrão idealizado. Esse comportamento, conhecido como "consumismo por pressão social", pode levar ao endividamento, ao descontrole financeiro e à insatisfação pessoal.

Além disso, as redes sociais também podem influenciar as decisões de investimento das pessoas, levando-as a seguir modismos ou conselhos duvidosos sem uma análise criteriosa. A busca por enriquecimento rápido e sem esforço muitas vezes resulta em perdas financeiras significativas, prejudicando o patrimônio e a segurança financeira dos indivíduos.

Para lidar com o impacto das redes sociais nas finanças pessoais é fundamental desenvolver um senso crítico em relação às informações recebidas e estabelecer limites saudáveis em relação ao consumo. É importante lembrar que nem tudo o que é exibido nas redes sociais corresponde à realidade e que a felicidade e o sucesso não estão necessariamente vinculados ao ter ou mostrar coisas materiais.

Educar-se financeiramente, criar um planejamento orçamentário realista, priorizar investimentos seguros e sustentáveis e cultivar uma relação saudável com o dinheiro são passos essenciais para proteger suas finanças pessoais dos impactos negativos das redes sociais.

Em resumo, é fundamental reconhecer o poder das redes sociais sobre nossas escolhas financeiras e desenvolver estratégias para filtrar influências externas que possam comprometer nossa estabilidade econômica e bem-estar emocional. Ao cultivar uma postura crítica e consciente em relação ao consumo influenciado pelas redes sociais, protegemos nossa saúde financeira e promovemos um equilíbrio entre o mundo virtual e o mundo real.

Economia compartilhada e colaborativa: repensando o consumo e economizando dinheiro

A economia compartilhada e colaborativa tem se destacado como uma alternativa inovadora e sustentável no cenário econômico atual. Por meio do compartilhamento de recursos, serviços e experiências, essa modalidade econômica propõe uma mudança de paradigma em relação ao consumo tradicional, incentivando a otimização de recursos, a redução de desperdício e a economia de dinheiro.

No contexto da economia compartilhada, os indivíduos têm a oportunidade de compartilhar bens materiais, como carros, roupas, equipamentos eletrônicos e espaços físicos, por meio de plataformas on-line especializadas. Esse modelo de consumo colaborativo promove a maximização da utilização de ativos subutilizados, gerando benefícios tanto para quem oferece quanto para quem utiliza os recursos.

Além disso, a economia colaborativa estende-se aos serviços, possibilitando a troca de habilidades, conhecimentos e experiências entre os membros da comunidade. Plataformas digitais conectam pessoas que buscam determinado serviço ou *expertise* com aquelas que podem oferecê-los, criando uma rede de colaboração e cooperação mútua.

Ao adotar práticas de economia compartilhada e colaborativa, os indivíduos têm a oportunidade não apenas de economizar dinheiro ao evitar compras desnecessárias, mas também de repensar seu estilo de vida e contribuir para a redução do impacto ambiental gerado pelo consumo desenfreado. Compartilhar em vez de possuir torna-se uma filosofia que promove a sustentabilidade e a solidariedade entre as pessoas.

A conscientização sobre os benefícios da economia compartilhada tem impulsionado o surgimento de novas iniciativas e negócios baseados em modelos colaborativos. Empresas que adotam práticas de aluguel, troca, venda de segunda mão e coleta seletiva estão conquistando cada vez mais espaço no mercado, atendendo à demanda crescente por alternativas mais sustentáveis e acessíveis.

Repensar o consumo por meio da economia compartilhada não se trata apenas de uma tendência passageira, mas de uma mudança cultural profunda que convida as pessoas a questionarem seus hábitos de consumo e a refletirem sobre o impacto de suas escolhas no mundo ao seu redor. Economizar dinheiro torna-se não apenas uma consequência desse novo modelo econômico, mas também um reflexo do compromisso com uma sociedade mais justa, equitativa e consciente.

Em suma, a economia compartilhada e colaborativa representa um caminho promissor para aqueles que desejam repensar sua relação com o consumo, economizar dinheiro e contribuir para a construção de um mundo mais sustentável e solidário. Ao participar ativamente dessa nova forma de interação econômica, estamos não apenas transformando nossos hábitos individuais, mas também moldando o futuro coletivo que desejamos construir.

Saúde financeira no ambiente de trabalho: equilibrando produtividade e bem-estar emocional financeiro

A saúde financeira no ambiente de trabalho é um aspecto essencial para o bem-estar dos colaboradores e o sucesso das organizações. Equilibrar a produtividade no trabalho com o bem-estar emocional financeiro dos funcionários é fundamental para garantir um ambiente de trabalho saudável, motivador e sustentável em longo prazo.

Em um cenário em que o estresse relacionado às finanças é uma realidade para muitos trabalhadores, as empresas têm um papel importante em promover a educação financeira, o planejamento adequado e o apoio emocional necessário para que seus colaboradores possam lidar de forma mais saudável com questões relacionadas ao dinheiro.

Investir na saúde financeira dos colaboradores vai além de oferecer um salário justo. Envolve também proporcionar ferramentas e recursos que permitam o desenvolvimento de habilidades financeiras, a gestão eficiente do orçamento pessoal e a construção de uma relação mais equilibrada e consciente com o dinheiro.

Além disso, promover um ambiente de trabalho que valorize o equilíbrio entre vida pessoal e profissional contribui significativamente para o bem-estar emocional dos funcionários. Iniciativas como horários flexíveis, programas de apoio psicológico e benefícios que incentivem a qualidade de vida demonstram o compromisso da empresa com o cuidado integral de seus colaboradores.

O impacto positivo da saúde financeira no ambiente de trabalho reflete diretamente na produtividade e no engajamento dos funcionários. Colaboradores que se sentem seguros em relação às suas finanças tendem a ser mais focados, criativos e motivados, contribuindo para o alcance dos objetivos organizacionais e para um clima organizacional mais positivo e colaborativo.

Ao equilibrar a produtividade com o bem-estar emocional-financeiro dos colaboradores, as empresas não apenas fortalecem sua imagem como empregadoras responsáveis, elas também constroem relações mais sólidas e duradouras com sua equipe. O investimento na saúde financeira dos funcionários não é apenas uma questão de responsabilidade social corporativa, é uma estratégia inteligente para promover a sustentabilidade do negócio em longo prazo.

Em resumo, a saúde financeira no ambiente de trabalho representa um pilar fundamental para a construção de organizações resilientes, inovadoras e humanizadas. Ao priorizar o equilíbrio entre produtividade e bem-estar emocional-financeiro dos colaboradores, as empresas não apenas fortalecem seu capital humano, mas também impulsionam seu crescimento e seu sucesso no mercado.

Saúde financeira no ambiente de trabalho: equilibrando produtividade e bem-estar emocional financeiro

A saúde financeira no ambiente de trabalho é um aspecto essencial para o bem-estar dos colaboradores e o sucesso das organizações. Equilibrar a produtividade no trabalho com o bem-estar emocional-financeiro dos funcionários é fundamental para garantir um ambiente de trabalho saudável, motivador e sustentável em longo prazo.

Em resumo, a saúde financeira no ambiente de trabalho representa um pilar fundamental para a construção de organizações resilientes, inovadoras e humanizadas. Ao priorizar o equilíbrio entre produtividade e bem-estar emocional-financeiro dos colaboradores, as empresas não apenas fortalecem seu capital humano, mas também impulsionam seu crescimento e seu sucesso no mercado.

Criatividade e empreendedorismo: explorando novas fontes de renda e realização pessoal

A conexão entre criatividade e empreendedorismo é um caminho promissor para aqueles que buscam não apenas uma fonte de renda, mas também realizações pessoal e profissional. A capacidade de inovar, pensar fora da caixa e transformar ideias em oportunidades de negócio é essencial para explorar novos horizontes, construir um caminho próprio e alcançar o sucesso de forma autêntica.

No mundo atual, em constante transformação e repleto de desafios, a criatividade torna-se um diferencial competitivo para empreendedores que buscam destacar-se no mercado. A habilidade de enxergar soluções inovadoras, identificar nichos de mercado não explorados e criar produtos ou serviços únicos é o que impulsiona o empreendedor a sair da zona de conforto e trilhar novos rumos.

Explorar novas fontes de renda vai além do aspecto financeiro. Envolve também a busca por satisfação pessoal, propósito e impacto positivo na sociedade. Empreender com criatividade significa não apenas gerar lucro, mas também promover mudanças significativas, inspirar outras pessoas e contribuir para um mundo mais diverso, inclusivo e sustentável.

A jornada empreendedora, pautada pela criatividade, requer coragem, determinação e resiliência. O empreendedor criativo está disposto a enfrentar desafios, aprender com os fracassos e persistir diante das adversidades. É na capacidade de reinventar-se, adaptar-se às mudanças do mercado e manter viva a chama da inovação que reside a força motriz para alcançar o sucesso empreendedor.

Além disso, a criatividade aliada ao empreendedorismo estimula o desenvolvimento pessoal e profissional do indivíduo. O processo de criação de um negócio próprio não apenas amplia os horizontes do empreendedor, como também potencializa suas habilidades de liderança, gestão e resolução de problemas. A experiência empreendedora transforma-se em um verdadeiro laboratório de aprendizado contínuo e crescimento pessoal.

Ao explorar novas fontes de renda com base na criatividade e no empreendedorismo, os indivíduos têm a oportunidade não apenas de construir um negócio bem-sucedido, mas também de realizar seus sonhos, expressar sua autenticidade e deixar sua marca no mundo. O empreendedor criativo é aquele que transforma desafios em oportunidades, adversidades em aprendizado e ideias em realidade.

Em suma, a combinação entre criatividade e empreendedorismo é uma via poderosa para aqueles que buscam ir além do convencional, explorar novos caminhos e construir uma carreira pautada pela inovação e pela realização pessoal. Ao estimular a criatividade como motor propulsor do empreendedorismo, os indivíduos não apenas transformam suas vidas, eles também impactam positivamente o mundo ao seu redor.

Terapia financeira: como a psicologia pode ajudar a superar traumas financeiros

Em meio a uma sociedade marcada por constantes pressões financeiras e desafios econômicos, a terapia financeira surge como uma ferramenta poderosa para auxiliar indivíduos a superar traumas e dificuldades relacionadas ao dinheiro. A intersecção entre psicologia e finanças revela um campo fértil para compreender as complexas relações emocionais que envolvem as questões monetárias e promover uma jornada de cura e transformação.

Traumas financeiros, sejam originados por experiências passadas de escassez, falências, perdas significativas ou crenças limitantes relacionadas ao dinheiro, podem deixar marcas profundas no psicológico de um indivíduo e impactar diretamente seu bem-estar emocional e mental. A terapia financeira busca abordar essas questões de forma holística, integrando aspectos emocionais, comportamentais e cognitivos para promover uma relação mais saudável e equilibrada com o dinheiro.

Ao adentrar o universo da terapia financeira, indivíduos têm a oportunidade de explorar suas crenças arraigadas sobre o dinheiro, compreender padrões de comportamento financeiro disfuncionais e identificar gatilhos emocionais que influenciam suas decisões monetárias. O trabalho terapêutico visa não apenas tratar os sintomas visíveis das dificuldades financeiras, mas também investigar as raízes profundas dos traumas e inseguranças relacionados ao tema.

A abordagem da psicologia na terapia financeira permite que os indivíduos reconheçam e processem suas emoções em relação ao dinheiro, desenvolvam habilidades de autorregulação emocional, estabeleçam metas financeiras realistas e construam uma mentalidade próspera e abundante. O terapeuta atua como um guia empático e capacitador, fornecendo ferramentas e estratégias para que o paciente possa reconstruir sua narrativa financeira de forma saudável e empoderadora.

Superar traumas financeiros não se trata apenas de equilibrar planilhas orçamentárias ou adotar estratégias de investimento. Envolve também um profundo mergulho interior, um processo de autoconhecimento e autotransformação que permitirá ao indivíduo romper com padrões autodestrutivos, liberar crenças limitantes e cultivar uma nova relação de amor-próprio e autoestima em relação ao dinheiro.

Assim, a terapia financeira revela-se como um caminho de libertação e empoderamento para aqueles que buscam transcender suas limitações financeiras, ressignificar sua história com o dinheiro e construir bases sólidas para uma vida próspera e abundante. Ao integrar os princípios da psicologia à gestão financeira pessoal, os indivíduos têm a oportunidade não apenas de sanar feridas do passado, mas também de criar um futuro sustentável e significativo.

Em resumo, a terapia financeira representa uma ponte entre o mundo material das finanças e o mundo interior da psique humana. Ao reconhecer a interdependência entre aspectos emocionais e monetários, os indivíduos podem trilhar um caminho de cura, crescimento pessoal e transformação positiva em relação ao dinheiro. A jornada rumo à saúde financeira começa no interior de cada um, na coragem de enfrentar os traumas do passado e construir um futuro próspero baseado no equilíbrio e na autenticidade.

Tecnologia e finanças: ferramentas digitais para facilitar o controle financeiro e promover a saúde emocional

Em um cenário cada vez mais digital e interconectado, a relação entre tecnologia e finanças desempenha um papel fundamental na vida cotidiana das pessoas, oferecendo ferramentas inovadoras para simplificar o controle financeiro e promover maior saúde emocional em relação ao dinheiro. A convergência entre a praticidade da tecnologia e a gestão inteligente das finanças abre caminho para uma nova era de empoderamento financeiro e bem-estar emocional.

As ferramentas digitais voltadas para o controle financeiro tornaram-se aliadas indispensáveis na jornada rumo à estabilidade e à prosperidade econômica. Aplicativos de gestão de despesas, plataformas de investimento on-line, robôs consultores financeiros e soluções de pagamento eletrônico representam apenas algumas das inovações tecnológicas que têm revolucionado a forma como as pessoas lidam com seu dinheiro no dia a dia.

A praticidade e a acessibilidade dessas ferramentas digitais permitem que os usuários organizem suas finanças pessoais de maneira eficiente, acompanhem seus gastos em tempo real, recebam *insights* personalizados sobre seus hábitos financeiros e tomem decisões embasadas em dados concretos. A transparência e a simplicidade proporcionadas pela tecnologia contribuem para maior consciência financeira e maior autonomia na gestão dos recursos monetários.

Além da dimensão prática, as ferramentas digitais também exercem um impacto significativo na saúde emocional dos indivíduos em relação ao dinheiro. Com uma visão clara e objetiva da situação financeira pessoal, essas tecnologias ajudam a reduzir a ansiedade, o estresse e a incerteza associados às questões monetárias, permitindo que as pessoas desenvolvam uma relação mais equilibrada e saudável com suas finanças.

A possibilidade de estabelecer metas financeiras tangíveis, monitorar o progresso em direção a esses objetivos e receber feedback constante por meio de aplicativos especializados fortalece a motivação e o engajamento dos usuários no processo de planejamento financeiro. A gamificação, a educação financeira personalizada e as notificações inteligentes são estratégias adotadas pelas plataformas digitais para estimular comportamentos saudáveis e sustentáveis em relação ao dinheiro.

Integrando tecnologia e finanças, os indivíduos têm a oportunidade não apenas de otimizar sua gestão financeira, mas também de promover uma transformação positiva em sua saúde emocional e bem-estar geral. A automação de tarefas rotineiras, a simplificação de processos burocráticos e o acesso facilitado a informações relevantes contribuem para uma maior eficiência, produtividade e tranquilidade no âmbito financeiro.

Em suma, as ferramentas digitais representam um recurso valioso para aqueles que buscam equilibrar suas vidas financeira e emocional. Unir os benefícios da tecnologia com as necessidades individuais de cada pessoa leva a um ambiente propício para o desenvolvimento de hábitos saudáveis, a conquista de metas financeiras significativas e a construção de uma relação positiva e empoderadora com o dinheiro.

Capítulo 6

RESILIÊNCIA FINANCEIRA E BEM-ESTAR INTEGRAL

A busca pela harmonia financeira e pelo equilíbrio emocional traz a necessidade premente de abordar a resiliência financeira como pilar essencial para o bem-estar integral do indivíduo. A resiliência financeira, conceito intrinsecamente ligado à capacidade de adaptação e superação diante de desafios e adversidades monetárias, assume um papel central na promoção de um equilíbrio emocional e material que transcende a esfera puramente financeira.

A construção da resiliência financeira e do bem-estar integral demanda uma abordagem holística e integrativa, que considere não apenas os aspectos práticos e tangíveis da gestão financeira, mas também os aspectos emocionais, psicológicos e espirituais que permeiam a relação do indivíduo com o dinheiro.

É fundamental que o praticante cultive uma postura de autenticidade e integridade em relação às suas finanças, reconhecendo que a resiliência financeira não se limita à acumulação de recursos materiais, diz respeito também à capacidade de lidar com as incertezas e os revezes financeiros de forma equilibrada e construtiva.

A resiliência financeira e o bem-estar integral estão intrinsecamente ligados ao desenvolvimento de competências emocionais e cognitivas que promovam a autossuficiência e a autoconfiança do indivíduo diante das oscilações do mercado e das circunstâncias econômicas. As práticas da inteligência emocional e da autorregulação tornam-se, assim, um elemento essencial na construção de uma base sólida de resiliência financeira, permitindo ao indivíduo enfrentar os desafios financeiros com serenidade e discernimento e manter-se firme em seu propósito e valores mesmo diante de adversidades.

Além disso, a conexão com fontes de significado e propósito na vida do indivíduo é um elemento fundamental na promoção do bem-estar integral e da resiliência financeira. Ao cultivar uma visão ampliada de sua existência e estabelecer metas e objetivos alinhados com seus valores mais profundos, o indivíduo fortalece sua capacidade de adaptação e superação, encontrando no propósito e na conexão com algo maior do que si mesmo a motivação e a inspiração necessárias para enfrentar os desafios financeiros com coragem e determinação.

Que a jornada rumo à resiliência financeira e ao bem-estar integral seja, portanto, um convite à autodescoberta e à transformação pessoal, um chamado para a integração plena do ser em sua busca pela plenitude e pela realização de seu potencial máximo, tanto no âmbito material quanto no emocional. Que a prática da resiliência financeira seja não apenas um meio de superar obstáculos e adversidades, mas também uma oportunidade de crescimento e evolução, que conduza o indivíduo à expansão de sua consciência e à manifestação de sua verdadeira essência abundante e próspera.

O percurso em direção à resiliência financeira e ao bem-estar integral requer coragem para enfrentar desafios, sabedoria para tomar decisões e gratidão para valorizar cada conquista.

(Fabrício Silva Costa)

Desenvolvendo resiliência diante de desafios financeiros

A procura pela harmonia financeira e pelo equilíbrio emocional traz a necessidade de se abordar a temática da resiliência diante dos desafios financeiros. A resiliência, enquanto atributo psicológico de suma importância, é um elemento crucial na jornada de enfrentamento e superação das vicissitudes monetárias que surgem ao longo da vida.

O desenvolvimento da resiliência frente aos desafios financeiros requer uma postura de profunda introspecção e autoconhecimento, que permita ao indivíduo compreender e assimilar as adversidades de ordem econômica como oportunidades de crescimento e aprendizado. Nesse contexto, a resiliência manifesta-se como a capacidade de adaptar-se e reagir de maneira construtiva diante das dificuldades financeiras, transformando os obstáculos em oportunidades de fortalecimento e superação.

A construção da resiliência financeira envolve, igualmente, a prática da inteligência emocional e da autorregulação, habilidades que são essenciais para o indivíduo lidar com as emoções e os pensamentos negativos que podem surgir em momentos de crise financeira. A capacidade de manter a calma, a serenidade e a clareza mental diante dos desafios monetários é fundamental para que o indivíduo tome decisões assertivas e pragmáticas, preservando sua estabilidade emocional e sua capacidade de enfrentar as adversidades com resiliência e determinação.

Ademais, a conexão com fontes de significado e propósito na vida do indivíduo é um fator determinante no desenvolvimento da resiliência financeira. Ao cultivar uma visão ampliada de sua existência e estabelecer metas e objetivos alinhados com seus valores mais profundos, o indivíduo encontra na resiliência um aliado poderoso na busca pela realização de seus propósitos e aspirações. A resiliência financeira não se resume apenas à capacidade de superar desafios econômicos; ela também é a capacidade de manter-se fiel aos seus princípios e valores mesmo diante das adversidades, fortalecendo a integridade e a autoconfiança.

Que a prática da resiliência diante dos desafios financeiros seja, portanto, um convite à autotransformação e ao crescimento pessoal, um chamado para a superação das limitações e a expansão da consciência em relação ao dinheiro e à riqueza. Que a resiliência financeira seja não apenas uma habilidade a ser cultivada, mas uma filosofia de vida a ser incorporada, que conduza o indivíduo à plenitude e à realização de seu potencial máximo, tanto no âmbito material quanto no emocional.

O impacto da prosperidade financeira no bem-estar integral

A resiliência financeira, como alicerce primordial do bem-estar integral, representa a inerente capacidade do indivíduo em reerguer-se e prosperar diante das adversidades econômicas, erigindo-se como uma fortaleza inabalável perante as intempéries do mundo financeiro. É por meio da resiliência que o indivíduo torna-se um arquiteto de sua trajetória financeira, transcende os obstáculos e desafios e emerge fortalecido e resiliente, pronto para enfrentar os desafios com destemor e sabedoria.

A resiliência financeira não se restringe apenas à sobrevivência diante das vicissitudes monetárias, mas à capacidade de florescer e prosperar mesmo em meio às adversidades, cultivando uma mentalidade de abundância e prosperidade que transcende as limitações impostas pelas circunstâncias. É a habilidade de transformar as crises em oportunidades, os fracassos em aprendizados e as perdas em ganhos, edificando uma base sólida e resistente para enfrentar os altos e baixos do mercado financeiro com confiança e determinação.

Por sua vez, o bem-estar integral representa a harmonia e o equilíbrio entre os aspectos físicos, mentais, emocionais e espirituais do ser humano, fomentando uma sensação de plenitude e satisfação em todas as esferas da vida, inclusive no âmbito financeiro. É a incessante busca pela excelência e pela realização pessoal, pelo autodesenvolvimento e cuidado com o corpo, a mente e o espírito, como pilares fundamentais para uma vida plena e significativa.

Ao entrelaçar a resiliência financeira com o bem-estar integral, o indivíduo torna-se um ser completo e equilibrado, capaz de enfrentar os desafios financeiros com serenidade e confiança, mantendo a clareza de propósito e a determinação necessárias para alcançar seus objetivos mais elevados. É por meio da resiliência e do bem-estar integral que o ser humano eleva-se acima das vicissitudes da vida financeira, encontrando a paz interior, a felicidade genuína e a realização plena em todas as áreas da existência.

Que a jornada rumo à resiliência financeira e ao bem-estar integral seja uma busca constante pela excelência e pela autotransformação, uma caminhada de autodescoberta e crescimento que conduza o indivíduo à plenitude e à felicidade duradoura. Que cada passo dado nessa trajetória seja um ato de coragem e autenticidade, uma escolha consciente de transcender as limitações e alcançar o mais alto potencial de realização e prosperidade.

Como a harmonia entre finanças e emoções promove uma vida plena e equilibrada

A simbiose entre os aspectos financeiros e emocionais revela-se como uma intrincada e fascinante área de estudo, sendo a chave-mestra para desvendar os mistérios de uma existência plena e equilibrada. Nesse delicado e sutil intercâmbio entre as esferas monetária e afetiva, residem os segredos da autêntica prosperidade, da harmonia interna e da realização pessoal.

A harmonização entre as finanças e as emoções transcende a simples busca por um equilíbrio aritmético, adentrando em um estado de consciência elevado que permeia todos os aspectos da vida. Consiste na habilidade de gerir com maestria as questões econômicas, ao mesmo tempo em que se mantém um equilíbrio emocional, cultivando a serenidade, a gratidão e a compaixão como fundamentos essenciais para uma existência plena e significativa.

Ao integrar de forma harmoniosa os domínios financeiros e emocionais, o indivíduo torna-se um arquiteto de sua própria realidade, forjando seu destino com sabedoria e discernimento, equilibrando as necessidades materiais com os anseios afetivos e convertendo os desafios em oportunidades de crescimento e aprendizado. É a conjunção da inteligência emocional com a disciplina financeira gerando uma sinergia influente e transformadora que encaminha para a plenitude e para a felicidade duradoura.

A existência plena e equilibrada, fruto da harmonia entre finanças e emoções, representa um estado de graça e de equilíbrio interior que ultrapassa as contingências do mundo material, permitindo ao indivíduo experimentar a abundância em todas as esferas da vida, desde a prosperidade financeira até o bem-estar emocional e espiritual. É a incessante busca pela excelência e pelo autoaperfeiçoamento, valorizando o autoconhecimento e a autotransformação como vias para a realização plena e a genuína felicidade.

Que a jornada em direção à harmonia entre finanças e emoções seja uma constante busca pela excelência e pela autenticidade, uma viagem de autodescoberta e crescimento que leve o indivíduo ao encontro de sua verdadeira essência e propósito de vida. Que cada passo dado nessa trajetória seja um ato de coragem e autenticidade, uma escolha consciente de integrar os aspectos financeiros e emocionais, promovendo uma vida plena e equilibrada repleta de significado e realização.

Práticas para manter a resiliência mesmo em momentos de instabilidade econômica

A resiliência, qualidade ímpar dos espíritos resilientes, revela-se como um farol de esperança e força interior nos períodos de turbulência econômica. Diante dos ventos inconstantes da instabilidade financeira, torna-se essencial cultivar práticas que fortaleçam nossas capacidades de adaptação, de superação e de renovação, erguendo-nos com coragem e determinação diante dos desafios que se apresentam.

Em meio às incertezas e às oscilações do cenário econômico, a prática da resiliência inicia-se no âmago do nosso ser, na profundidade da nossa consciência e na solidez dos nossos valores. Ao ancorarmo-nos em uma base sólida de autoconhecimento e autenticidade, somos capazes de enfrentar as adversidades com serenidade e discernimento sem perder a essência de quem somos.

A manutenção da resiliência em momentos de crise econômica requer uma combinação harmoniosa de elementos essenciais: a aceitação das circunstâncias presentes, o cultivo das flexibilidades mental e emocional, a busca por soluções criativas e o fortalecimento dos laços interpessoais que nos apoiam e nos nutrem em nossa jornada.

Ao aceitarmos as mudanças inevitáveis do panorama econômico com serenidade e equanimidade, abrimos espaço para a transformação e o crescimento pessoal. A resiliência convida-nos a enxergar além das aparências passageiras da crise, reconhecendo-a como uma oportunidade única de reinventar nossos paradigmas financeiros e expandir nossa visão sobre o verdadeiro significado da prosperidade.

A flexibilidade mental e emocional emerge como uma aliada poderosa na preservação da resiliência em tempos turbulentos. Ao desenvolvermos a capacidade de adaptar nossas estratégias, revisar nossas metas e ajustar nossas expectativas conforme as demandas do momento, demonstramos uma habilidade admirável de fluir com as marés da mudança sem perder a direção de nossos propósitos.

A criatividade, por sua vez, é uma fonte inesgotável de soluções inovadoras para os desafios econômicos. Ao cultivarmos um *mindset* criativo e empreendedor, somos capazes de vislumbrar oportunidades onde outros enxergam obstáculos, transformando limitações em possibilidades e escassez em abundância.

Por fim, os laços afetivos e solidários que tecemos ao longo da nossa jornada desempenham um papel fundamental na preservação da resiliência em momentos de crise econômica. O apoio mútuo, o compartilhamento de experiências e o acolhimento empático entre indivíduos fortalecem nossa rede de suporte emocional e prático, sustentando-nos nas horas mais difíceis com amor, compaixão e companheirismo.

Assim, ao honrar as práticas que sustentam a resiliência mesmo em tempos turbulentos, somos brindados com uma visão renovada sobre nossa capacidade inata de superação e renovação. A resiliência não é apenas uma virtude a ser admirada. Ela é um convite constante à transformação pessoal, à expansão da consciência e à manifestação do potencial humano em sua forma mais sublime.

Aqui estão algumas práticas para manter a resiliência mesmo em momentos de instabilidade econômica:

1. Cultivar a gratidão diariamente, reconhecendo as bênçãos e as oportunidades presentes, mesmo em meio às dificuldades financeiras.

Cultivar a gratidão diariamente é como regar o jardim da nossa alma com as águas da esperança e da positividade. Mesmo em meio às tempestades financeiras que por vezes atravessamos, é essencial reconhecer as bênçãos e as oportunidades que se apresentam para nós. Nesse contexto, a gratidão não é apenas um gesto de apreço pelas coisas boas que nos cercam, mas uma atitude de profunda conexão com a abundância que permeia nossa existência.

Ao direcionarmos nosso olhar para as pequenas alegrias do dia a dia, para os momentos de amor, de amizade e de superação, tecemos uma rede de gratidão que nos sustenta nos momentos de dificuldade. Mesmo quando os desafios financeiros parecem insuperáveis, a prática da gratidão convida-nos a enxergar além das aparências, a valorizar o que realmente importa e a nutrir a fé em dias melhores.

É nos períodos de escassez que a gratidão revela todo o seu poder transformador. Ao reconhecermos as lições ocultas nas adversidades, ao celebrarmos cada pequena vitória conquistada com esforço e resiliência, fortalecemos nossa capacidade de enfrentar as dificuldades com coragem e determinação. A gratidão ensina a valorizar não apenas o que temos, mas também o que somos capazes de construir com base na nossa força interior e na nossa fé inabalável.

Portanto convido a todos a praticar a gratidão como um hábito diário, uma fonte inesgotável de inspiração e renovação em meio às vicissitudes da vida. Que cada palavra de agradecimento seja como uma semente plantada no solo fértil do nosso coração, germinando em flores de esperança e frutos de superação. Que possamos colher os frutos dessa prática constante, celebrando a abundância que brota do simples ato de reconhecer e valorizar as dádivas que nos são concedidas.

2. Praticar o autocuidado e a atenção plena, cuidando da saúde física, emocional e espiritual para fortalecer a capacidade de enfrentar desafios.

"Praticar o autocuidado e a atenção plena é como acender uma luz suave e acolhedora dentro de nós mesmos, iluminando os caminhos da saúde física, emocional e espiritual. Em um mundo marcado pela correria e pelas exigências constantes, dedicar tempo e energia para cuidar de si mesmo torna-se não apenas uma necessidade, mas um ato de amor e respeito para com o nosso próprio ser.

Cuidar da saúde física envolve não apenas alimentar o corpo com nutrientes essenciais e praticar atividades físicas regulares, mas também ouvir atentamente os sinais que ele envia anos e respeitar seus limites e suas necessidades. Ao nutrir nosso corpo com carinho e respeito, fortalecemos a base sobre a qual toda a nossa existência sustenta-se, permitindo-nos enfrentar os desafios com vigor e vitalidade renovados.

A atenção plena, por sua vez, convida-nos a mergulhar no momento presente com consciência e aceitação. Ao cultivarmos a capacidade de estar plenamente presentes em cada instante, fortificamos nossa resiliência emocional e nossa capacidade de lidar com as adversidades de forma equilibrada. A prática da atenção plena ajuda-nos a reconhecer e a acolher nossas emoções sem julgamento, a encontrar paz no caos e serenidade na turbulência.

Cuidar da saúde espiritual significa nutrir a nossa essência mais profunda, cultivando valores como compaixão, gratidão e amor incondicional. Ao fortalecermos nossa conexão com o divino que habita em nós e ao nosso redor, construímos alicerces sólidos para enfrentar os desafios da vida com sabedoria e serenidade. A saúde espiritual guia-nos nas encruzilhadas da existência, iluminando nossos passos e inspirando-nos a agir com integridade e propósito.

Portanto, convido a todos a priorizar o autocuidado e a atenção plena em suas vidas diárias, tendo-os como pilares fundamentais para fortalecer a capacidade de enfrentar desafios com coragem e equilíbrio. Que cada gesto de cuidado consigo mesmo seja um lembrete do valor inestimável que somos, merecedores de amor, respeito e bem-estar em todas as dimensões da nossa existência".

3. Estabelecer metas realistas e flexíveis, adaptando-as conforme as circunstâncias econômicas e mantendo o foco na progressão gradual.

"Estabelecer metas realistas e flexíveis é como traçar um mapa de tesouros que nos guiará em direção aos nossos sonhos, adaptando o caminho conforme as marés econômicas e mantendo o olhar firme na jornada de progressão gradual. Em um mundo em constante transformação, a habilidade de ajustar nossos objetivos sem perder de vista a direção desejada torna-se essencial para alcançarmos o sucesso e a realização pessoal.

Ao definirmos metas realistas, construímos alicerces sólidos para os nossos projetos, levando em consideração não apenas nossas aspirações e ambições, mas também nossas capacidades e limitações. Estabelecer objetivos alcançáveis permite-nos avançar passo a passo, celebrando cada conquista no caminho e aprendendo com cada desafio encontrado. A realidade econômica pode ser volátil, mas nossas metas realistas servem como âncoras que nos mantêm firmes mesmo diante das tempestades.

A flexibilidade, por sua vez, é como o vento que sopra a nosso favor, permitindo-nos ajustar a rota conforme as circunstâncias exigem. Saber adaptar nossos planos sem perder de vista a meta final é uma habilidade valiosa que nos capacita a responder de forma criativa e proativa às mudanças do cenário econômico. A flexibilidade ensina-nos a dançar com os desafios, a encontrar oportunidades onde outros veem obstáculos e a transformar contratempos em degraus para o sucesso.

Manter o foco na progressão gradual significa valorizar cada passo dado na direção dos nossos objetivos, mesmo que pareçam pequenos ou insignificantes à primeira vista. Cada avanço, por menor que seja, representa um movimento em direção ao destino desejado, uma confirmação de que estamos no caminho certo. A progressão gradual ensina-nos a ter paciência e resiliência, a perseverar mesmo quando os resultados tardam a se manifestar, confiando no poder transformador da constância e da determinação.

Assim, convido a todos a estabelecer metas realistas e flexíveis em suas vidas, mantendo o foco na progressão gradual como chave para alcançar os sonhos mais audaciosos. Que cada meta traçada seja um convite à superação pessoal, um lembrete do potencial infinito que reside em cada um de nós para criar a vida que desejamos e merecemos.

4. Buscar apoio em redes de suporte, seja por meio de amigos, familiares ou grupos de apoio, para compartilhar experiências e receber encorajamento.

Buscar apoio em redes de suporte é como tecer uma colcha de afeto e solidariedade que nos envolve em momentos de desafio, seja por meio da presença calorosa de amigos verdadeiros, do acolhimento incondicional da família ou do suporte empático de grupos de apoio. Em um mundo onde a conexão humana é o fio que nos mantém unidos, compartilhar experiências e receber encorajamento torna-se essencial para nutrir nossa alma e fortalecer nosso espírito diante das adversidades.

A jornada da vida é repleta de altos e baixos, de alegrias e tristezas, de conquistas e derrotas. Nesses momentos de turbulência emocional, contar com uma rede de apoio sólida faz toda a diferença, pois nos permite dividir o peso das angústias, multiplicar as alegrias e encontrar conforto nas palavras amigas que nos são oferecidas. Amigos verdadeiros são como estrelas que iluminam nossos céus mais sombrios, trazendo consigo a luz da amizade sincera e o calor do amor incondicional.

A família, por sua vez, é o alicerce sobre o qual construímos nossas vidas, o porto seguro onde podemos ancorar em meio à tempestade. O apoio familiar envolve-nos como um abraço acolhedor, lembrando-nos que não estamos sozinhos no mundo e que sempre haverá um lugar onde seremos amados e aceitos exatamente como somos. Na presença dos entes queridos encontramos força para seguir em frente, coragem para enfrentar os desafios e a certeza de que nunca caminharemos sozinhos.

Os grupos de apoio, por sua vez, são como círculos de partilha e aprendizado mútuo, nos quais as pessoas que enfrentam desafios semelhantes reúnem-se para trocar experiências, acolher uns aos outros e crescer juntos. Nessas comunidades empáticas encontramos não apenas compreensão e solidariedade, mas também inspiração e encorajamento para superar obstáculos aparentemente intransponíveis. Nos grupos de apoio descobrimos que a união faz a força e que juntos somos mais capazes do que jamais seríamos sozinhos.

Logo, convido a todos a buscarem apoio em suas redes de suporte – sejam elas compostas por amigos leais, familiares amorosos ou grupos de apoio acolhedores – para compartilharem suas experiências, receberem encorajamento e fortalecerem os laços que nos tornam humanos. Que cada gesto de apoio dado ou recebido seja um testemunho do poder transformador do amor e da solidariedade em nossas vidas.

5. Desenvolver habilidades de gestão financeira consciente, buscando conhecimento sobre investimentos, economia doméstica e alternativas de geração de renda.

Desenvolver habilidades de gestão financeira consciente é como plantar sementes de prosperidade e segurança para o futuro, pois implica em buscar conhecimento sobre investimentos sólidos, economia doméstica equilibrada e alternativas inteligentes de geração de renda. Em um mundo onde a educação financeira é a chave para a independência e a estabilidade econômica, cultivar essas competências torna-se essencial para construir uma base sólida que sustente nossos sonhos e aspirações.

Entender o funcionamento do mercado financeiro, explorar diferentes opções de investimento e aprender a fazer escolhas conscientes em relação ao dinheiro são passos fundamentais para quem deseja alcançar a tão almejada independência financeira. Investir em conhecimento financeiro é investir em si mesmo, pois nos capacita a tomar decisões informadas, multiplicar nossos recursos e garantir um futuro mais próspero para nós e nossos entes queridos.

Além disso, adotar práticas de economia doméstica responsável ajuda-nos a gerir melhor nossos recursos, controlar nossos gastos e poupar para emergências e objetivos em longo prazo. Pequenas atitudes, como elaborar um orçamento mensal, evitar dívidas desnecessárias e buscar maneiras criativas de economizar podem fazer uma grande diferença no equilíbrio das finanças familiares e na construção de um patrimônio sólido ao longo do tempo.

Buscar alternativas de geração de renda complementar também se mostra cada vez mais relevante em um cenário econômico em constante transformação. Empreender, investir em habilidades adicionais ou explorar novas oportunidades no mercado de trabalho são estratégias que podem ampliar nossas fontes de renda, diversificar nossos ganhos e criar um colchão financeiro que nos proteja em tempos de incerteza.

Assim, convido a todos a desenvolverem suas habilidades de gestão financeira consciente, buscando conhecimento sobre investimentos sólidos, práticas de economia doméstica saudáveis e alternativas inovadoras de geração de renda. Que cada passo dado rumo à educação financeira seja um investimento em seu próprio bem-estar e na construção de um futuro financeiramente estável e promissor.

6. Praticar a resolução criativa de problemas, explorando novas perspectivas e soluções inovadoras para lidar com os desafios econômicos.

Praticar a resolução criativa de problemas é como abrir as portas da imaginação e da inovação para enfrentar os desafios econômicos que se apresentam em nosso caminho. Em um mundo em constante mudança, onde a capacidade de adaptar-se e encontrar soluções inovadoras é essencial, explorar novas perspectivas e abordagens criativas torna-se uma habilidade valiosa e poderosa.

Encarar os desafios econômicos com uma mentalidade criativa permite-nos enxergar além do óbvio, questionar o *status quo* e encontrar soluções inovadoras que possam transformar obstáculos em oportunidades. Ao explorar novas perspectivas, somos desafiados a pensar de forma não convencional, a conectar ideias aparentemente desconexas e a buscar caminhos alternativos que nos levem a resultados surpreendentes.

A resolução criativa de problemas não se limita apenas a encontrar soluções imediatas; ela também envolve a capacidade de antecipar tendências, identificar oportunidades emergentes e criar estratégias inovadoras que nos coloquem à frente dos desafios econômicos do presente e do futuro. É um convite para sair da zona de conforto, experimentar novas abordagens e arriscar em busca de soluções que possam revolucionar nossa forma de lidar com as adversidades.

Ao praticarmos a resolução criativa de problemas, expandimos nossos horizontes, estimulamos nossa criatividade e fortalecemos nossa capacidade de inovação. Por meio da experimentação, da colaboração e da abertura para o novo somos capazes de superar obstáculos com leveza e confiança, transformando desafios em oportunidades de crescimento e aprendizado.

Portanto, convido a todos a explorarem a resolução criativa de problemas como uma ferramenta poderosa para enfrentar os desafios econômicos com ousadia, imaginação e inovação. Que cada obstáculo seja encarado como um convite para pensar fora da caixa, buscar soluções inovadoras e construir um futuro repleto de possibilidades e realizações.

7. Manter uma mentalidade positiva e proativa, cultivando a resiliência emocional por meio do otimismo realista e da busca por aprendizados nas adversidades.

Manter uma mentalidade positiva e proativa é como regar diariamente o jardim da nossa resiliência emocional, cultivando o otimismo realista e a capacidade de extrair aprendizados valiosos mesmo nas adversidades mais desafiadoras. Em um mundo repleto de mudanças e incertezas, onde os obstáculos são inevitáveis, a forma como encaramos as dificuldades pode fazer toda a diferença em nossa jornada.

Ter uma mentalidade positiva não significa ignorar os desafios ou viver em um mundo de ilusões, mas adotar uma perspectiva realista, porém otimista, que nos permite enfrentar as adversidades com coragem, esperança e determinação. É acreditar que mesmo diante das tempestades, somos capazes de encontrar um raio de sol, uma lição a ser aprendida e uma oportunidade de crescimento pessoal.

Cultivar a resiliência emocional envolve não apenas superar as dificuldades, mas também aprender com elas. Cada obstáculo, cada fracasso e cada momento de dor podem ser transformados em oportunidades de fortalecimento e evolução se soubermos extrair os ensinamentos que estão ocultos nas experiências mais desafiadoras. É na adversidade que descobrimos nossa verdadeira força interior e nossa capacidade de superação.

Ao mantermos uma postura proativa diante da vida, assumimos o controle do nosso destino e tornamo-nos protagonistas da nossa própria história. Em vez de nos deixarmos levar pelas circunstâncias adversas, buscamos ativamente maneiras de crescer, evoluir e transformar os obstáculos em trampolins para o sucesso. É a atitude proativa que nos impulsiona a seguir em frente, mesmo quando o caminho parece íngreme e desafiador.

Dessa forma, convido a todos a cultivarem uma mentalidade positiva e proativa, fortalecendo a resiliência emocional por meio do otimismo realista e da busca constante por aprendizados nas adversidades. Que cada desafio seja encarado como uma oportunidade de crescimento, cada obstáculo como um convite para evoluir e cada dor como um portal para uma versão mais forte e sábia de si mesmo.

8. Diversificar fontes de renda: buscar oportunidades de renda complementares, como outras fontes de rendimento, consultoria ou empreendedorismo, para reduzir a dependência de uma única fonte de renda.

Diversificar as fontes de renda é como plantar sementes de prosperidade que florescem em oportunidades de crescimento e segurança financeira. Buscar formas complementares de rendimento, como outras fontes de receita, oferecer consultoria especializada ou empreender em novos negócios são estratégias inteligentes para reduzir a dependência de uma única fonte e construir uma base financeira sólida e resiliente.

Em um mundo em constante transformação, em que a estabilidade econômica pode ser afetada por diversos fatores externos, a diversificação das fontes de renda torna-se não apenas uma opção desejável, mas uma necessidade imperativa. Ao ampliar nossas oportunidades de ganho e investir em atividades complementares, fortificamos nossa segurança financeira e criamos um colchão de proteção contra possíveis adversidades.

Explorar diferentes fontes de rendimento permite-nos não só aumentar nossos ganhos, mas também expandir nossas habilidades, conhecimentos e redes de contatos. A diversificação não se limita apenas a buscar novas oportunidades de trabalho, mas também a desenvolver novas competências, explorar nichos de mercado inexplorados e inovar em nossas práticas profissionais. É um convite para sair da zona de conforto, experimentar novos desafios e abrir portas para um futuro financeiramente mais estável e promissor.

Oferecer serviços de consultoria especializada ou embarcar no empreendedorismo são caminhos que não só agregam valor ao nosso portfólio profissional, como permitem-nos explorar nossa criatividade, nossa autonomia e nosso potencial empreendedor. Ao diversificar nossas fontes de renda, construímos um arcabouço sólido que nos permite navegar pelas incertezas do mercado com mais confiança e flexibilidade.

Sendo assim, convido a todos a considerarem a diversificação das fontes de renda como um investimento em si mesmos e em seu futuro financeiro. Que cada oportunidade explorada seja vista como um passo em direção à independência financeira e à realização profissional plena. Diversificar é abrir as portas para um mundo de possibilidades e prosperidade, que estão ao alcance daqueles que ousam inovar e expandir seus horizontes.

9. Priorizar o planejamento financeiro em curto prazo: estabelecer um fundo de emergência e manter um orçamento cuidadoso para lidar com despesas inesperadas e imprevistos financeiros.

Priorizar o planejamento financeiro em curto prazo é como construir alicerces sólidos que nos protegem de tempestades inesperadas e permitem-nos navegar com segurança pelas águas turbulentas da vida. Estabelecer um fundo de emergência e manter um orçamento cuidadoso são práticas essenciais para lidar com despesas imprevistas e imprevistos financeiros que surgem em nosso caminho.

Em um mundo onde a incerteza é uma constante e os imprevistos podem surgir a qualquer momento, ter um planejamento financeiro bem-estruturado é fundamental para garantir nossa estabilidade e nossa tranquilidade em momentos de crise. Criar um fundo de emergência, reservando uma parte de nossos ganhos para situações inesperadas, é como ter um colchão de segurança que nos ampara em tempos de necessidade e dá-nos a tranquilidade necessária para enfrentar os desafios com mais serenidade.

Além disso, manter um orçamento cuidadoso e consciente de nossas despesas é uma prática que nos permite ter controle sobre nossas finanças e evitar surpresas desagradáveis no futuro. Ao monitorar nossos gastos, identificar padrões de consumo e estabelecer prioridades financeiras, estamos construindo uma base sólida para alcançar nossos objetivos e garantir nossa sustentabilidade econômica em curto prazo.

Estabelecer metas financeiras alcançáveis, como a constituição de um fundo de emergência equivalente a alguns meses de despesas fixas, e adotar hábitos saudáveis de gestão do dinheiro, como evitar gastos supérfluos e negociar melhores condições em contratos e compras, são passos importantes para fortalecer nossa saúde financeira e preparar-nos para eventuais reveses.

Então convido a todos a priorizarem o planejamento financeiro em curto prazo, estabelecendo um fundo de emergência sólido e mantendo um orçamento cuidadoso e consciente. Que cada decisão financeira seja tomada com sabedoria e responsabilidade, visando não apenas atender às necessidades do presente, mas também construir as bases para um futuro financeiramente estável e próspero.

10. Investir em educação financeira: buscar cursos, *workshops* ou materiais educativos sobre finanças pessoais e investimentos para aumentar o conhecimento e a capacidade de tomar decisões informadas.

Investir em educação financeira é como plantar as sementes do conhecimento que gerarão frutos de prosperidade e segurança no futuro. Buscar cursos, *workshops* ou materiais educativos sobre finanças pessoais e investimentos é um passo valioso rumo à autonomia e ao domínio de nossas próprias finanças.

Em um mundo em constante transformação e com um cenário econômico cada vez mais complexo, adquirir conhecimentos sólidos em educação financeira torna-se essencial para navegar com destreza entre as oportunidades e os desafios que surgem. Aprender a gerir nosso dinheiro de forma consciente e inteligente não só nos permite tomar decisões mais acertadas no presente, como também nos prepara para construir um futuro financeiramente sólido e próspero.

Participar de cursos que abordem temas como orçamento pessoal, investimentos, planejamento para a aposentadoria e gestão de riscos financeiros dá-nos as ferramentas necessárias para tomarmos decisões informadas e alinhadas com nossos objetivos de vida. Além disso, *workshops* práticos e materiais educativos atualizados mantêm-nos atualizados sobre as melhores práticas do mercado financeiro e capacitam-nos a identificar oportunidades de crescimento e proteção do nosso patrimônio.

Ao investir em nossa própria educação financeira, investimos em nosso futuro e na construção de uma base sólida para alcançarmos nossos sonhos e aspirações. A busca constante pelo aprendizado e pelo aprimoramento de nossas habilidades financeiras torna-nos mais resilientes diante das adversidades e mais preparados para aproveitarmos as oportunidades que surgem em nosso caminho.

Portanto convido a todos a priorizarem o investimento em educação financeira como um caminho seguro à independência financeira e ao sucesso. Que cada conhecimento adquirido seja uma ferramenta poderosa em nossas mãos, guiando-nos na jornada rumo à realização de nossos objetivos e à conquista da estabilidade financeira duradoura.

11. Praticar a empatia e a solidariedade: contribuir para a comunidade local por meio de voluntariado, doações ou apoio a iniciativas sociais, fortalecendo o senso de pertencimento e conexão com os outros.

Praticar a empatia e a solidariedade é como regar as sementes do amor e da compaixão que florescem em gestos de generosidade e apoio àqueles que mais necessitam. Contribuir para a comunidade local por meio de voluntariado, doações ou apoio a iniciativas sociais é um ato de nobreza que fortalece não apenas o senso de pertencimento, mas também os laços de solidariedade e a conexão com o próximo.

Num mundo marcado por desafios e desigualdades, exercitar a empatia permite-nos enxergar a realidade do outro com os olhos do coração, compreendendo suas dores, suas necessidades e suas aspirações. Engajar-se em atividades voluntárias que visam melhorar a qualidade de vida de indivíduos ou comunidades vulneráveis é uma forma concreta de transformar em ação os valores de compaixão e o altruísmo que habitam em cada um de nós.

Seja dedicando parte do nosso tempo ao voluntariado em instituições de caridade, contribuindo com doações para causas sociais ou apoiando iniciativas que promovem o bem-estar coletivo, cada gesto de solidariedade reverbera como uma onda de esperança e amor no tecido social. Ao estender a mão ao próximo, oferecemos auxílio material, conforto emocional e um senso de pertencimento que fortalece os laços comunitários e enriquece nossa própria existência.

Assim, convido a todos a praticarem a empatia e a solidariedade como valores essenciais na construção de uma sociedade mais justa, humana e acolhedora. Que cada ato de bondade seja uma luz que ilumina o caminho daqueles que enfrentam dificuldades, trazendo calor aos corações e renovando a esperança num mundo melhor para todos.

12. Fomentar relações saudáveis: investir tempo em relacionamentos significativos e positivos, buscando apoio emocional e troca de experiências que fortaleçam o bem-estar durante desafios econômicos.

Fomentar relações saudáveis é como nutrir um jardim de afetos, regando diariamente as amizades e os laços familiares que nos sustentam nos momentos de bonança e nos desafios da vida. Investir tempo em relacionamentos significativos e positivos é um gesto de cuidado consigo mesmo e com aqueles que compartilham conosco a jornada da existência, buscando apoio emocional e troca de experiências que fortaleçam o bem-estar, especialmente durante períodos de instabilidade econômica.

Neste mundo marcado pela correria e pelas pressões do dia a dia, reservar momentos para cultivar conexões genuínas com pessoas especiais é um bálsamo para a alma e um antídoto contra o isolamento e a solidão. Compartilhar sentimentos, sonhos e desafios com amigos e familiares traz conforto emocional e permite-nos enxergar novas perspectivas, aprender com as experiências alheias e crescer como seres humanos mais empáticos e resilientes.

Durante períodos de incertezas econômicas, o apoio de pessoas queridas é ainda mais valioso, servindo como um porto seguro em meio às tempestades da vida. Trocar ideias, receber palavras de encorajamento e simplesmente saber que não estamos sozinhos em nossas lutas financeiras faz toda a diferença para manter nossa saúde mental e emocional em equilíbrio.

Assim, convido a todos a dedicarem tempo e energia para nutrirem relações saudáveis, construindo pontes de amor, compreensão e apoio mútuo que se fortalecem ao longo do tempo. Que cada encontro seja uma oportunidade de crescimento pessoal e de celebração da amizade, regando os laços afetivos que nos fazem sentir parte de algo maior e mais significativo.

13. Adotar um estilo de vida sustentável: reduzir o consumo desnecessário, adotar práticas de reciclagem e economia de recursos, contribuindo para a preservação do meio ambiente e redução de despesas.

Adotar um estilo de vida sustentável é abraçar o compromisso com o planeta, agindo de forma consciente e responsável em cada escolha do dia a dia. Reduzir o consumo desnecessário, adotar práticas de reciclagem e economia de recursos são passos essenciais para contribuir para a preservação do meio ambiente, ao mesmo tempo em que promovemos a redução de despesas e o equilíbrio financeiro pessoal.

Num mundo em que a crise climática está cada vez mais presente, cada gesto em direção à sustentabilidade conta como uma gota d'água que, unida a outras, forma um oceano de mudanças positivas. Ao repensarmos nossos hábitos de consumo e optarmos por produtos duráveis e de origem sustentável, estamos não apenas protegendo os recursos naturais do planeta, mas também incentivando práticas mais éticas e responsáveis por parte das empresas e da sociedade como um todo.

A reciclagem é uma ferramenta poderosa na redução do impacto ambiental de nossas atividades cotidianas, permitindo que materiais como papel, plástico e vidro ganhem uma nova vida em vez de serem descartados de forma prejudicial ao meio ambiente. Além disso, a economia de recursos como água e energia contribui para a preservação dos ecossistemas e é uma forma inteligente de reduzir custos e otimizar o uso dos recursos disponíveis.

Assim, convido a todos a adotarem um estilo de vida sustentável como um ato de amor pelo nosso planeta e pelas gerações futuras, reconhecendo que pequenas mudanças em nossos hábitos diários podem ter um impacto significativo no equilíbrio ambiental e econômico do mundo. Que cada escolha ecoe como um compromisso com a harmonia entre seres humanos e natureza, construindo juntos um futuro mais próspero e sustentável para todos.

14. Explorar oportunidades de *networking*: participar de eventos, conferências e grupos profissionais para expandir a rede de contatos, compartilhar conhecimentos e identificar possíveis colaborações ou oportunidades profissionais.

Explorar oportunidades de *networking* é como abrir portas para novas possibilidades, ampliando horizontes e conectando-se com pessoas que compartilham interesses e objetivos similares. Participar de eventos, conferências e grupos profissionais é um caminho valioso para expandir a rede de contatos, compartilhar conhecimentos e identificar potenciais colaborações ou oportunidades profissionais que podem impulsionar nossa carreira e nosso crescimento pessoal.

Em um mundo cada vez mais interconectado, a capacidade de estabelecer e cultivar relacionamentos profissionais sólidos torna-se uma habilidade essencial para aqueles que buscam destacar-se em suas áreas de atuação. Ao participarmos ativamente de encontros e atividades que reúnem profissionais com interesses afins, abrimos espaço para trocas enriquecedoras de experiências, *insights* e informações relevantes que podem agregar valor ao nosso percurso profissional.

Além disso, o *networking* não se resume apenas a criar uma extensa lista de contatos, mas também a cultivar conexões significativas baseadas na confiança, no respeito mútuo e no interesse genuíno pelo sucesso coletivo. Ao compartilharmos nossas habilidades, ideias e projetos com outros profissionais, não apenas construímos pontes para possíveis parcerias e colaborações futuras, mas também enriquecemos nossa própria jornada com novas perspectivas e aprendizados.

Sendo assim, convido a todos a explorarem ativamente as oportunidades de *networking* que se apresentam em seus caminhos profissionais, enxergando cada encontro como uma porta aberta para o crescimento pessoal e profissional. Que cada conexão estabelecida seja uma semente plantada em solo fértil, pronta para germinar em frutos de sucesso, realização e prosperidade compartilhada.

15. Cultivar hobbies e paixões: investir tempo em atividades criativas, esportivas ou artísticas que proporcionem satisfação pessoal e ajudem a aliviar o estresse associado à instabilidade econômica.

Cultivar hobbies e paixões é como nutrir a alma com as cores da vida, investindo tempo em atividades criativas, esportivas ou artísticas que não só proporcionam satisfação pessoal, mas também se revelam como poderosas aliadas na busca pelo equilíbrio emocional em meio à turbulência da instabilidade econômica. Encontrar espaço em nossa rotina agitada para dedicarmo-nos a essas práticas é um gesto de autocuidado e uma forma de nutrir nossa essência com momentos de alegria e realização.

Em um cenário em que as pressões do cotidiano podem se tornar esmagadoras, reservar um tempo para explorar nossos interesses e paixões mais genuínos é como acender uma luz de esperança no horizonte, lembrando-nos da importância de preservar nossa saúde mental e bem-estar emocional. Seja por meio da pintura, da jardinagem, da prática esportiva ou de qualquer outra atividade que nos traga alegria, cultivar hobbies permite-nos recarregar as energias, estimular a criatividade e fortalecer nossa resiliência diante dos desafios que se apresentam.

Além disso, os hobbies não são apenas uma forma de entretenimento, eles também podem se transformar em fontes de inspiração e até mesmo oportunidades de crescimento pessoal e profissional. Ao explorarmos novas habilidades e novos interesses, expandimos nossos horizontes, desenvolvemos nossa autoconfiança e descobrimos novas facetas de nossa identidade que podem nos impulsionar a buscar novos caminhos e desafios.

Logo, convido a todos a dedicarem um tempo precioso para cultivarem seus hobbies e paixões, reconhecendo o valor terapêutico e transformador dessas atividades em nossas vidas. Que cada momento dedicado a fazer o que amamos seja um ato de amor próprio e autocuidado, uma celebração da nossa autenticidade e uma fonte inesgotável de felicidade e bem-estar.

16. Praticar a comunicação assertiva: desenvolver habilidades para expressar necessidades, limites e expectativas de forma clara e respeitosa em contextos pessoais e profissionais, facilitando negociações e relacionamentos interpessoais.

Praticar a comunicação assertiva é como tecer laços de compreensão e respeito mútuo, desenvolvendo habilidades para expressar nossas necessidades, nossos limites e nossas expectativas de forma clara e objetiva em diversos contextos, sejam eles pessoais ou profissionais. A capacidade de comunicar-se assertivamente fortalece nossa autoconfiança e revela-se como uma ferramenta essencial para facilitar negociações, resolver conflitos e cultivar relacionamentos interpessoais saudáveis e produtivos.

Em um mundo onde as relações humanas são permeadas por uma diversidade de perspectivas, emoções e interesses, a comunicação assertiva emerge como um pilar fundamental para estabelecer conexões autênticas e construtivas com aqueles que nos rodeiam. Ao expressarmos nossas opiniões e sentimentos de maneira clara e respeitosa, abrimos espaço para o diálogo aberto e honesto, promovendo um ambiente de confiança e colaboração mútua.

Além disso, a prática da comunicação assertiva capacita-nos a defender nossos direitos e interesses sem desrespeitar os demais, criando pontes de entendimento e empatia que são essenciais para construir relacionamentos sólidos e duradouros. Saber comunicar nossas ideias de forma assertiva não apenas nos ajuda a ser compreendidos com clareza, mas também nos torna mais aptos a ouvir atentamente as perspectivas alheias, enriquecendo nosso repertório de habilidades sociais e emocionais.

Portanto convido a todos a praticarem a comunicação assertiva em seu dia a dia, honrando suas verdades com autenticidade e respeito e abrindo espaço para construir pontes de entendimento e conexão com aqueles ao seu redor. Que cada palavra pronunciada com assertividade seja um reflexo do nosso compromisso com relacionamentos saudáveis, produtivos e enriquecedores.

Planejamento de emergência financeiras: preparando-se para imprevistos

Planejar para o futuro é uma prática sábia e essencial, especialmente quando se trata de questões financeiras. O planejamento de emergência financeira é como uma rede de segurança que nos protege dos imprevistos que podem surgir ao longo do caminho. É a arte de antecipar possíveis desafios econômicos e preparar-se para enfrentá-los com resiliência e tranquilidade.

Quando nos dedicamos ao planejamento de emergência financeira, construímos alicerces sólidos que nos permitem lidar com situações inesperadas, como despesas médicas inesperadas, perda de emprego ou outros eventos que acabam impactando nossa estabilidade econômica. É um investimento no nosso bem-estar e na nossa segurança futura, uma demonstração de autocuidado e responsabilidade para conosco e com aqueles que dependem de nós.

Para preparar-se adequadamente para imprevistos é essencial criar uma reserva financeira de emergência. Essa reserva, geralmente equivalente a três a seis meses de despesas, deve ser acessível rapidamente, de preferência em uma conta poupança ou fundo de investimento de fácil resgate. Ela serve como um colchão financeiro que nos ampara em momentos de crise e dá-nos margem de manobra para enfrentarmos desafios sem comprometer nossa estabilidade financeira em longo prazo.

Além da reserva financeira, o planejamento de emergência envolve também a revisão e a atualização regular de seguros, como o seguro de saúde, o de vida e o de automóvel, garantindo que estejamos protegidos contra eventos inesperados que possam gerar despesas significativas. A prevenção de riscos e a mitigação de danos são aspectos essenciais de um planejamento financeiro sólido e abrangente.

Outro aspecto crucial do planejamento de emergência financeira é a elaboração de um plano de contingência, que define os passos a serem seguidos em caso de imprevistos financeiros. Ter um plano claro e estruturado para lidar com situações de crise dá-nos segurança e clareza de ação, reduzindo os impactos emocional e financeiro de eventos inesperados.

Em última análise, o planejamento de emergência financeira é uma demonstração de autossuficiência e previsão, uma declaração de compromisso consigo mesmo e com sua segurança econômica. Ao investir tempo e energia na preparação para imprevistos, organizamos uma base sólida para enfrentar os desafios que a vida possa trazer, com coragem, determinação e equilíbrio emocional.

Que o planejamento de emergência financeira seja um escudo protetor que o acompanhe em sua jornada, proporcionando-lhe segurança, confiança e paz de espírito diante das incertezas e dos desafios que possam surgir em seu caminho.

Filantropia e impacto social: contribuindo para um mundo melhor através das finanças

Em um mundo cada vez mais interconectado e ciente dos desafios sociais, a filantropia emerge como uma poderosa ferramenta para promover mudanças significativas e duradouras. A união entre recursos financeiros e um propósito nobre pode gerar impactos transformadores, influenciando positivamente comunidades inteiras e construindo um futuro mais justo e sustentável para todos.

Ao direcionar recursos financeiros para iniciativas sociais e projetos de impacto, os filantropos assumem um papel crucial na construção de uma sociedade mais equitativa. Por meio de doações estratégicas e investimentos sociais responsáveis, é possível impulsionar causas humanitárias, apoiar o desenvolvimento educacional, promover a igualdade de gênero, proteger o meio ambiente e combater a pobreza em suas diversas manifestações.

A filantropia não se limita apenas à doação de recursos financeiros; ela envolve também o compromisso ativo com as causas apoiadas, o compartilhamento de conhecimento e experiências, e a colaboração com organizações e indivíduos engajados na promoção do bem-estar coletivo. Essa abordagem holística da filantropia permite-nos mitigar problemas imediatos e construir bases sólidas para um progresso sustentável em longo prazo.

Por meio da integração eficaz entre finanças e impacto social, os filantropos têm o poder de catalisar mudanças profundas e inspirar outros a unirem-se nessa jornada de solidariedade e compaixão. Cada contribuição financeira representa um ato de generosidade e um investimento no potencial humano e na construção de um mundo mais empático, inclusivo e harmonioso para as gerações presentes e futuras.

Que a filantropia seja não apenas um ato isolado, mas uma filosofia de vida que permeie nossas escolhas diárias, nossas interações com o mundo ao nosso redor e nosso compromisso inabalável em criar um futuro melhor para todos os seres humanos. Juntos podemos transformar desafios em oportunidades, escassez em abundância e desigualdade em equidade. Que cada passo dado em direção ao bem comum seja um testemunho vivo do poder das finanças a serviço do impacto social positivo.

Aposentadoria consciente: planejando um futuro financeiramente estável e feliz

A jornada rumo à aposentadoria é um capítulo crucial na vida de todo indivíduo, representando nao apenas o merecido descanso após anos de trabalho árduo, mas também a oportunidade de desfrutar de um futuro financeiramente estável e feliz. A preparação para esse período de transição requer planejamento financeiro e reflexão sobre valores, objetivos e qualidade de vida desejada.

Ao abordar a aposentadoria de forma consciente, é essencial considerar diversos aspectos que vão além do aspecto puramente financeiro. É preciso refletir sobre como deseja-se viver nesse novo capítulo da vida, quais são as atividades que trazem satisfação e significado, e como manter conexões sociais e emocionais que promovam bem-estar e felicidade.

No âmbito financeiro, o planejamento cuidadoso é fundamental para garantir a segurança e a estabilidade durante a aposentadoria. Isso inclui avaliar as fontes de renda disponíveis, como aposentadorias públicas e privadas, investimentos, planos de previdência complementar, entre outros. Além disso, é importante estimar os gastos esperados na aposentadoria e criar um orçamento realista que leve em consideração despesas médicas, lazer, moradia e demais necessidades.

A diversificação dos investimentos é uma estratégia-chave para mitigar riscos e potencializar retornos ao longo do tempo. Buscar orientação profissional de um planejador financeiro pode ser valioso para elaborar um plano personalizado que leve em conta suas metas, tolerância ao risco e horizonte temporal.

Além disso, tanto a saúde física quanto a emocional desempenham um papel fundamental na qualidade de vida durante a aposentadoria. Cuidar do bem-estar integral, adotando hábitos saudáveis, praticando atividades físicas regularmente e mantendo relações interpessoais significativas são atitudes que contribuem para uma aposentadoria mais plena e satisfatória.

Em suma, a aposentadoria consciente envolve uma combinação equilibrada entre preparação financeira sólida e atenção aos aspectos emocionais, sociais e físicos que influenciam diretamente o bem-estar na terceira idade. Adotar uma abordagem holística para planejar esse momento especial da vida torna possível construir não apenas um futuro financeiramente estável, mas também um caminho repleto de significado, realização pessoal e felicidade duradoura.

Que cada passo dado em direção à aposentadoria seja permeado pela consciência do valor do presente e das oportunidades que o futuro reserva. Que cada escolha financeira seja um investimento em bens materiais e, principalmente, em uma vida plena de significado e propósito. Que a jornada rumo à aposentadoria seja vivida com sabedoria, gratidão e alegria por tudo o que foi conquistado e pelo que ainda está por vir.

Saúde mental e finanças: a importância do equilíbrio emocional para o sucesso financeiro

Em um mundo cada vez mais marcado por desafios financeiros e pressões sociais, a relação entre saúde mental e finanças revela-se como um elo fundamental para alcançar o sucesso financeiro de forma sustentável e equilibrada. O equilíbrio emocional desempenha um papel crucial na tomada de decisões financeiras conscientes, na capacidade de lidar com adversidades e no bem-estar geral do indivíduo.

O impacto da saúde mental nas finanças pessoais não pode ser subestimado. Em momentos de estresse, ansiedade ou depressão, as decisões financeiras tendem a ser influenciadas de forma negativa, levando a escolhas impulsivas, gastos excessivos ou investimentos arriscados. Por outro lado, quando se cultiva um estado emocional equilibrado e saudável, torna-se mais fácil planejar, poupar e investir de maneira estratégica e consciente.

O autoconhecimento emocional é o ponto de partida para construir uma relação saudável entre saúde mental e finanças. Compreender como as emoções impactam as decisões financeiras e aprender a reconhecer gatilhos emocionais que podem levar a comportamentos prejudiciais é essencial para promover uma abordagem mais consciente em relação ao dinheiro.

Além disso, desenvolver habilidades de gestão emocional, como a capacidade de lidar com o estresse, a incerteza e as pressões externas é fundamental para manter o equilíbrio emocional diante dos desafios financeiros. Praticar a resiliência, buscar apoio emocional quando necessário e adotar estratégias saudáveis de enfrentamento contribuem para fortalecer a saúde mental e promover decisões financeiras mais acertadas.

O planejamento financeiro também se beneficia diretamente do equilíbrio emocional. Estabelecer metas claras, criar um orçamento realista, poupar sistematicamente e investir de forma consciente são práticas que se tornam mais viáveis quando se está em sintonia com as próprias emoções e necessidades. A clareza mental proporcionada pelo equilíbrio emocional favorece a visão em longo prazo e a capacidade de tomar decisões financeiras alinhadas com os objetivos pessoais.

É importante lembrar que o sucesso financeiro vai além do saldo bancário; ele está intrinsecamente ligado à qualidade de vida, ao bem-estar emocional e à realização pessoal. Cultivar uma relação saudável entre saúde mental e finanças não apenas favorece a estabilidade econômica, também promove uma vida mais plena, significativa e equilibrada.

Que cada escolha financeira seja permeada pela consciência emocional e pela busca por um equilíbrio genuíno entre prosperidade material e bem-estar interior. Que cada passo dado em direção ao sucesso financeiro seja acompanhado pela valorização da saúde mental e pelo cuidado com as emoções que moldam nossas decisões diárias.

Diversificação de investimentos: reduzindo riscos e aumentando oportunidade de crescimento

A diversificação de investimentos é uma estratégia fundamental para quem busca reduzir riscos e ampliar as oportunidades de crescimento em seu portfólio financeiro. Ao distribuir os recursos em diferentes classes de ativos, setores e regiões, o investidor consegue mitigar a exposição a eventuais volatilidades do mercado e potencializar os retornos ao longo do tempo.

A essência da diversificação está na premissa de que não se deve colocar todos os ovos na mesma cesta. Ao dispersar os investimentos em diversas opções, o impacto negativo de uma eventual queda em determinado ativo pode ser compensado pelo desempenho positivo de outros, equilibrando o desempenho geral da carteira e reduzindo a vulnerabilidade a perdas significativas.

A diversificação não se limita apenas à alocação entre diferentes ativos financeiros, como ações, títulos, imóveis e *commodities*. Ela também engloba a variedade de instrumentos de investimento, como fundos mútuos, ETFs (*Exchange-Traded Funds*), derivativos e outros veículos que oferecem exposição a diferentes mercados e estratégias.

Além disso, a diversificação geográfica é outra dimensão importante a ser considerada. Investir em mercados internacionais pode proporcionar uma proteção adicional contra eventos econômicos específicos de um país ou região, bem como oferecer acesso a oportunidades de crescimento em economias emergentes ou setores que não estão presentes no mercado local.

Ao adotar uma abordagem diversificada em seus investimentos, o investidor não apenas reduz os riscos associados à concentração em um único ativo ou mercado, ele também cria um ambiente propício para explorar novas oportunidades de crescimento. A combinação de ativos com diferentes correlações entre si pode contribuir para um perfil de risco-retorno mais equilibrado e resiliente às flutuações do mercado.

É importante ressaltar que a diversificação não elimina completamente os riscos dos investimentos e, sim, distribui-os de forma mais equilibrada e estratégica. A definição de uma alocação adequada, alinhada aos objetivos financeiros e ao perfil de risco do investidor, é essencial para colher os benefícios dessa estratégia ao longo do tempo.

Em suma, a diversificação de investimentos é uma ferramenta poderosa para quem busca construir um patrimônio sólido e sustentável em longo prazo. Ao reduzir os riscos e ampliar as oportunidades de crescimento, ela torna-se um pilar fundamental na construção de uma carteira robusta e bem-sucedida. Portanto, ao planejar seus investimentos, lembre-se: diversificar é a chave para potencializar seus retornos e proteger seu capital contra as incertezas do mercado.

Consumo consciente: repensando hábitos para uma vida mais equilibrada

O consumo consciente é uma abordagem transformadora que nos convida a repensar nossos hábitos de compra, buscando um equilíbrio entre nossas necessidades, nossos desejos e o impacto que nossas escolhas têm no meio ambiente, na sociedade e em nossa própria qualidade de vida. Ao adotarmos uma postura mais reflexiva e responsável em relação ao que consumimos, somos capazes de promover mudanças significativas em nosso cotidiano e no mundo ao nosso redor.

Em um contexto marcado pelo consumismo desenfreado e pela cultura do descarte, o consumo consciente emerge como um contraponto essencial, convidando-nos a questionar a lógica do "ter por ter" e a valorizar aspectos como a qualidade, a durabilidade e o propósito por trás de cada aquisição. Mais do que simplesmente adquirir produtos, trata-se de fazer escolhas informadas, alinhadas aos nossos valores e ao impacto que desejamos gerar no planeta.

Para repensarmos nossos hábitos de compra, somos desafiados a considerar o preço, a conveniência imediata e a origem dos produtos, as condições de produção, o uso de recursos naturais, as práticas de responsabilidade social das empresas e o ciclo de vida dos itens que adquirimos. Optar por marcas sustentáveis, produtos orgânicos, materiais recicláveis e empresas comprometidas com a ética e a transparência é uma forma concreta de exercer nosso poder como consumidores.

Além disso, o consumo consciente convida-nos a refletir sobre a real necessidade de cada compra, evitando o desperdício e priorizando o uso racional dos recursos disponíveis. A ideia de "menos é mais" ganha destaque nesse cenário, estimulando-nos a valorizar experiências em detrimento de bens materiais supérfluos, a investir em produtos duráveis e multifuncionais e a adotar práticas como o compartilhamento, a reutilização e a reciclagem.

Adotando um estilo de vida pautado pelo consumo consciente, contribuímos para a preservação do meio ambiente e para a redução do impacto ambiental de nossas escolhas, e promovemos uma maior conexão com aquilo que consumimos, valorizando cada item como parte de uma cadeia maior de produção e consumo. Essa consciência permite-nos reconhecer o poder transformador que temos nas mãos ao fazer escolhas alinhadas aos nossos princípios e às nossas aspirações.

Em última instância, o consumo consciente não se limita apenas ao ato de comprar; ele estende-se a todas as esferas da nossa vida, influenciando nossas relações interpessoais, nossa saúde física e nossa saúde emocional, nossa relação com o trabalho e até mesmo nossa visão de mundo. Ao repensarmos nossos hábitos de consumo, estamos não apenas moldando um estilo de vida mais equilibrado para nós mesmos, mas também contribuindo para a construção de uma sociedade mais justa, sustentável e solidária.

Que essas reflexões sobre o consumo consciente possam inspirá-lo(a) a adotar práticas mais sustentáveis em seu dia a dia e a repensar seus hábitos de compra em busca de uma vida mais equilibrada e significativa. Lembre-se: cada escolha que fazemos como consumidores tem o poder de impactar não apenas nosso presente, mas também o futuro das próximas gerações e do planeta como um todo.

Finanças e meio ambiente: práticas sustentáveis que beneficiam seu bolso e o planeta

As finanças e o meio ambiente estão intrinsecamente ligados em um delicado equilíbrio que impacta não apenas nosso bolso, mas também o futuro do planeta que habitamos. Ao adotarmos práticas sustentáveis em nossa vida financeira somos capazes de não só cuidar do nosso bem-estar econômico, mas também contribuir para a preservação do meio ambiente e para a construção de um futuro mais sustentável e equilibrado.

O primeiro passo para integrar finanças e meio ambiente de forma positiva é adotar uma postura consciente em relação ao nosso consumo e aos nossos investimentos. Optar por bancos e instituições financeiras com políticas de sustentabilidade, que invistam em projetos ambientalmente responsáveis e que se preocupem com questões sociais é uma maneira eficaz de alinhar nossos valores pessoais a nossas práticas financeiras.

Além disso, ao planejar nosso orçamento e investimentos podemos considerar a incorporação de critérios ambientais, sociais e de governança (ESG) em nossas decisões. Investir em empresas que adotam práticas sustentáveis, que respeitam o meio ambiente, que promovem a igualdade de gênero e que têm boas práticas de governança corporativa não apenas beneficia o planeta, como tende a gerar retornos financeiros mais sólidos em longo prazo.

A educação financeira também desempenha um papel fundamental nessa equação, pois permite-nos tomar decisões mais conscientes e informadas em relação ao nosso dinheiro. Entender como poupar, investir e gastar de forma responsável fortalece nossa saúde financeira individual e capacita-nos a fazer escolhas que estejam alinhadas a um estilo de vida mais sustentável e ético.

Ao adotarmos práticas como o consumo consciente, o planejamento financeiro sustentável e o investimento responsável, cuidamos do nosso bolso no presente e contribuímos para a preservação dos recursos naturais e para a promoção de uma economia mais justa e inclusiva. Pequenas ações cotidianas, como reduzir o desperdício, optar por produtos *eco-friendly*, utilizar meios de transporte sustentáveis e apoiar iniciativas locais podem fazer uma grande diferença quando se trata de conciliar finanças e meio ambiente.

É importante lembrar que as escolhas que fazemos hoje em relação às nossas finanças têm um impacto direto no mundo que deixaremos para as gerações futuras. Adotar práticas sustentáveis na vida financeira beneficia nosso próprio bolso no curto prazo e contribui para a construção de um legado positivo para as próximas gerações e para o planeta como um todo.

Que essas reflexões sobre a intersecção entre finanças e meio ambiente inspirem-no(a) a repensar suas práticas financeiras em busca de um maior alinhamento com os princípios da sustentabilidade. Lembre-se: cuidar do seu bolso e do planeta são faces da mesma moeda e suas escolhas têm o poder de gerar impactos positivos duradouros.

O poder da consultoria financeira: como alcançar estabilidade e prosperidade

A consultoria financeira exerce um papel crucial na vida daqueles que almejam alcançar estabilidade e prosperidade em suas finanças. Ao contratar um consultor financeiro, indivíduos e famílias têm a oportunidade de contar com orientação especializada, personalizada e estratégica, capaz de direcioná-los rumo a uma gestão financeira sólida e eficaz. Nesse contexto, o consultor atua como um guia experiente, capacitado a analisar cenários, propor soluções e acompanhar de perto o progresso de seus clientes, proporcionando-lhes não apenas conhecimento técnico, mas também segurança e tranquilidade para enfrentar desafios e tomar decisões assertivas. A busca por consultoria financeira é, portanto, um investimento no próprio futuro, uma demonstração de comprometimento com o sucesso financeiro e um passo significativo em direção à realização de metas e sonhos.

Para alcançar a estabilidade e a prosperidade financeira é crucial buscar orientação especializada por meio de consultoria financeira. A consultoria financeira desempenha um papel fundamental na organização e na otimização das finanças pessoais e empresariais, oferecendo *insights* valiosos e estratégias personalizadas para alcançar metas financeiras em longo prazo.

Ao recorrer a consultores financeiros qualificados é possível obter um panorama claro da situação financeira atual, identificar áreas de melhoria e estabelecer um plano de ação sólido. Mediante análises detalhadas e recomendações personalizadas, os consultores financeiros ajudam a criar um caminho sustentável rumo à estabilidade financeira e à prosperidade.

Além disso, a consultoria financeira proporciona educação financeira essencial, capacitando os clientes a tomar decisões informadas e conscientes relacionadas a investimentos, orçamento, planejamento tributário e gestão de dívidas. Com um planejamento financeiro sólido e estratégias definidas, é possível construir uma base sólida para o crescimento e para a segurança financeira em longo prazo.

Em resumo, ao investir na consultoria financeira e seguir as orientações personalizadas, indivíduos e empresas podem não apenas alcançar a estabilidade financeira desejada, mas também prosperar e alcançar seus objetivos financeiros com confiança e segurança. Consultores financeiros qualificados são aliados essenciais na jornada rumo ao sucesso financeiro e bem-estar econômico duradouro.

Os desafios da gestão financeira: navegando pelas águas turbulentas das finanças pessoais

Embora essencial, muitas vezes a gestão financeira apresenta-se como um labirinto complexo e desafiador para grande parte da população. Entre os principais obstáculos enfrentados por indivíduos e famílias destaca-se o planejamento inadequado, que frequentemente resulta em orçamentos fragilizados e dificuldades em alcançar metas financeiras. A falta de conhecimento sobre investimentos também figura como uma barreira significativa, privando muitos de oportunidades de fazer o dinheiro trabalhar a seu favor e construir riqueza de forma sustentável.

Além disso, as dificuldades em lidar com dívidas são um desafio recorrente, impactando negativamente a estabilidade financeira e gerando um ciclo de preocupação e incerteza. A falta de estratégias eficazes para gerenciar dívidas pode resultar em ônus financeiros crescentes e impactos emocionais significativos, afetando a qualidade de vida e o bem-estar.

Diante desses obstáculos, fica evidente a necessidade premente de orientação especializada e estratégias bem fundamentadas para navegar com segurança por essas águas turbulentas. A consultoria financeira surge como uma bússola confiável nessa jornada, oferecendo *insights* valiosos, planos de ação personalizados e o suporte necessário para superar tais desafios e trilhar o caminho em direção à estabilidade e prosperidade financeira.

O papel transformador da consultoria financeira: o caminho rumo à estabilidade e prosperidade

A consultoria financeira emerge como um farol de esperança em meio ao mar revolto das finanças pessoais, oferecendo um impacto positivo profundo e duradouro. Por meio de orientação especializada e personalizada, a consultoria financeira revela-se como uma ferramenta poderosa na busca pela estabilidade e pela prosperidade.

Ao oferecer uma avaliação detalhada da situação financeira individual e familiar, os consultores financeiros capacitados são capazes de identificar oportunidades de melhoria e possíveis armadilhas financeiras que possam estar minando os esforços para alcançar metas financeiras significativas. Essa análise minuciosa proporciona clareza e *insights* valiosos, servindo como alicerce sólido para a construção de um plano financeiro robusto e eficaz.

A elaboração de planos personalizados é uma das joias da coroa da consultoria financeira. Ao considerar as metas, necessidades e circunstâncias únicas de cada cliente, os consultores financeiros são capazes de traçar um caminho claro e viável rumo à realização dos objetivos financeiros almejados. Esses planos não apenas abrem portas para o crescimento patrimonial e a segurança financeira, como proporcionam uma sensação renovada de controle e confiança em relação ao futuro.

Assim, a consultoria financeira oferece soluções momentâneas e estabelece as bases para uma transformação duradoura nas vidas daqueles que buscam equilíbrio e sucesso financeiro. É por meio desse papel transformador que a consultoria financeira posiciona-se como um aliado inestimável na jornada em direção à estabilidade e prosperidade.

Alcançando a estabilidade financeira: o caminho iluminado pela consultoria financeira

A busca pela estabilidade financeira é uma jornada repleta de desafios, mas também de oportunidades para crescimento e realização. No âmbito da consultoria financeira, encontramos um guia experiente que nos conduz pelas etapas essenciais e pelas estratégias fundamentais para alcançar esse objetivo tão almejado.

Educação financeira emerge como o primeiro pilar nessa trajetória rumo à estabilidade. Por meio do conhecimento e da compreensão dos princípios básicos de finanças pessoais, os indivíduos são capacitados a tomarem decisões informadas e conscientes em relação ao seu dinheiro. Nesse contexto, a consultoria financeira desempenha um papel fundamental ao fornecer orientação especializada e recursos educacionais que fortalecem a base financeira de seus clientes.

O planejamento de orçamento surge como uma ferramenta indispensável na gestão eficaz das finanças pessoais. Com o auxílio da consultoria financeira, os indivíduos podem desenvolver orçamentos realistas e sustentáveis, alinhados com seus objetivos e valores. Esse planejamento minucioso ajuda a controlar gastos excessivos e abre espaço para o crescimento patrimonial e a conquista de metas financeiras significativas.

Investimentos inteligentes representam outra peça-chave no quebra-cabeça da estabilidade financeira. Com uma análise cuidadosa do perfil de risco e das metas de investimento de cada cliente, os consultores financeiros são capazes de recomendar estratégias personalizadas que maximizam o potencial de retorno e minimizam os riscos associados. Essa abordagem estratégica e informada é essencial para construir um portfólio sólido e diversificado ao longo do tempo.

Por fim, a proteção patrimonial surge como uma medida preventiva crucial na preservação do bem-estar financeiro. Com seguros adequados e planejamento sucessório inteligente, os consultores financeiros ajudam a mitigar os riscos e a proteger o patrimônio acumulado ao longo dos anos.

Em suma, alcançar a estabilidade financeira é um processo multifacetado que demanda cuidado, planejamento e orientação especializada. Com o apoio da consultoria financeira, os indivíduos podem trilhar um caminho iluminado rumo à segurança financeira e ao bem-estar duradouro.

Rumo à prosperidade: a jornada iluminada pela consultoria financeira

A busca pela prosperidade financeira é um anseio compartilhado por muitos, um horizonte de possibilidades e conquistas que se revela diante daqueles que buscam orientação especializada e planejamento estratégico. No contexto da consultoria financeira, vislumbramos um parceiro dedicado a abrir caminho para a prosperidade em longo prazo, permitindo que indivíduos construam riqueza, alcancem seus objetivos financeiros e desfrutem de tranquilidade em relação ao seu futuro financeiro.

A consultoria financeira é como uma bússola confiável nessa jornada rumo à prosperidade. Por meio de análises abrangentes e personalizadas, os consultores financeiros são capazes de traçar um roteiro claro e viável para o crescimento patrimonial e a realização de metas financeiras ambiciosas. Essa abordagem estratégica oferece direcionamento preciso e promove uma visão holística da situação financeira do cliente, identificando oportunidades de otimização e maximização de recursos.

Construir riqueza é um processo gradual e consistente que demanda disciplina e planejamento cuidadoso. Com o suporte da consultoria financeira, os indivíduos podem adotar estratégias de investimento inteligentes, diversificadas e alinhadas com seus objetivos de longo prazo. Essa abordagem proativa potencializa o crescimento do patrimônio ao longo do tempo e fortalece a segurança financeira e a resiliência em face de imprevistos.

Além disso, alcançar a prosperidade financeira significa mais do que acumular riqueza material; trata-se também de desfrutar de tranquilidade e segurança em relação ao futuro. Por meio do planejamento sucessório adequado e da proteção patrimonial eficaz, os consultores financeiros auxiliam seus clientes a garantir a continuidade do legado familiar, protegendo ativos e assegurando o bem-estar das gerações futuras.

Dessa forma, a consultoria financeira revela-se como uma aliada indispensável na busca pela prosperidade duradoura. Ao oferecer orientação especializada, planejamento estratégico e suporte contínuo, os consultores financeiros iluminam o caminho rumo a uma vida financeira plena, repleta de realizações e segurança.

Em suma, a consultoria financeira revela-se como um farol de oportunidades e realizações no horizonte financeiro de cada indivíduo. Ao proporcionar orientação especializada, planejamento estratégico e suporte contínuo, essa abordagem abre caminho para a prosperidade em longo prazo e promove estabilidade e segurança financeira.

Ao optar por buscar a orientação de consultores financeiros capacitados, os indivíduos habilitam-se a trilhar uma jornada marcada pela construção sólida de riqueza, alcance de metas financeiras ambiciosas e desfrute da tranquilidade em relação ao seu futuro financeiro. Com estratégias de investimento inteligentes, proteção patrimonial eficaz e planejamento sucessório adequado, a consultoria financeira revela-se como um pilar fundamental na edificação de um legado duradouro e na garantia do bem-estar das gerações futuras.

Portanto convido a todos a considerar o imenso potencial transformador da consultoria financeira em suas vidas. Ao abraçar essa oportunidade de crescimento e aprendizado, cada indivíduo estará pavimentando o caminho para uma existência repleta de estabilidade e prosperidade financeira. Que todos possam vislumbrar um futuro brilhante e seguro, iluminado pela sabedoria e pela orientação dos especialistas em consultoria financeira.

Autocuidado financeiro: priorizando seu bem-estar ao lidar com questões monetárias

Em um mundo permeado por desafios econômicos e pressões financeiras, o autocuidado torna-se um elemento essencial para preservar o equilíbrio emocional e promover o bem-estar integral. Ao priorizar o cuidado consigo mesmo ao lidar com questões monetárias, é possível estabelecer uma relação saudável e consciente com o dinheiro, cultivando hábitos sustentáveis e promovendo uma vida financeira equilibrada e significativa.

O autocuidado financeiro vai além do mero controle de gastos e investimentos, abrangendo também a atenção plena em relação às emoções e às crenças que permeiam nossas escolhas econômicas. Quando reconhecemos e acolhemos nossas ansiedades, medos e desejos em relação ao dinheiro, somos capazes de agir de forma mais consciente e alinhada aos nossos valores e objetivos de vida.

Uma das estratégias fundamentais para promover o autocuidado financeiro é estabelecer limites saudáveis em relação ao dinheiro, evitando tanto a privação excessiva quanto o desperdício irresponsável. A prática da moderação e do equilíbrio nas finanças é essencial para garantir a sustentabilidade e a harmonia em nossa relação com o dinheiro.

Além disso, o autocuidado financeiro inclui também o investimento em educação financeira e o desenvolvimento de habilidades de gestão econômica. Ao adquirir conhecimentos sólidos sobre orçamento, investimentos e planejamento financeiro, tornamo-nos mais capacitados para tomar decisões conscientes e responsáveis em relação ao nosso patrimônio e bem-estar econômico.

Outra dimensão importante do autocuidado financeiro é a prática da gratidão e da generosidade em relação ao dinheiro. Reconhecer a abundância presente em nossas vidas e compartilhar recursos com aqueles que mais necessitam fortalece a nossa saúde financeira e a nossa conexão com a comunidade e com o mundo ao nosso redor.

Que o autocuidado financeiro seja uma jornada de autodescobrimento e crescimento pessoal, guiando-o na busca por uma vida econômica mais equilibrada, significativa e plena. Que a priorização do bem-estar e da integridade emocional seja a bússola que orienta suas escolhas financeiras e promove uma relação saudável e sustentável com o dinheiro.

Inteligência emocional nas negociações financeiras: como controlar emoções em transações importantes

No universo complexo das negociações financeiras, a inteligência emocional revela-se como uma ferramenta poderosa e essencial para o sucesso e a eficácia nas transações econômicas. O domínio das emoções e a capacidade de gerenciar os sentimentos em momentos de pressão e decisão são fundamentais para garantir a assertividade, a resiliência e a harmonia nas relações comerciais e financeiras.

Controlar as emoções em transações importantes envolve um processo profundo de autoconhecimento e autogerenciamento emocional, permitindo que o indivíduo mantenha a clareza mental e a objetividade diante de desafios e adversidades. A consciência emocional e a capacidade de regular as próprias emoções são habilidades cruciais para lidar com situações de estresse, incerteza e conflito no contexto financeiro.

Em negociações financeiras, a empatia desempenha um papel fundamental na construção de relações positivas e duradouras, permitindo que as partes envolvidas compreendam as necessidades, os interesses e as motivações mútuas. A habilidade de colocar-se no lugar do outro e de reconhecer e validar as emoções alheias contribui para a construção de acordos equilibrados e satisfatórios para ambas as partes.

Além disso, a automotivação e a persistência são atributos essenciais para manter o foco e a determinação em negociações financeiras, superando obstáculos e resistências com resiliência e otimismo. A capacidade de manter-se motivado e engajado, mesmo diante de desafios e contratempos, é um diferencial importante para alcançar resultados positivos e sustentáveis nas transações econômicas.

A gestão eficaz das emoções em negociações financeiras também requer a habilidade de comunicar de forma clara, assertiva e empática, estabelecendo uma comunicação eficaz e transparente com os demais envolvidos. A clareza nas mensagens transmitidas e a escuta ativa são aspectos-chave para construir relacionamentos de confiança e compreensão mútua, fundamentais para o sucesso das transações financeiras.

Que a inteligência emocional seja sua aliada e guia nas negociações financeiras, oferecendo-lhe a sabedoria, a serenidade e a empatia necessárias para alcançar resultados positivos e construir relações sólidas e produtivas no mundo dos negócios.

CONCLUSÃO

No percurso rumo à concórdia entre as finanças e as emoções, adentramos um universo de autoconhecimento e metamorfose, em que a correlação entre a opulência financeira e o bem-estar emocional desvela-se como a chave para uma existência plena e equilibrada. Ao explorarmos a intersecção entre nossos aspectos pecuniários e afetivos, desvendamos os segredos de uma vida significativa, alinhada aos nossos valores mais íntegros e anelos mais autênticos.

Fomentar o *mindset* da abundância, planejar de maneira consciente, fortalecer o autoconhecimento e edificar relações salutares com o dinheiro são etapas basilares nessa jornada de equilíbrio e plenitude. A resiliência perante os desafios financeiros e o bem-estar integral são conquistas que se materializam quando harmonizamos nossas finanças com nossas emoções, gerando um estado de plenitude e felicidade duradoura.

Ao encerrar esta obra, expresso minha gratidão ao Grande Arquiteto do Universo pela sapiência e inspiração que me conduzem na busca pela harmonia e pelo equilíbrio. Que cada leitor possa encontrar em si a fortaleza e a ousadia necessárias para percorrer a senda da integração entre finanças e emoções, transmutando desafios em oportunidades e edificando uma vida repleta de significado e realização.

Que a conexão com o Grande Arquiteto do Universo inspire-nos a prosseguir com confiança e determinação, conscientes de que a busca pela harmonia financeira e pelo equilíbrio emocional é um processo contínuo e transmutador, capaz de conduzir-nos a uma existência plena de significado e autenticidade.

Que a sapiência e a compaixão guiem-nos nessa jornada rumo à verdadeira harmonia interior, em que finanças e emoções amalgamam-se em um fluir natural e equilibrado, refletindo a grandiosidade do universo em cada matiz de nossas vidas. Que a paz e a abundância sejam nossas consortes nessa jornada de autoconhecimento e crescimento, permitindo-nos viver com plenitude e gratidão por cada momento presente.

Que a harmonia financeira e o equilíbrio emocional sejam os fundamentos sobre os quais erigimos uma vida de prosperidade e bem-estar, em sintonia com o Grande Arquiteto do Universo e com a essência mais pura de nosso ser.

Que cada passo dado nesse caminho seja uma celebração da vida e do potencial humano, guiados pela luz da sapiência e do amor que nos conecta a algo maior e mais profundo do que podemos conceber.

Que assim seja, em harmonia e equilíbrio, agora e por toda a eternidade.

Apêndice
EXERCÍCIOS E RECURSOS ADICIONAIS

Neste apêndice você encontrará uma série de exercícios práticos e recursos adicionais para auxiliá-lo na jornada em direção à harmonia financeira e ao equilíbrio emocional. Utilize essas ferramentas para aprofundar sua compreensão, fortalecer suas habilidades e promover mudanças positivas tanto em sua vida financeira quanto em sua vida emocional.

1. *Diário de reflexão financeira*: dedique alguns minutos todos os dias para registrar suas emoções e pensamentos relacionados às suas finanças. Identifique padrões, crenças limitantes e áreas de melhoria. Utilize esse diário como uma ferramenta de autoconhecimento e transformação.

2. *Exercício de visualização financeira*: reserve um momento tranquilo para visualizar suas metas financeiras e emocionais sendo alcançadas. Sinta a sensação de realização e plenitude que isso traz. Visualize-se tomando decisões financeiras conscientes e alinhadas aos seus valores mais profundos.

3. *Planilha de orçamento mensal*: crie uma planilha detalhada com sua receita, despesas e metas financeiras mensais. Acompanhe de perto seus gastos e identifique áreas em que é possível economizar ou investir mais conscientemente. Faça ajustes conforme necessário para manter o equilíbrio financeiro.

4. *Meditação guiada para equilíbrio emocional*: explore diferentes práticas de meditação voltadas para o equilíbrio emocional.

Encontre momentos de tranquilidade e conexão consigo mesmo, permitindo que suas emoções fluam de forma saudável e harmoniosa.

5. *Leituras recomendadas*: explore livros, artigos e recursos on-line que abordem temas relacionados a inteligência emocional, educação financeira e desenvolvimento pessoal. Amplie seu conhecimento e encontre novas perspectivas para enriquecer sua jornada de harmonia financeira e equilíbrio emocional.

Esses exercícios e recursos adicionais estão disponíveis para apoiá-lo em seu processo de autodesenvolvimento e crescimento pessoal. Utilize-os de forma consciente e consistente, integrando novas práticas e *insights* em sua rotina diária. Que eles possam guiá-lo rumo a uma vida de plenitude, prosperidade e bem-estar duradouro.

Questionário de autoavaliação financeira e emocional: um guia prático para identificar padrões de comportamentos financeiro e emocional e áreas de melhoria.

Aqui estão 10 perguntas sobre comportamento financeiro.

1. Como você classificaria suas habilidades de planejamento financeiro?

Excelentes ( )

Boas ( )

Médias ( )

Fracas ( )

2. Com que frequência você verifica seu saldo bancário?

Diariamente ( )

Semanalmente ( )

Mensalmente ( )

Raramente ( )

3. Qual é a sua atitude em relação a investimentos em longo prazo?

Confiança ( )

Hesitação ( )

Falta de interesse ( )

4. Você costuma criar um orçamento mensal para suas despesas?

Sempre ( )

Às vezes ( )

Nunca ( )

5. Como você avalia sua capacidade de economizar dinheiro regularmente?

Eficiente ( )

Precisa de melhoria ( )

Dificuldade em economizar( )

6. Qual é a sua abordagem em relação ao uso de cartões de crédito?

Pagamento total mensal ( )

Pagamento mínimo ( )

Uso excessivo ( )

7. Como você lida com dívidas?

Paga integralmente ( )

Faz apenas o mínimo ( )

Evita dívidas ( )

8. Você realiza compras por impulso com frequência?

Raramente ( )

Ocasionalmente ( )

Frequentemente ( )

9. Como você se sente em relação a assumir riscos financeiros?

Confortável ( )

Cauteloso ( )

Avesso ao risco ( )

10. Qual é o seu plano para aposentadoria?

Investir regularmente ( )

Dependência de pensão pública ( )

Sem plano definido ( )

Vamos ver sobre comportamento emocional?

1. Como você costuma lidar com situações estressantes relacionadas a finanças?

Busca apoio ( )

Enfrenta sozinho ( )

Evita confrontar o problema ( )

2. Quais são as suas maiores fontes de estresse financeiro?

Dívidas ( )

Desemprego ( )

Despesas imprevistas ( )

3. Qual é o impacto das suas emoções no seu comportamento de gastos?

Alto ( )

Moderado ( )

Baixo ( )

4. Como você se sente em relação a discussões sobre dinheiro com seu parceiro ou familiares?

Confortável ( )

Evita tais discussões ( )

Ansioso ( )

5. Em que medida suas emoções influenciam suas decisões financeiras?

Significativamente ( )

Moderadamente ( )

Minimamente ( )

6. Como você se sente em relação aos seus objetivos financeiros de curto prazo?

Motivado ( )

Inseguro ( )

Indiferente ( )

7. Você costuma recorrer a compras para lidar com emoções negativas?

Sim ( )

Às vezes ( )

Raramente ( )

8. Como você lida com a pressão social para gastar dinheiro em determinadas situações?

Resiste à pressão social facilmente ( )

Cede à pressão social frequentemente ( )

9. Qual é o impacto das suas emoções na sua capacidade de economizar dinheiro?

Positivo ( )

Negativo ( )

Neutro ( )

10. Como você reage a mudanças inesperadas na sua situação financeira?

Adapta-se rapidamente ( )

Sente-se sobrecarregado(a) ( )

Busca ajuda externa ( )

Harmonia e Prosperidade: Refletindo a Abundância e Serenidade em 365 Dias

1. A gratidão transforma o que temos em suficiente (Fabrício Silva Costa).

Esta frase lembra-nos da importância de valorizar o que já temos, em vez de sempre desejar mais. A gratidão ajuda-nos a encontrar contentamento no presente, preparando o terreno para uma mentalidade próspera no futuro.

2. A prosperidade começa na mente e se reflete no bolso. (Fabrício Silva Costa)

Aqui, a ênfase está no poder dos pensamentos e das crenças em moldar nossa realidade financeira. Uma mentalidade positiva e próspera pode ser o catalisador para a conquista de objetivos financeiros.

3. Aprenda a viver com menos para desfrutar de mais. (Fabrício Silva Costa)

Devemos sempre refletir sobre a importância da simplicidade e do desapego material para alcançarmos uma verdadeira sensação de abundância e prosperidade.

4. O equilíbrio financeiro é o resultado de escolhas conscientes (Fabrício Silva Costa).

Aqui destaco a importância de tomar decisões financeiras ponderadas e alinhadas aos nossos objetivos em longo prazo para alcançar estabilidade e prosperidade.

5. Cuide das suas finanças com o mesmo carinho que cuida do seu coração (Fabrício Silva Costa).

Esta metáfora lembra-nos da importância de dedicarmos atenção e cuidado às nossas finanças, pois assim como o coração é vital para a nossa saúde física, a gestão financeira é essencial para nosso bem-estar econômico.

6. A abundância é um estado de espírito, não apenas uma conta bancária cheia (Fabrício Silva Costa).

A verdadeira riqueza vai além do dinheiro e envolve uma mentalidade de gratidão, generosidade e contentamento independentemente do saldo bancário.

7. Seja paciente, as sementes financeiras que você planta hoje colherá amanhã (Fabrício Silva Costa).

Esta frase lembra-nos da importância da paciência e da perseverança no caminho rumo à prosperidade financeira. Cada escolha financeira feita hoje pode impactar positivamente o futuro se cultivada com cuidado e consistência.

8. O dinheiro é uma ferramenta, não um objetivo (Fabrício Silva Costa).

É muito importante enxergar o dinheiro como um meio para se alcançar objetivos e não como o fim em si mesmo. Quando compreendemos que o dinheiro é uma ferramenta para realizar nossos sonhos e projetos, nós o utilizamos de forma mais consciente e significativa em nossas vidas financeiras.

9. A verdadeira riqueza está na paz interior, não nos bens materiais (Fabrício Silva Costa).

A verdadeira prosperidade vai além dos aspectos materiais e está relacionada à nossa paz interior, a nossa felicidade e ao nosso bem-estar emocional. É importante cultivar esses aspectos da vida juntamente à estabilidade financeira.

10. A jornada rumo à liberdade financeira começa com um passo de cada vez (Fabrício Silva Costa).

Esta frase enfatiza a importância do progresso gradual e consistente na busca pela liberdade financeira. Cada pequeno passo dado em direção aos objetivos financeiros contribui para a construção de um futuro mais próspero.

11. Aprenda a dizer 'não' para o que não acrescenta valor à sua vida e ao seu bolso (Fabrício Silva Costa).

É preciso estabelecer prioridades financeiras e evitar gastos desnecessários ou investimentos que não estejam alinhados com seus objetivos. Dizer "não" é uma forma poderosa de proteger sua saúde financeira.

12. Investir em conhecimento sempre traz os melhores retornos (Fabrício Silva Costa).

Esta afirmação pontua a importância de se investir em educação e aprendizado contínuo como uma maneira eficaz de obter retornos significativos em longo prazo. O conhecimento é um ativo valioso que pode impulsionar suas decisões financeiras e contribuir para seu crescimento pessoal.

13. Aprenda com os erros do passado, mas não viva neles. O futuro é onde você pode fazer a diferença (Fabrício Silva Costa).

É importante aprender com os erros cometidos no passado sem se prender a eles. Olhar para o futuro com otimismo e determinação permite que você concentre-se em construir uma base sólida para alcançar seus objetivos financeiros e pessoais.

14. Seja grato pelo que você tem enquanto trabalha pelo que deseja (Fabrício Silva Costa).

Esta frase traz a importância da gratidão e do equilíbrio entre contentamento e ambição. Reconhecer e valorizar o que já temos, ao mesmo tempo em que buscamos nossos objetivos, ajuda-nos a manter uma mentalidade positiva e motivada durante a jornada financeira.

15. O sucesso financeiro começa com hábitos consistentes, não com grandes feitos ocasionais (Fabrício Silva Costa).

Os bons hábitos diários na construção de uma base sólida para o sucesso financeiro são essenciais. A consistência nas ações é fundamental para alcançar metas financeiras em longo prazo, superando a ideia de soluções rápidas e pontuais.

16. Mantenha a calma nos altos e baixos financeiros. A estabilidade emocional é sua maior aliada (Fabrício Silva Costa).

É primordial manter a serenidade diante das flutuações financeiras, pois a estabilidade emocional é essencial para tomar decisões financeiras ponderadas e evitar reações impulsivas em momentos de pressão.

17. Lembre-se: você é mais do que suas finanças. Sua verdadeira riqueza está em quem você é (Fabrício Silva Costa).

Nesta frase é destacada a importância de cultivar outros aspectos da vida além do financeiro. Reconhecer o seu valor intrínseco vai além do saldo da conta bancária e envolve aspectos como relacionamentos saudáveis, autoconhecimento e contribuições para o bem-estar coletivo.

18. Celebre cada pequena vitória no caminho para a prosperidade (Fabrício Silva Costa).

Devemos sempre reconhecer e comemorar os progressos realizados ao longo da jornada rumo à prosperidade financeira. Celebrar as pequenas conquistas fornece-nos motivação adicional para continuar avançando em direção aos objetivos maiores.

19. O dinheiro economizado é o dinheiro ganho. Faça escolhas inteligentes (Fabrício Silva Costa).

É imprescindível poupar e fazer escolhas financeiras conscientes. Ao economizar, você está efetivamente aumentando seus recursos disponíveis, pois o dinheiro que não é gasto pode ser utilizado de maneira mais estratégica no futuro.

20. Seja gentil consigo mesmo nos momentos de dificuldade financeira. Você está fazendo o seu melhor (Fabrício Silva Costa).

Aqui destaco o quanto a autocompaixão e a compreensão durante períodos de desafios financeiros são importantes. Reconhecer que está se esforçando e fazendo o possível para lidar com as dificuldades ajuda a manter a motivação e a saúde emocional em meio às adversidades.

21. Aprenda a diferenciar entre desejo e necessidade. Isso fará toda a diferença em suas finanças (Fabrício Silva Costa).

É preciso discernir entre o que é realmente necessário e o que é apenas um desejo momentâneo. Ao priorizar as necessidades essenciais e reduzir gastos supérfluos é possível direcionar melhor os recursos financeiros para o que realmente importa, promovendo uma gestão mais eficiente das finanças pessoais.

22. A vida é feita de momentos, não de coisas. Invista em experiências significativas (Fabrício Silva Costa).

Aqui é enfatizada a valorização das experiências e vivências em detrimento da acumulação de bens materiais. Investir em momentos significativos, memórias e conexões pessoais pode trazer mais felicidade e realização do que simplesmente buscar aquisições materiais.

23. A verdadeira liberdade financeira vem da paz de espírito, não da quantidade de dinheiro no banco (Fabrício Silva Costa).

A liberdade financeira vai além do saldo bancário e está relacionada à sensação de segurança e à tranquilidade em relação às finanças. Ter paz de espírito significa estar confortável com suas escolhas financeiras, ter controle sobre suas decisões e viver de acordo com seus valores, independentemente do montante disponível na conta.

24. Crie um plano financeiro que se alinhe aos seus valores e objetivos pessoais. Isso trará clareza e propósito às suas finanças (Fabrício Silva Costa).

Ter um plano financeiro que reflita seus valores e suas metas pessoais é fundamental para garantir que suas decisões financeiras estejam alinhadas com o que é realmente importante para você. Isso não apenas traz clareza sobre como gerenciar seu dinheiro, mas também dá um propósito maior a cada escolha financeira que você faz.

25. Mantenha-se fiel ao seu próprio caminho financeiro. Comparar-se aos outros só gera ansiedade desnecessária (Fabrício Silva Costa).

Cada pessoa tem uma situação financeira única, com diferentes objetivos, valores e circunstâncias. Comparar-se constantemente com os outros pode levar a sentimentos de inadequação e ansiedade. É essencial focar em sua jornada financeira pessoal e manter o foco no que é importante para você.

26. A estabilidade emocional é o alicerce da prosperidade duradoura (Fabrício Silva Costa).

Ter equilíbrio emocional em relação às finanças é essencial para construir uma prosperidade sustentável. Lidar com as emoções de forma saudável permite tomar decisões financeiras mais conscientes e evitar impulsos prejudiciais.

27. Seja mestre do seu dinheiro, não escravo dele (Fabrício Silva Costa).

Esta frase destaca a importância de assumir o controle de suas finanças em vez de permitir que elas controlem você. Ser capaz de gerenciar seu dinheiro com sabedoria e disciplina é fundamental para alcançar estabilidade financeira e liberdade.

28. Valorize cada centavo ganho com esforço e sabedoria (Fabrício Silva Costa).

Reconhecer o valor do dinheiro conquistado por meio do trabalho árduo e da sabedoria nas escolhas financeiras é essencial para desenvolver uma mentalidade de gratidão e responsabilidade em relação às finanças.

29. O equilíbrio entre dar e receber traz harmonia ao fluxo do dinheiro (Fabrício Silva Costa).

Encontrar um equilíbrio saudável entre dar e receber é essencial para manter um fluxo positivo de dinheiro em sua vida. Ser capaz de doar com generosidade, ao mesmo tempo em que permite a si mesmo receber oportunidades e prosperidade, contribui para a harmonia financeira.

30. O segredo da abundância está em compartilhar o que temos com generosidade (Fabrício Silva Costa).

Compartilhar com generosidade aquilo que temos, seja dinheiro, tempo, conhecimento ou amor, cria um ciclo de abundância em nossas vidas. Ao praticar a generosidade abrimos espaço para receber mais do universo.

31. A verdadeira prosperidade começa com a harmonia interna (Fabrício Silva Costa).

Antes de buscar riquezas externas é fundamental cultivar uma harmonia interna. Quando estamos em paz conosco mesmos somos capazes de atrair e apreciar verdadeiramente a prosperidade em todas as áreas das nossas vidas.

32. Cultivar a serenidade é o caminho para atrair a abundância (Fabrício Silva Costa).

Manter a calma e a serenidade diante dos desafios financeiros é fundamental para permitir que a abundância flua em nossa direção. A tranquilidade interior ajuda-nos a tomar decisões mais acertadas e atrair oportunidades prósperas.

33. A cada dia, escolha viver em harmonia com sua saúde financeira e emocional (Fabrício Silva Costa).

Priorizar tanto a saúde financeira quanto a emocional diariamente é essencial para garantir um equilíbrio sustentável em sua vida. Cuidar desses dois aspectos contribui não apenas para o bem-estar pessoal, mas também para uma relação mais saudável com o dinheiro.

34. A abundância manifesta-se quando encontramos equilíbrio em nossas vidas (Fabrício Silva Costa).

Encontrar um equilíbrio entre trabalho e lazer, dar e receber, poupar e gastar é fundamental para permitir que a abundância manifeste-se em todas as áreas de nossas vidas. Quando há harmonia e equilíbrio, a prosperidade flui naturalmente.

35. A serenidade interior é o alicerce da verdadeira prosperidade (Fabrício Silva Costa).

Cultivar uma serenidade interior sólida e estável é primordial para construir uma base sólida para a verdadeira prosperidade duradoura. Quando estamos em paz internamente, somos capazes de lidar com os altos e baixos financeiros com sabedoria e gratidão.

36. Em cada reflexão diária encontro novas maneiras de atrair harmonia financeira e equilíbrio emocional (Fabrício Silva Costa).

A prática diária da reflexão permite-nos explorar novas maneiras de melhorar nossa relação com o dinheiro e nossas emoções. Ao dedicar um tempo para refletir sobre nossos hábitos financeiros e emocionais, podemos identificar áreas de melhoria e atrair mais harmonia e equilíbrio para nossas vidas.

37. Seu caminho para a abundância começa com a paz interior que cultiva diariamente (Fabrício Silva Costa).

A verdadeira abundância começa de dentro para fora. Cultivando a paz interior diariamente construímos as bases necessárias para atrair prosperidade em todas as áreas de nossas vidas. Encontre tranquilidade dentro de si mesmo para abrir espaço para a abundância fluir.

38. A cada novo dia busque equilibrar suas finanças e nutrir sua serenidade interior (Fabrício Silva Costa).

Cada dia é uma nova oportunidade para buscar equilíbrio financeiro e nutrir sua serenidade interior. Ao cuidar tanto de suas finanças quanto de seu bem-estar emocional diariamente, você pavimenta o caminho para uma vida mais próspera e equilibrada.

39. A harmonia financeira e o equilíbrio emocional andam juntos no caminho para a prosperidade (Fabrício Silva Costa).

Não podemos alcançar verdadeira prosperidade sem equilíbrio entre nossas saúdes financeira e emocional. Quando esses dois aspectos estão alinhados e em harmonia, ficamos mais propensos a atrair oportunidades abundantes e desfrutar plenamente dos frutos de nosso trabalho.

40. Cada reflexão diária lembra que a verdadeira riqueza está na harmonia entre mente, corpo e espírito (Fabrício Silva Costa).

Quando refletimos diariamente, lembramos que a verdadeira riqueza vai além do aspecto financeiro. A harmonia entre mente, corpo e espírito é o que realmente nos traz plenitude e prosperidade em todas as áreas da vida. Cuidando desses três aspectos, cultivamos uma riqueza genuína e duradoura.

41. Em cada nascer do sol encontre a oportunidade de cultivar a prosperidade em todas as áreas da sua vida (Fabrício Silva Costa).

Cada novo dia traz consigo a oportunidade de semear a prosperidade em todas as áreas da nossa vida. Assim como o Sol nasce a cada manhã, é-nos dada a chance de nutrir nossos sonhos, metas e relacionamentos para colher os frutos da abundância em nosso caminho.

42. A serenidade guia-nos para tomarmos decisões financeiras conscientes e equilibradas (Fabrício Silva Costa).

Quando cultivamos a serenidade interior, somos capazes de tomar decisões financeiras com clareza e equilíbrio. A calma permite-nos avaliar com sabedoria as opções disponíveis, evitando decisões impulsivas e guiando-nos para escolhas que estejam alinhadas aos nossos objetivos financeiros em longo prazo.

43. A cada respiração, sintonize com a energia da abundância que flui em você e ao seu redor (Fabrício Silva Costa).

Cada respiração é uma oportunidade para sintonizarmo-nos com a energia da abundância que está presente em nós e no universo ao nosso redor. Ao praticar a gratidão e a consciência do momento presente, abrimos espaço para receber e compartilhar essa energia positiva em nossa jornada rumo à prosperidade.

44. A jornada para a prosperidade começa com a gratidão pelo que você já tem (Fabrício Silva Costa).

A gratidão é o ponto de partida essencial na busca pela prosperidade. Quando reconhecemos e apreciamos o que já temos em nossas vidas, criamos uma base sólida para atrair mais bênçãos e abundância, e a jornada rumo à prosperidade é iluminada pelo sentimento sincero de gratidão.

45. A harmonia financeira é o resultado de escolhas conscientes alinhadas aos nossos valores mais profundos (Fabrício Silva Costa).

A verdadeira harmonia financeira vai além dos números em uma conta bancária. Ela reflete as escolhas conscientes que fazemos, considerando nossos valores mais profundos e priorizando o que realmente importa em nossas vidas. Quando nossas decisões financeiras estão alinhadas aos nossos valores, encontramos não apenas estabilidade econômica, mas também realização pessoal.

46. Serenidade é saber que se está no controle das suas finanças, não o contrário (Fabrício Silva Costa).

A verdadeira serenidade em relação às finanças vem do entendimento de que somos nós que controlamos nosso dinheiro e não o contrário. Quando assumimos o controle de nossas escolhas financeiras, agindo de forma consciente e responsável, construímos uma base sólida para nossa segurança e nossa tranquilidade futuras.

47. Cada dia é uma nova oportunidade para nutrir uma relação saudável com o dinheiro e **conosco mesmos (Fabrício Silva Costa).**

A cada novo dia temos a chance de cultivar uma relação saudável tanto com o dinheiro quanto conosco mesmos. Ao praticarmos a autocompaixão, a gratidão e a responsabilidade financeira diariamente, fortalecemos não apenas nossa situação econômica, mas também nosso bem-estar emocional e mental.

48. A verdadeira riqueza está na paz de espírito que vem com a harmonia financeira (Fabrício Silva Costa).

Mais do que acumular bens materiais, a verdadeira riqueza reside na paz de espírito que acompanha a harmonia financeira. Quando estamos em equilíbrio com nossas finanças, somos capazes de desfrutar da tranquilidade interior que vem do conhecimento de que estamos no controle de nossa situação econômica.

49. Prosperidade é saber que sempre há o suficiente, e até mais, quando vivida em equilíbrio (Fabrício Silva Costa).

A verdadeira prosperidade não se resume à quantidade de recursos materiais acumulados, mas à consciência de que sempre há o suficiente para vivermos com plenitude. Quando buscamos o equilíbrio em todas as áreas de nossas vidas, incluindo as finanças, percebemos que a abundância manifesta-se de diversas formas além do aspecto material.

50. Em cada momento de tranquilidade lembre-se que a verdadeira riqueza vem de dentro (Fabrício Silva Costa).

Nos momentos de calma e tranquilidade é importante lembrar que a verdadeira riqueza não se limita ao exterior, mas provém do nosso interior. Ao cultivarmos paz interior, gratidão e amor próprio, solidificamos uma base sólida para uma vida verdadeiramente próspera e plena.

51. A abundância é o resultado natural da sua harmonia interior e equilíbrio financeiro (Fabrício Silva Costa).

Quando encontramos equilíbrio em nosso interior e em nossas finanças, a abundância manifesta-se naturalmente em nossas vidas. A verdadeira riqueza não é apenas material, mas também espiritual e emocional, refletindo a harmonia que cultivamos dentro de nós.

52. Em cada escolha financeira, conecte-se com a energia da prosperidade que existe dentro de você (Fabrício Silva Costa).

Cada decisão que tomamos em relação às nossas finanças é uma oportunidade para conectarmo-nos com a energia da prosperidade que reside em nosso interior. Quando agimos de forma consciente e alinhada a essa energia positiva, atraímos mais abundância e mais prosperidade para nossa vida.

53. Serenidade é saber que paz interior é nosso maior tesouro (Fabrício Silva Costa).

A verdadeira serenidade vem do entendimento de que a paz interior é o nosso tesouro mais valioso. Quando cultivamos a tranquilidade em nosso coração e em nossa mente, somos capazes de enfrentar os desafios financeiros com calma e clareza, mantendo o foco no que realmente importa.

54. A harmonia financeira permite-nos viver com liberdade e autenticidade (Fabrício Silva Costa).

Quando alcançamos a harmonia financeira, abrimos as portas para vivermos com liberdade e autenticidade. Livres das preocupações constantes com dinheiro, podemos dedicarmo-nos ao que realmente nos traz felicidade e realização, vivendo de acordo com nossos valores mais profundos.

55. Prosperidade é encontrar contentamento no presente enquanto construímos o futuro dos nossos sonhos (Fabrício Silva Costa).

A verdadeira prosperidade não se limita à busca incessante por mais bens materiais e, sim, à capacidade de encontrar contentamento no momento presente enquanto trabalhamos na construção do futuro que almejamos. Equilibrar a gratidão pelo agora com a visão do amanhã é essencial para uma vida próspera e significativa.

56. Cada passo em direção à harmonia financeira é um passo em direção à sua própria felicidade (Fabrício Silva Costa).

Cada pequeno passo que damos rumo à harmonia financeira aproxima-nos também da nossa própria felicidade. Ao cuidarmos das nossas finanças com responsabilidade e consciência, investimos no nosso bem-estar presente e futuro.

57. A serenidade ajuda a enfrentar desafios financeiros com calma e clareza (Fabrício Silva Costa).

Cultivar a serenidade em meio aos desafios financeiros é fundamental para lidar com eles de forma mais equilibrada e consciente. Quando estamos calmos e claros em nossas decisões, conseguimos encontrar soluções mais eficazes e evitar reações impulsivas que podem prejudicar nossa situação financeira.

58. Escolha cultivar pensamentos de abundância e gratidão todos os dias (Fabrício Silva Costa).

A prática diária de cultivar pensamentos de abundância e gratidão ajuda-nos a manter uma mentalidade positiva em relação ao dinheiro e à vida em geral. Ao focarmos no que temos e nas bênçãos que já estão presentes em nossa vida, abrimos espaço para atrair mais prosperidade e felicidade.

59. Sua prosperidade cresce na medida em que você cultiva paz e equilíbrio em todas as áreas da sua vida (Fabrício Silva Costa).

A verdadeira prosperidade não se limita apenas ao aspecto financeiro, ela está intrinsecamente ligada à paz e ao equilíbrio que cultivamos em todas as áreas da nossa vida. Ao nutrir as harmonias interior e exterior, criamos as condições ideais para o florescimento da nossa prosperidade em todos os aspectos.

60. A verdadeira riqueza está na harmonia entre o que eu tenho, o que eu dou e o que eu sou (Fabrício Silva Costa).

A verdadeira riqueza vai muito além dos bens materiais. Ela encontra-se na harmonia entre aquilo que possuímos, o que somos capazes de compartilhar com os outros e nossa essência mais profunda. Quando alinhamos esses três aspectos, encontramos uma riqueza genuína e duradoura.

61. Em cada nascer do sol encontramos a promessa de um novo dia repleto de oportunidades e prosperidade (Fabrício Silva Costa).

Cada novo dia traz a promessa de novas oportunidades e possibilidades de crescimento, tanto pessoal quanto financeira. Quando acolhemos cada amanhecer com esperança e positividade, abrimo-nos para receber a prosperidade que o universo tem a nos oferecer.

62. A verdadeira harmonia reside na capacidade de encontrar equilíbrio entre a abundância material e a serenidade interior (Fabrício Silva Costa).

A verdadeira harmonia financeira está na habilidade de equilibrar a busca por conquistas materiais com a manutenção da paz interior. Quando encontramos esse equilíbrio entre o externo e o interno, construímos as bases para uma vida plena e satisfatória em todos os aspectos.

63. Cada desafio enfrentado com coragem e determinação aproxima-nos um passo mais perto da prosperidade almejada (Fabrício Silva Costa).

Cada obstáculo superado com resiliência e determinação fortalece-nos e direciona-nos para mais perto de alcançarmos a prosperidade que tanto desejamos. É na superação dos desafios que encontramos oportunidades de crescimento e evolução, preparando-nos para colher os frutos dos nossos esforços.

64. A gratidão é a chave que abre as portas para a abundância infinita que o Universo tem a oferecer (Fabrício Silva Costa).

A prática da gratidão conecta-nos com a energia positiva do Universo, abrindo caminho para recebermos em abundância tudo aquilo que almejamos. Quando somos gratos pelo que temos, sintonizamos nossa vibração com a abundância que o Universo tem reservada para nós.

65. Em meio ao caos da vida, é na serenidade do coração que encontramos a verdadeira riqueza (Fabrício Silva Costa).

Mesmo diante das adversidades e das turbulências da vida, é na serenidade interior que encontramos a verdadeira riqueza. Manter a calma e o equilíbrio emocional permite-nos enxergar além das dificuldades, valorizando o que realmente importa e reconhecendo as bênçãos presentes em nosso caminho.

66. A jornada rumo à prosperidade não é apenas conquistar bens materiais, é também cultivar a paz interior (Fabrício Silva Costa).

O caminho em direção à prosperidade vai muito além da acumulação de bens materiais. Ele envolve o cultivo da paz interior, do equilíbrio emocional e da harmonia espiritual. Ao priorizarmos nosso bem-estar interno, construímos as bases sólidas para uma prosperidade genuína e duradoura.

67. A harmonia é a sinfonia da vida, em que cada nota de abundância harmoniza-se com a melodia da serenidade (Fabrício Silva Costa).

Assim como uma bela sinfonia é composta por notas musicais que se complementam e se harmonizam, a vida torna-se plena quando conseguimos integrar a abundância material com a serenidade interior. É nessa harmonia entre o externo e o interno que encontramos a verdadeira essência da prosperidade.

68. A verdadeira prosperidade manifesta-se quando encontramos contentamento em cada momento presente (Fabrício Silva Costa).

A genuína prosperidade não está apenas ligada à conquista de metas futuras, mas à capacidade de apreciar e encontrar contentamento em cada instante vivido. Ao valorizarmos o presente e cultivarmos a gratidão pelo que temos agora, abrimos espaço para a abundância fluir naturalmente em nossas vidas.

69. A serenidade é a âncora que nos mantém firmes diante das tempestades da vida, guiando-nos em direção à prosperidade (Fabrício Silva Costa).

Em meio às adversidades e aos desafios que enfrentamos, a serenidade interior atua como nossa âncora, mantendo-nos firmes e equilibrados para enfrentarmos as tempestades da vida. É na calma e na paz de espírito que encontramos a clareza para seguirmos em direção à prosperidade almejada.

70. A abundância não está apenas no ter, mas também no ser e no compartilhar com generosidade (Fabrício Silva Costa).

A verdadeira abundância transcende a posse material e encontra-se na essência do nosso ser e na capacidade de compartilharmos com generosidade o que temos. Quando cultivamos qualidades como amor, compaixão e solidariedade, ampliamos nossa percepção de riqueza e contribuímos para um mundo mais próspero e harmonioso.

71. Em cada sorriso de gratidão reconhecemos a verdadeira riqueza que reside em nossos corações (Fabrício Silva Costa).

Cada expressão de gratidão que brota dos nossos corações conecta-nos com a nossa verdadeira riqueza interior. Ao reconhecermos as bênçãos presentes em nossa vida e expressarmos nossa gratidão, nutrimos um sentimento de plenitude e abundância que transcende qualquer bem material.

72. A busca pela harmonia é o caminho que nos leva à descoberta da verdadeira prosperidade interior (Fabrício Silva Costa).

Quando buscamos a harmonia em todos os aspectos das nossas vidas – seja nas relações interpessoais, nas atividades diárias ou no cuidado com nosso bem-estar emocional –, trilhamos o caminho que nos conduz à descoberta da verdadeira prosperidade interior. A paz interior e o equilíbrio são fundamentais para uma vida próspera e significativa.

73. Em cada semente de esperança plantada vislumbramos o florescer da abundância em nossas vidas (Fabrício Silva Costa).

Cada gesto de esperança que cultivamos é como plantar uma semente fértil que pode germinar e florescer em formas inesperadas de abundância em nossas vidas. Manter a esperança viva nos momentos desafiadores é abrir espaço para novas oportunidades e realizações que nos conduzem ao caminho da prosperidade.

74. A paz interior é o tesouro mais valioso que podemos cultivar, pois dela brota toda a prosperidade que almejamos (Fabrício Silva Costa).

A verdadeira riqueza não está apenas nas conquistas materiais, está também na tranquilidade e na harmonia que encontramos dentro de nós mesmos. Quando cultivamos a paz interior, criamos as bases para atrair e manifestar a prosperidade em todas as áreas das nossas vidas.

75. A verdadeira harmonia é o encontro entre a plenitude do ser e a abundância do viver (Fabrício Silva Costa).

Quando alcançamos a sincronia entre nossa essência mais profunda e a plenitude de viver em abundância, experimentamos a verdadeira harmonia. É nesse equilíbrio entre ser e viver que encontramos a chave para uma vida próspera e significativa.

76. Em cada desafio superado fortalecemos nossa capacidade de atrair a prosperidade que merecemos (Fabrício Silva Costa).

Cada obstáculo superado é uma oportunidade de crescimento e fortalecimento interior. Ao enfrentarmos os desafios com resiliência e determinação, preparamos o terreno para receber a prosperidade que a nós está destinada.

77. A serenidade é a calmaria que nos guia em meio às águas agitadas da vida, conduzindo-nos à verdadeira abundância (Fabrício Silva Costa).

Nos momentos de turbulência e incerteza, a serenidade atua como um guia seguro que nos conduz pelas águas agitadas da vida em direção à verdadeira abundância. Quando mantemos a calma e o equilíbrio interior, abrimos espaço para a prosperidade fluir em nossas vidas.

78. A gratidão é o solo fértil onde plantamos as sementes da prosperidade, colhendo frutos de amor e generosidade (Fabrício Silva Costa).

Cultivar a gratidão em nossos corações é como preparar um solo fértil para semear as sementes da prosperidade. Ao reconhecermos e valorizarmos as bênçãos presentes em nossas vidas, criamos as condições para colher frutos de amor, generosidade e bem-estar.

79. A harmonia é a dança perfeita entre a gratidão pelo que temos e a confiança no que está por vir (Fabrício Silva Costa).

Quando vivemos em harmonia, reconhecemos com gratidão tudo o que já temos enquanto mantemos uma confiança firme no futuro que está por vir. Essa dança equilibrada entre apreciar o presente e acolher o futuro guia-nos rumo à prosperidade e à serenidade duradouras.

80. Em cada experiência vivida encontramos lições preciosas que nos conduzem à prosperidade e à serenidade (Fabrício Silva Costa).

Cada experiência vivida, seja ela desafiadora ou gratificante, carrega consigo lições valiosas que contribuem para nosso crescimento pessoal e espiritual. Ao extrairmos ensinamentos de cada vivência, trilhamos o caminho que nos leva à prosperidade e à serenidade tão almejadas.

81. **A verdadeira abundância é a consciência de que somos suficientes exatamente como somos, sem a necessidade de mais nada (Fabrício Silva Costa).**

Quando compreendemos que a verdadeira riqueza está na aceitação e na valorização de nossa essência, percebemos que a abundância não se resume a termos mais e, sim, a reconhecermos a plenitude que já reside em nosso ser. A busca incessante por mais dá lugar à gratidão pelo que somos e pelo que temos.

82. **A serenidade é a calma que nos permite enxergar além das aparências, descobrindo a riqueza oculta em cada momento (Fabrício Silva Costa).**

Na tranquilidade do espírito somos capazes de ir além das superfícies e contemplar a beleza e a riqueza presentes em cada instante da vida. A serenidade convida-nos a uma jornada de descoberta interior, revelando tesouros escondidos nas sutilezas do cotidiano.

83. **A harmonia é o equilíbrio delicado entre o dar e o receber, encontrando a plenitude na troca generosa de energias (Fabrício Silva Costa).**

Quando estamos em harmonia com o universo, compreendemos a importância do equilíbrio entre dar e receber. A verdadeira plenitude é alcançada na generosidade mútua de energias positivas, criando um ciclo virtuoso de abundância compartilhada.

84. **A prosperidade não é apenas acumular riquezas, mas também compartilhar a abundância com aqueles que estão ao nosso redor (Fabrício Silva Costa).**

A verdadeira prosperidade vai além de acumular bens materiais e manifesta-se na capacidade de compartilharmos generosamente com os outros. Ao estendermos a mão para ajudar e contribuir para o bem-estar daqueles ao nosso redor, fortalecemos os laços de solidariedade e nutrimos um ambiente de prosperidade coletiva".

85. Em cada respirar consciente, sintonizamo-nos com a serenidade que habita em nós, nutrindo nossa essência de prosperidade (Fabrício Silva Costa).

Cada respiração consciente conecta-nos com o momento presente e permite-nos acessar a serenidade interior que é essencial para cultivarmos uma mentalidade próspera. Ao respirarmos profundamente e com consciência, nutrimos nossa essência com calma e clareza, preparando o terreno para atrairmos prosperidade em todas as áreas de nossas vidas.

86. A gratidão é a ponte que nos conecta com a fonte inesgotável de abundância que flui em nossas vidas (Fabrício Silva Costa).

Quando cultivamos um coração grato, abrimos as portas para receber as bênçãos e as oportunidades que o universo tem a oferecer. A gratidão funciona como uma ponte poderosa que nos conecta com a energia abundante do universo, permitindo-nos vivenciar a prosperidade em sua plenitude.

87. A verdadeira harmonia é a aceitação serena de todas as facetas. A serenidade é a quietude que nos permite ouvir a voz suave da intuição, guiando-nos em direção à prosperidade autêntica (Fabrício Silva Costa).

Quando acolhemos todas as facetas da nossa existência com serenidade e aceitação, abrimos espaço para ouvir nossa intuição mais profunda, que nos guia no caminho da autêntica prosperidade. A harmonia interior reflete-se em nossa conexão com nossa intuição, tornando-nos receptivos às oportunidades e à sabedoria do universo.

88. A harmonia é a dança sublime entre a mente e o coração, em que a abundância manifesta-se em cada passo de equilíbrio (Fabrício Silva Costa).

Nesta bela metáfora, somos convidados a integrar nossa mente e nosso coração em uma dança harmoniosa, encontrando o equilíbrio necessário para permitir que a verdadeira abundância revele-se em nossa jornada. Quando mente e coração estão alinhados, somos capazes de dar passos firmes em direção à plenitude e ao bem-estar.

89. Em cada amanhecer renovamos nossa conexão com a essência da vida, permitindo que a prosperidade e a serenidade fluam em nosso ser (Fabrício Silva Costa).

Cada novo dia presenteia-nos com a oportunidade de reconectarmo-nos com a essência da vida e permitir que a prosperidade e a serenidade permeiem nosso ser. Ao acolhermos o amanhecer com gratidão e abertura, abrimo-nos para receber as bênçãos que o universo tem reservadas para nós.

90. Em cada amanhecer encontre a serenidade que habita em seu coração (Fabrício Silva Costa).

A cada manhã somos convidados a buscar dentro de nós a serenidade que nos permite enfrentar os desafios do dia com calma e clareza. Encontrar esse estado de tranquilidade interior fortalece-nos para lidarmos com as adversidades e guia-nos no caminho da paz e da realização.

91. Que a harmonia interior guie seus passos rumo à prosperidade que você merece (Fabrício Silva Costa).

Quando nos dedicamos à harmonia em nosso mundo interior, abrimos espaço para atrair a prosperidade que verdadeiramente merecemos. Quando nossas escolhas e ações são orientadas pela paz interior e pelo equilíbrio emocional, estamos no caminho certo para alcançarmos nossos objetivos com integridade e plenitude.

92. Cultive a gratidão diária e veja a abundância florescer ao seu redor (Fabrício Silva Costa).

A prática diária da gratidão é como regar o jardim da vida, permitindo que as sementes da abundância germinem e floresçam ao nosso redor. Ao reconhecermos e valorizarmos as bênçãos presentes em nosso caminho, criamos um ambiente propício para atrair mais motivos para sermos gratos".

93. Em cada desafio encontre a oportunidade de crescer em serenidade (Fabrício Silva Costa).

Os desafios da vida são oportunidades disfarçadas para nosso crescimento pessoal e espiritual. Ao encararmos os obstáculos com serenidade e resiliência, transformamos cada dificuldade em uma chance de fortalecer nossa paz interior e expandir nossa consciência.

94. Que a paz de espírito seja sua companheira constante ao longo dos dias (Fabrício Silva Costa).

Esta frase inspira-nos a buscar constantemente a tranquilidade interior em nossa jornada diária. Quando cultivamos a paz de espírito, somos capazes de enfrentar os desafios com calma e clareza, permitindo que cada dia seja vivido com serenidade e equilíbrio emocional.

95. A prosperidade é fruto da harmonia entre seus pensamentos e ações (Fabrício Silva Costa).

É muito importante alinharmos nossos pensamentos com nossas ações para manifestar a verdadeira prosperidade em nossas vidas. Quando nossas intenções e nossos comportamentos estão em sintonia, criamos um campo fértil para atrair abundância e sucesso em todas as áreas.

96. Permita-se fluir com as energias positivas que o universo lhe oferece (Fabrício Silva Costa).

Devemos estar abertos e receptivos às energias positivas que o universo envia-nos constantemente. Quando nos permitirmos fluir com essas vibrações benéficas, abrimos espaço para o crescimento pessoal, a realização de sonhos e a manifestação de oportunidades auspiciosas em nossas vidas.

97. Em cada momento de silêncio, ouça a voz da serenidade que há em você (Fabrício Silva Costa).

Nos momentos de quietude e introspecção, encontramos a voz suave da serenidade que reside em nosso interior. Ouvir essa voz conecta-nos com nossa essência mais profunda, trazendo clareza, paz e orientação para nossas escolhas e caminhos a seguir.

98. A abundância manifesta-se onde há equilíbrio entre dar e receber (Fabrício Silva Costa).

Esta frase lembra-nos da importância do equilíbrio nas trocas energéticas da vida. Quando estamos em harmonia com o fluxo natural de dar e receber, criamos um ciclo virtuoso de abundância que se manifesta em todas as áreas da nossa existência.

99. Seja a luz que irradia harmonia e atrai prosperidade para sua vida (Fabrício Silva Costa).

Nesta bela mensagem, somos incentivados a ser fontes de luz e positividade no mundo, irradiando harmonia e atraindo para nós mesmos a prosperidade que buscamos. Ao cultivarmos nossa luz interior, somos capazes de iluminar o caminho não apenas para nós, mas também àqueles ao nosso redor.

100. Em cada escolha opte pela paz interior que nutre sua jornada (Fabrício Silva Costa).

Não podemos nos esquecer da importância de priorizar a paz interior em todas as decisões que tomamos ao longo de nossa jornada. Quando escolhemos cultivar a tranquilidade dentro de nós, nutrimos nosso bem-estar emocional e criamos um ambiente interno propício para o crescimento pessoal e a realização dos nossos objetivos.

101. A serenidade é o estado de espírito que permite que a verdadeira prosperidade floresça (Fabrício Silva Costa).

Aqui somos convidados a reconhecer a serenidade como um estado mental fundamental que permite que a verdadeira prosperidade manifeste-se em nossas vidas. Quando cultivamos a serenidade, abrimos espaço para a clareza de pensamento, a criatividade e a capacidade de atrair oportunidades prósperas.

102. Que cada sorriso seu seja reflexo da abundância de amor em seu ser (Fabrício Silva Costa).

Aqui somos inspirados a deixar que cada sorriso que compartilhamos reflita a abundância de amor que habita em nosso ser. Ao irradiarmos amor e positividade com nossos sorrisos, nutrimos nossa própria alma e também tocamos os corações daqueles ao nosso redor com carinho e generosidade.

103. Em cada encontro, compartilhe generosamente a serenidade que carrega com você (Fabrício Silva Costa).

É muito importante compartilharmos a serenidade e a paz interior que cultivamos em nossas interações diárias com os outros. Quando oferecemos generosamente esse estado de espírito tranquilo e acolhedor, inspiramos calma, compaixão e conexão genuína em nossas relações interpessoais.

104. A prosperidade é o fruto do trabalho árduo regado com fé e harmonia interior (Fabrício Silva Costa).

Aqui somos lembrados de que a verdadeira prosperidade é resultado do esforço diligente combinado com fé inabalável e equilíbrio interior. Quando trabalhamos com dedicação, confiança e harmonia em nossas ações, criamos as bases sólidas para colher os frutos prósperos dos nossos esforços.

105. Permita-se viver em plenitude, abraçando a serenidade como sua aliada constante (Fabrício Silva Costa).

Nesta frase somos encorajados a abraçar a serenidade como uma companheira constante em nossa jornada pela vida. Ao permitir-se viver em plenitude e em harmonia consigo mesmo(a) e com o mundo ao seu redor, você abre espaço para experimentar uma existência mais significativa, equilibrada e próspera.

106. A abundância revela-se nos pequenos gestos de gratidão e compaixão diários (Fabrício Silva Costa).

A verdadeira abundância não está apenas nas grandes conquistas, mas também nos pequenos gestos de gratidão e compaixão que praticamos diariamente. Reconhecer e valorizar essas pequenas ações cheias de amor e generosidade leva-nos a abrir espaço para uma vida plena e significativa, em que a riqueza interior manifesta-se de forma genuína.

107. Que sua jornada seja permeada pela harmonia que fortalece sua essência única e divina (Fabrício Silva Costa).

Nesta mensagem inspiradora, somos convidados a buscar a harmonia em nossa jornada, pois é através dela que fortalecemos nossa essência única e divina. Ao cultivarmos o equilíbrio entre o interior e o exterior, conectamo-nos com nossa verdadeira natureza e permitimos que nossa luz interior brilhe com intensidade no mundo ao nosso redor.

108. Em cada desafio descubra a força interior que sustenta sua busca pela prosperidade genuína (Fabrício Silva Costa).

Precisamos acessar nossa força interior em meio aos desafios que encontramos ao longo do caminho em busca da verdadeira prosperidade. Ao confiarmos em nossa capacidade de superação, nutrimos a determinação necessária para seguirmos adiante com fé e coragem, sabendo que somos capazes de alcançar nossos objetivos mais profundos.

109. Seja o reflexo da serenidade em um mundo sedento por paz e equilíbrio verdadeiro (Fabrício Silva Costa).

Nesta frase impactante, somos chamados a ser agentes de serenidade em um mundo que anseia por paz e equilíbrio genuíno. Quando cultivamos e refletimos sobre a serenidade em nossas atitudes, palavras e pensamentos, podemos inspirar positivamente aqueles ao nosso redor e contribuir para a construção de um ambiente mais harmônico e amoroso.

110. A abundância se revela na capacidade de apreciar as pequenas coisas com gratidão sincera no coração (Fabrício Silva Costa).

Aqui somos lembrados de que a verdadeira abundância está enraizada na capacidade de apreciar as pequenas coisas da vida com um coração grato e aberto. Ao reconhecer e valorizar os momentos simples e preciosos que cercam nosso dia a dia, sintonizamos com a energia da gratidão e abrimos espaço para receber mais bênçãos em nossas vidas.

111. Que a prosperidade seja o resultado natural de suas intenções puras e sua conexão com o universo infinito de possibilidades (Fabrício Silva Costa).

Nesta mensagem somos convidados a alinhar nossas intenções com a energia da pureza e conectarmo-nos com o vasto universo de possibilidades ao nosso redor. Quando agimos com sinceridade e integridade, estabelecemos uma conexão poderosa com o fluxo abundante da vida, permitindo que a prosperidade flua naturalmente em direção aos nossos caminhos.

112. Em cada respiração consciente sinta a serenidade preencher cada célula do seu ser, nutrindo-o com paz interior inabalável (Fabrício Silva Costa).

Esta frase poética convida-nos a praticar a consciência plena em cada respiração, permitindo que a serenidade permeie todas as células do nosso ser. Ao nos conectarmos com a calma interior de forma profunda e constante, nutrimos nossa paz interior de maneira inabalável, fortalecendo-nos para enfrentar os desafios da vida com tranquilidade e equilíbrio.

113. A abundância é um estado de espírito alcançado quando reconhecemos que somos parte integrante de toda a riqueza do universo (Fabrício Silva Costa).

Nesta reflexão profunda, somos lembrados de que a verdadeira abundância não se limita às posses materiais, é um estado de espírito que surge quando compreendemos nossa conexão intrínseca com toda a riqueza presente no universo. Ao reconhecermos nossa interligação com a vastidão do cosmos, abrimo-nos para receber e compartilhar os tesouros infinitos que a vida tem a oferecer.

114. Que cada passo dado em direção à harmonia interior seja um lembrete do poder transformador da serenidade em nossas vidas (Fabrício Silva Costa).

Aqui somos lembrados de que devemos caminhar em direção à harmonia interior e do impacto transformador da serenidade em nossas jornadas pessoais. Cada passo rumo ao equilíbrio interno aproxima-nos da manifestação de uma vida mais plena e significativa, em que a paz de espírito torna-se nossa aliada constante.

115. A prosperidade é um eco das escolhas alinhadas com nossa essência mais profunda, refletindo a harmonia presente em nossa jornada (Fabrício Silva Costa).

A prosperidade é um eco das escolhas que estão em sintonia com nossa essência mais autêntica. Quando agimos de acordo com nossos valores e verdades internas, criamos um ambiente propício para o florescimento da harmonia em nosso caminho, permitindo que a abundância manifeste-se naturalmente em nossas vidas.

116. Em cada palavra pronunciada com amor e compaixão encontramos o caminho para uma existência repleta de abundância e serenidade (Fabrício Silva Costa).

As palavras carregadas de amor e compaixão abrem as portas para uma vida repleta de abundância e serenidade. Ao cultivarmos uma comunicação empática e amorosa, construímos relacionamentos significativos e alimentamos um ambiente propício para o crescimento pessoal e coletivo.

117. Que cada manhã desperte em você a consciência da infinita possibilidade de criar uma realidade repleta de harmonia e prosperidade (Fabrício Silva Costa).

Nesta mensagem inspiradora somos convidados a iniciar cada manhã com a consciência desperta para as infinitas possibilidades de criar uma realidade marcada pela harmonia e prosperidade. Ao nutrirmos essa mentalidade positiva e proativa, abrimos espaço para manifestar nossos sonhos mais elevados e construir uma vida repleta de bênçãos e realizações.

118. A serenidade é o portal para acessar a verdadeira essência da vida, em que a abundância revela-se em todas as suas formas mais puras (Fabrício Silva Costa).

A serenidade atua como um portal que nos conecta à essência mais profunda da vida, em que a verdadeira abundância revela-se em sua forma mais pura e autêntica. Quando cultivamos um estado de tranquilidade interior, abrimo-nos para receber as dádivas do universo e vivenciar uma existência plena de significado e gratidão.

119. **Seja o arauto da harmonia e da prosperidade em seu próprio mundo, irradiando luz e amor por onde quer que vá (Fabrício Silva Costa).**

Esta frase lembra-nos da importância de sermos agentes ativos na busca pela harmonia e pela prosperidade em nossas vidas, espalhando positividade e amor em nosso caminho.

120. **A harmonia financeira é fruto do equilíbrio entre receitas e despesas, promovendo uma vida plena e tranquila (Fabrício Silva Costa).**

Aqui destaca-se a importância do equilíbrio financeiro para se alcançar uma vida plena e tranquila, mostrando como a gestão adequada das finanças é essencial.

121. **A prosperidade financeira é o resultado de uma gestão inteligente e consciente dos recursos disponíveis (Fabrício Silva Costa).**

Esta frase ressalta a necessidade de uma gestão inteligente e consciente dos recursos para se alcançar a prosperidade financeira, enfatizando a importância do planejamento financeiro.

122. **Cultivar a harmonia financeira é investir no bem-estar presente e futuro de nós mesmos e daqueles que amamos (Fabrício Silva Costa).**

Investir na harmonia financeira não se resume apenas a equilibrar as contas, mas também cuidar do bem-estar de nossa existência atual e futura, proporcionando segurança e tranquilidade para nós mesmos e para aqueles que amamos.

123. **A prosperidade financeira floresce quando plantamos as sementes da disciplina, da organização e da perseverança (Fabrício Silva Costa).**

Assim como uma planta floresce com o cuidado adequado, a prosperidade financeira manifesta-se quando cultivamos a disciplina, a organização e a perseverança em nossas práticas financeiras, colhendo os frutos de nossos esforços com sabedoria.

124. A harmonia financeira é a melodia que embala nossas escolhas e guia-nos rumo a uma vida plena e realizada (Fabrício Silva Costa).

A harmonia financeira atua como uma melodia suave que envolve nossas decisões, orientando-nos em direção a uma vida plena e realizada, em que equilíbrio e sabedoria entrelaçam-se para construírem um futuro próspero.

125. A prosperidade financeira é fruto do trabalho árduo, da inteligência e da visão estratégica na gestão de recursos (Fabrício Silva Costa).

A prosperidade financeira não surge por acaso. Ela é o resultado do trabalho árduo, da inteligência aplicada e da visão estratégica na administração eficaz dos recursos disponíveis, criando um caminho sólido rumo ao sucesso financeiro.

126. A harmonia financeira conduz-nos a um estado de paz interior e à estabilidade econômica, fortalecendo nossa jornada rumo à realização de sonhos (Fabrício Silva Costa).

Ao trilharmos o caminho da harmonia financeira somos levados a um estado de serenidade interior e à estabilidade econômica, fortalecendo nossa jornada em direção à concretização de nossos mais profundos sonhos e aspirações.

127. A prosperidade financeira é um reflexo do cuidado e da atenção dedicados ao planejamento e à execução de metas e objetivos financeiros (Fabrício Silva Costa).

Esta frase ressalta a importância do planejamento financeiro e da dedicação na busca por metas e objetivos financeiros, demonstrando como a prosperidade é resultado do cuidado e da atenção constantes nesse processo.

128. A harmonia financeira é a sinfonia que ecoa em nossas vidas, trazendo equilíbrio, segurança e serenidade (Fabrício Silva Costa).

Aqui, a harmonia financeira é comparada a uma sinfonia que toca em nossas vidas e proporciona-nos equilíbrio, segurança e serenidade, mostrando como a organização financeira pode impactar positivamente nosso bem-estar.

129. A prosperidade financeira é o resultado da conexão entre mente, coração e ação, alinhando nossos valores e objetivos financeiros (Fabrício Silva Costa).

É muito importante alinharmos nossos valores e objetivos financeiros a nossas ações, pois a prosperidade surge quando há uma conexão verdadeira entre mente, coração e decisões financeiras.

130. A harmonia financeira ensina-nos a valorizar cada centavo, cada conquista e cada aprendizado ao longo da nossa jornada financeira (Fabrício Silva Costa).

Nesse contexto, a harmonia financeira é apresentada como uma professora que nos ensina a valorizar não apenas o dinheiro em si, mas também cada passo dado, cada conquista alcançada e cada aprendizado adquirido ao longo da nossa trajetória financeira.

131. A prosperidade financeira é a recompensa da sabedoria financeira, da resiliência e da capacidade de adaptação diante dos desafios econômicos (Fabrício Silva Costa).

Esta frase realça como a prosperidade financeira é conquistada por meio da sabedoria nas finanças, da resiliência perante as adversidades e da capacidade de adaptarmo-nos diante dos desafios econômicos, evidenciando que o sucesso financeiro requer habilidades diversas além do mero acúmulo de recursos.

132. A harmonia financeira é a arte de viver em equilíbrio com o dinheiro, cultivando uma relação saudável e consciente com as finanças (Fabrício Silva Costa).

A harmonia financeira trata-se da arte de manter uma relação saudável com o dinheiro, sendo importante que essa relação seja consciente e positiva para garantir estabilidade e bem-estar financeiro.

133. A prosperidade financeira é fruto da ação deliberada, do planejamento estratégico e da disciplina na gestão de recursos financeiros (Fabrício Silva Costa).

Esta afirmação ressalta que a prosperidade financeira não é um acaso, mas o resultado de ações intencionais, planejamento estratégico e disciplina na administração dos recursos financeiros, o que demonstra que o sucesso financeiro requer esforço e comprometimento.

134. A harmonia financeira convida-nos a dançar ao ritmo da abundância, da gratidão e da responsabilidade no manejo de nossos recursos (Fabrício Silva Costa).

Aqui é dito que a harmonia financeira traz-nos um convite para dançarmos ao ritmo da abundância, da gratidão e da responsabilidade no manejo dos nossos recursos, destacando a importância de cultivar uma relação positiva e equilibrada com o dinheiro.

135. A prosperidade financeira é a consequência natural de uma mentalidade próspera, que atrai oportunidades e realizações financeiras (Fabrício Silva Costa).

A nossa mentalidade desempenha um papel fundamental na conquista da prosperidade financeira. Uma mentalidade próspera tem o poder de atrair oportunidades e realizações no campo das finanças.

136. A harmonia financeira é o resultado da integração entre valores, metas e ações alinhados à nossa visão de futuro financeiro (Fabrício Silva Costa).

A harmonia financeira é o resultado da integração entre nossos valores pessoais, nossas metas financeiras e nossas ações à nossa visão de futuro econômico, sendo importante a consistência entre esses elementos.

137. A prosperidade financeira é o tesouro conquistado pela persistência, pela determinação e pela visão em longo prazo na gestão financeira (Fabrício Silva Costa).

Nesta afirmação, a prosperidade financeira é comparada a um tesouro conquistado por meio da persistência, da determinação e da visão em longo prazo na administração das finanças, evidenciando que alcançar o sucesso financeiro requer comprometimento contínuo.

138. A harmonia financeira ensina-nos a respeitar o fluxo do dinheiro, a honrar cada conquista e a celebrar cada passo em direção à prosperidade (Fabrício Silva Costa).

A harmonia financeira ensina-nos a respeitar o fluxo do dinheiro, a valorizar cada conquista alcançada e a celebrar cada progresso em direção à prosperidade, ressaltando a importância do equilíbrio emocional na jornada financeira.

139. A prosperidade financeira é fruto da sabedoria financeira, da educação financeira e do comprometimento com nossos objetivos econômicos (Fabrício Silva Costa).

Nesta afirmação destaca-se que para alcançarmos a prosperidade material é essencial ter conhecimento e habilidades financeiras, bem como se comprometer com os objetivos econômicos estabelecidos. A sabedoria financeira envolve tomar decisões inteligentes em relação ao dinheiro, enquanto a educação financeira é fundamental para compreender como gerenciar eficazmente os recursos financeiros. O comprometimento com os objetivos econômicos demonstra a determinação e a disciplina necessárias para alcançar a estabilidade e o sucesso financeiro. Ou seja, é importante cultivar conhecimento, habilidades e comprometimento no âmbito financeiro para colher os frutos da prosperidade econômica.

140. A harmonia financeira é o caminho que nos conduz a uma vida plena, equilibrada e abundante em todas as áreas da nossa existência (Fabrício Silva Costa).

Aqui, a harmonia financeira é retratada como um caminho que nos leva a uma vida plena, equilibrada e abundante em todos os aspectos da nossa existência. Para isso, é preciso manter um equilíbrio saudável nas finanças.

141. A prosperidade financeira é a manifestação externa de uma relação interna saudável e equilibrada com o dinheiro e a riqueza (Fabrício Silva Costa).

A prosperidade financeira é aqui descrita como o reflexo externo de uma relação interna saudável e equilibrada com o dinheiro e a riqueza, sendo primordial cultivar uma mentalidade positiva em relação às finanças para manifestar prosperidade no mundo material.

142. A harmonia financeira é o resultado da integração entre mente, coração e ação na busca por uma vida financeira sustentável e próspera (Fabrício Silva Costa).

A harmonia financeira é o resultado da integração entre mente, coração e ação para alcançarmos uma vida financeira sustentável e próspera, sendo importante alinhar pensamentos, sentimentos e comportamentos para se atingir estabilidade financeira.

143. A prosperidade financeira é a expressão de nossa capacidade de gerar valor, de criar oportunidades e de prosperar no mundo dos negócios (Fabrício Silva Costa).

Nesta frase, a prosperidade financeira é descrita como a expressão de nossa habilidade em gerar valor, criar oportunidades e prosperar no ambiente empresarial, sendo importantes o empreendedorismo e a criação de valor para alcançar o sucesso financeiro.

144. A confluência entre a prudência nas aplicações financeiras e o equilíbrio emocional é um caminho para a prosperidade duradoura (Fabrício Silva Costa).

Aqui é destacado como o equilíbrio entre a prudência nas decisões financeiras e a estabilidade emocional é um caminho para conquistarmos prosperidade duradoura, sendo importante tomar decisões financeiras conscientes e manter o equilíbrio emocional para garantir estabilidade financeira em longo prazo.

145. A sabedoria de investir com perspicácia e cultivar a serenidade interior são pilares indissociáveis para uma vida plena (Fabrício Silva Costa).

É imprescindível equilibrar a inteligência financeira com o bem-estar emocional para se alcançar uma vida plena e satisfatória.

146. Nas oscilações do mercado e das emoções, encontrar estabilidade requer discernimento e autodomínio (Fabrício Silva Costa).

Aqui, ressalta-se a relevância de mantermos equilíbrio emocional e controle sobre nós mesmos diante das flutuações do mercado e das emoções para alcançarmos estabilidade.

147. O cuidado com os recursos financeiros deve ser acompanhado pela atenção à saúde mental e à saúde emocional (Fabrício Silva Costa).

É necessário haver uma conexão entre a gestão financeira responsável e o cuidado com a saúde mental e a saúde emocional para se ter uma vida equilibrada.

148. Em cada transação financeira há uma oportunidade de crescimento não apenas patrimonial, mas também interior (Fabrício Silva Costa).

Cada transação financeira pode ser uma oportunidade não apenas de crescimento material, mas também de crescimento pessoal e autoconhecimento.

149. A jornada do investidor consciente entrelaça-se com a jornada de quem busca bem-estar emocional, ambas exigindo disciplina e autoconhecimento (Fabrício Silva Costa).

É preciso alinhar a busca por sucesso financeiro ao cuidado com o bem-estar emocional, sendo imprescindível ter disciplina e desenvolver o autoconhecimento nessa jornada.

150. **No horizonte dos investimentos e das emoções, a clareza de propósito é o farol que nos guia rumo ao sucesso integral (Fabrício Silva Costa).**

Aqui é enfatizada a importância de se ter um propósito claro e definido nos investimentos e na vida emocional como guia para se alcançar o sucesso de forma integral.

151. **Os rendimentos financeiros podem trazer conforto material, mas é a riqueza emocional que nutre a alma e fortalece o espírito (Fabrício Silva Costa).**

Apesar da importância dos rendimentos financeiros, a verdadeira riqueza está em uma alma nutrida e no fortalecimento do espírito através da riqueza emocional.

152. **Em meio às incertezas do mercado e das emoções, a resiliência revela-se como a chave-mestra da prosperidade sustentável (Fabrício Silva Costa).**

A resiliência é fundamental para lidarmos com as incertezas do mercado e das emoções, sendo essencial para alcançarmos uma prosperidade sustentável.

153. **A construção de um patrimônio sólido inicia-se na solidez emocional e na clareza mental do investidor visionário (Fabrício Silva Costa).**

A base para construir um patrimônio robusto está na solidez emocional e na clareza mental do investidor visionário.

154. Os altos e baixos dos investimentos ecoam nos altos e baixos das emoções humanas, exigindo equilíbrio e discernimento para navegá-los com maestria (Fabrício Silva Costa).

Aqui destaca-se a analogia entre os altos e baixos dos investimentos e das emoções humanas, ressaltando a importância do equilíbrio e do discernimento para lidar sabiamente com ambos.

155. Cada escolha financeira reflete não apenas um cálculo racional, mas também uma expressão dos nossos anseios mais profundos e da nossa saúde emocional subjacente (Fabrício Silva Costa).

As escolhas financeiras vão além do aspecto racional, refletindo também nossos desejos mais profundos e a saúde emocional que está por trás delas.

156. O verdadeiro sucesso nas finanças não reside apenas na multiplicação do capital, mas na multiplicação do bem-estar interior que permeia cada decisão tomada com sabedoria e discernimento (Fabrício Silva Costa).

O sucesso financeiro não se resume apenas a acumular capital, mas também à busca pelo bem-estar interior, refletido nas decisões tomadas com sapiência e bom senso.

157. O investidor prudente compreende que a verdadeira riqueza está na harmonia entre o saldo da conta bancária e o saldo da paz interior que permeia suas escolhas diárias (Fabrício Silva Costa).

A verdadeira riqueza está na harmonia entre o sucesso financeiro e a paz interior, refletida nas escolhas diárias do investidor prudente.

158. No intricado jogo dos investimentos e das emoções, o verdadeiro vencedor é aquele que conquista não apenas lucros materiais, mas também uma tranquilidade inabalável, que emana de sua saúde emocional cultivada com esmero (Fabrício Silva Costa).

O verdadeiro vencedor não é apenas aquele que conquista lucros materiais. Ele também é aquele que alcança uma tranquilidade inabalável proveniente de uma saúde emocional cuidadosamente cultivada. Isso ressalta a importância de equilibrar os aspectos financeiros com a estabilidade emocional para se alcançar um verdadeiro sucesso.

159. A confluência das riquezas material e espiritual revela a verdadeira essência da prosperidade holística (Fabrício Silva Costa).

A verdadeira prosperidade vai além dos bens materiais, abrangendo também a riqueza espiritual. Essa visão holística da prosperidade engloba tanto os aspectos materiais quanto os aspectos emocionais e espirituais.

160. Os bens tangíveis são apenas um reflexo superficial da verdadeira opulência que reside na paz interior e na saúde emocional (Fabrício Silva Costa).

Os bens materiais são apenas uma manifestação superficial da verdadeira riqueza, que está enraizada na paz interior e na estabilidade emocional. Essa perspectiva ressalta a importância de se valorizar o equilíbrio emocional acima das conquistas materiais.

161. O sucesso genuíno é alcançado não apenas acumulando riquezas materiais, mas também cultivando um equilíbrio emocional resiliente (Fabrício Silva Costa).

Aqui é reforçada a ideia de que o verdadeiro sucesso não se resume apenas a acumular bens materiais, ele também envolve o cultivo de uma resiliência emocional.

162. Na jornada rumo à abundância é essencial não apenas conquistar bens materiais, mas também preservar a integridade da saúde emocional (Fabrício Silva Costa).

Nesta frase ressalto que ao buscar a abundância é crucial não apenas buscar conquistas materiais, mas também preservar a integridade da saúde emocional ao longo do caminho.

163. A verdadeira riqueza está na capacidade de sentir gratidão pelas pequenas bênçãos da vida, nutrindo, assim, a saúde emocional e o sucesso duradouro (Fabrício Silva Costa).

A verdadeira riqueza não está apenas nos bens materiais, mas também na habilidade de reconhecer e apreciar as pequenas dádivas do cotidiano. Ao sermos gratos, fortalecemos nossa saúde emocional e abrimos caminho para um sucesso genuíno e duradouro.

164. A busca por bens materiais deve estar em harmonia com o cultivo de relacionamentos saudáveis e uma mente equilibrada para se alcançar a plenitude almejada (Fabrício Silva Costa).

É importante balancear a busca por conquistas materiais com o cuidado dos relacionamentos interpessoais e o cultivo de uma mente equilibrada. A plenitude só é alcançada quando buscamos também relacionamentos saudáveis e equilíbrio mental e não só bens materiais.

165. O caminho para o sucesso autêntico passa pela compreensão de que a verdadeira riqueza reside na abundância de amor, saúde e realizações emocionais significativas (Fabrício Silva Costa).

O verdadeiro caminho para o sucesso não se restringe a acumular bens materiais. É preciso compreender que a verdadeira riqueza está na abundância de amor, saúde e conquistas emocionais significativas. Essa perspectiva ampla da riqueza enfatiza a importância do bem-estar emocional e das relações interpessoais como elementos essenciais para uma vida plena.

166. Os bens terrenos podem trazer conforto passageiro, mas é a riqueza interior que sustenta a felicidade duradoura e a saúde emocional estável (Fabrício Silva Costa).

Os bens terrenos trazem um conforto efêmero, porém é a riqueza interior que assegura a felicidade duradoura e a estabilidade emocional. A verdadeira plenitude reside na capacidade de nutrirmos a alma com valores intrínsecos, transcendendo as posses materiais passageiras. Cultivar a riqueza emocional é construir alicerces sólidos para enfrentarmos as adversidades da vida com serenidade e gratidão, encontrando a verdadeira essência da felicidade.

167. O sucesso material sem equilíbrio emocional é como um castelo construído na areia, vulnerável às marés turbulentas da vida (Fabrício Silva Costa).

O sucesso material desprovido de equilíbrio emocional assemelha-se a um castelo edificado na areia, vulnerável às intempéries e às turbulências da existência. A solidez e a durabilidade de nossas conquistas materiais estão intrinsecamente ligadas ao equilíbrio e à resiliência de nosso mundo interior. A estabilidade emocional é como uma fortaleza inabalável que protege nossas realizações de desmoronarem diante dos contratempos, garantindo um caminho seguro em meio às incertezas da vida.

168. A verdadeira prosperidade manifesta-se quando a busca por riqueza material entrelaça-se com o cuidado atencioso pela saúde emocional e pelo bem-estar integral (Fabrício Silva Costa).

A verdadeira prosperidade revela-se quando a busca por riquezas materiais entrelaça-se harmoniosamente com o zelo pela saúde emocional e pelo bem-estar integral. As plenitudes financeiras e emocionais caminham de mãos dadas, formando um ciclo virtuoso de abundância e conformidade. Priorizar o equilíbrio entre o ter e o ser conduz-nos a uma existência enriquecedora, em que a felicidade genuína floresce a partir da integridade entre o material e o emocional.

169. Acumular bens sem preservar a saúde mental e a saúde emocional é como erguer um império sobre ruínas frágeis prestes a desabar (Fabrício Silva Costa).

Acumular bens sem preservar as saúdes mental e emocional assemelha-se a erguer um império sobre ruínas frágeis prestes a desabar. A solidez de nossas conquistas materiais depende da estabilidade e da integridade do nosso mundo interior. Cuidar da saúde emocional é como fortalecer os alicerces de nossa existência, garantindo a sustentabilidade e a longevidade das nossas realizações enquanto preservamos a essência da nossa verdadeira riqueza, que reside na paz e no equilíbrio interno.

170. O êxito pleno não se resume à conquista de bens materiais, mas à conquista de uma mente tranquila e um coração pleno de amor e gratidão (Fabrício Silva Costa).

O êxito pleno transcende a mera obtenção de bens materiais, residindo na conquista de uma mente serena e um coração transbordante de amor e gratidão. A verdadeira prosperidade emerge da harmonia entre a abundância externa e a plenitude interna, em que a tranquilidade e o apreço pelas pequenas alegrias da vida tornam-se os verdadeiros pilares do sucesso. Cultivar a gratidão e nutrir o amor dentro de si é abrir as portas para uma existência repleta de significado e felicidade genuína.

171. A verdadeira riqueza não se mede apenas pelos bens tangíveis, mas também pela paz interior que transcende os altos e baixos da fortuna material (Fabrício Silva Costa).

A verdadeira riqueza vai além dos bens tangíveis, revelando-se na paz interior que vai além dos altos e baixos da fortuna material. A verdadeira prosperidade manifesta-se na capacidade de encontrar contentamento e equilíbrio mesmo em meio às circunstâncias adversas, refletindo a riqueza emocional que sustenta a alma. Valorizar a paz interior como uma fonte inesgotável de verdadeira riqueza guia-nos para uma jornada de plenitude e bem-estar duradouros.

172. O sucesso autêntico é construído sobre alicerces sólidos de valores internos, relacionamentos saudáveis e uma saúde emocional resiliente diante dos desafios da vida (Fabrício Silva Costa).

O sucesso genuíno é construído sobre alicerces robustos de valores internos, relacionamentos saudáveis e uma saúde emocional resiliente diante dos desafios da vida. A verdadeira grandeza não é medida apenas por conquistas materiais, mas também pela integridade, pela empatia e pela resiliência que permeiam nossas ações e escolhas. Investir na construção de um eu autêntico e equilibrado conduz-nos a uma jornada de sucesso verdadeiro, em que a essência de quem somos reflete-se em cada conquista alcançada.

173. No palco da existência, o verdadeiro protagonista não é quem acumula mais bens ou ostenta mais sucessos, mas aquele que cultiva uma riqueza interior inabalável e uma saúde emocional radiante em meio às adversidades do mundo exterior (Fabrício Silva Costa).

A verdadeira grandiosidade revela-se na capacidade de manter a luz interior acesa mesmo nos momentos de escuridão, irradiando compaixão, esperança e amor em meio às tempestades da vida. Ser o protagonista da nossa própria jornada implica em nutrir o mundo interno com virtudes que transcendem as aparências, tornando-nos verdadeiramente prósperos e plenos.

174. A conquista do sucesso financeiro exige disciplina, determinação e perseverança para se garantir uma vida plena de realizações (Fabrício Silva Costa).

Nesta frase ressalto a importância de qualidades fundamentais para se alcançar o sucesso financeiro. A disciplina é essencial para manter um planejamento financeiro sólido, evitando gastos impulsivos e garantindo que metas sejam atingidas. A determinação impulsiona a busca por oportunidades, o aprendizado contínuo e a superação de desafios. Já a perseverança é o que mantém a pessoa focada mesmo diante de obstáculos, falhas e momentos difíceis.

175. A habilidade financeira é o segredo para se alcançar a estabilidade econômica e desfrutar de todas as benesses que a vida pode oferecer (Fabrício Silva Costa).

O conhecimento e a prática de boas práticas financeiras são fundamentais para garantir uma base sólida em termos econômicos. Ter habilidades financeiras significa saber como gerir o dinheiro de forma inteligente, investir com consciência e planejar o futuro com responsabilidade. Essa base sólida não apenas proporciona estabilidade econômica, mas também abre portas para se desfrutar das oportunidades e experiências que a vida oferece.

176. Investir em conhecimento financeiro é o caminho certo para garantir um futuro próspero e uma vida plena de conquistas (Fabrício Silva Costa).

Aqui ressalta-se o valor de se investir em conhecimento financeiro para construir um futuro promissor e repleto de realizações. Ao se educar sobre finanças pessoais, investimentos, planejamento tributário e outros aspectos do mundo financeiro, a pessoa adquire as ferramentas necessárias para tomar decisões estratégicas em relação ao seu dinheiro. Esse aprendizado contínuo abre portas para oportunidades de crescimento e proporciona segurança e tranquilidade em relação ao futuro.

177. A educação financeira é a base para se alcançar o sucesso financeiro e se desfrutar de uma vida plena de realizações pessoais e profissionais (Fabrício Silva Costa).

A educação financeira é fundamental para se alcançar o sucesso material e promover o crescimento pessoal e profissional. Ao compreender conceitos como orçamento, investimentos, dívidas e planejamento financeiro, uma pessoa capacita-se a tomar decisões conscientes que impactam não só sua situação econômica, mas também sua qualidade de vida como um todo. A educação financeira proporciona autonomia, segurança e liberdade para se perseguir objetivos pessoais e profissionais com mais confiança.

178. O sucesso financeiro está diretamente ligado à capacidade de gerir bem o dinheiro e investi-lo de forma inteligente para se obter uma vida plena e próspera (Fabrício Silva Costa).

A gestão eficiente do dinheiro e dos investimentos são pilares essenciais para se conquistar prosperidade financeira. Gerir bem o dinheiro envolve não apenas controlar gastos e manter um orçamento equilibrado, mas também saber como fazer seu dinheiro trabalhar a seu favor por meio de investimentos inteligentes. Essa abordagem estratégica abre portas para oportunidades de crescimento patrimonial e contribui para uma vida mais próspera e segura em longo prazo.

179. A prosperidade financeira é fruto de um planejamento sólido e de uma disciplina financeira que garantem uma vida plena de realizações e felicidade (Fabrício Silva Costa).

É importante ressaltar que a prosperidade financeira vai muito além de simplesmente ter dinheiro. Ela está intrinsecamente ligada a um planejamento sólido e a uma disciplina financeira bem-estabelecida. O ato de planejar as finanças pessoais ajuda a alcançar metas em curto e longo prazos e proporciona a sensação de controle e segurança em relação ao futuro. A disciplina financeira, por sua vez, envolve hábitos saudáveis de consumo, economia e investimento, que contribuem significativamente para a construção de um patrimônio duradouro.

180. A independência financeira é o resultado de uma gestão eficiente dos recursos e do desenvolvimento de habilidades financeiras que garantem uma vida plena de liberdade e autonomia (Fabrício Silva Costa).

A independência financeira é um objetivo almejado por muitas pessoas, e com razão. Ela representa a capacidade de sustentar o próprio estilo de vida sem depender exclusivamente de fontes externas de renda. Para se alcançar essa independência é fundamental desenvolver habilidades financeiras sólidas e gerir de forma eficiente os recursos disponíveis. Essas habilidades viabilizam a conquista da liberdade e da autonomia financeira e permitem tomar decisões mais conscientes e alinhadas aos objetivos pessoais.

181. A riqueza material é apenas uma parte do sucesso financeiro. O verdadeiro êxito está em desfrutar de uma vida plena de significado, propósito e felicidade (Fabrício Silva Costa).

A riqueza material não pode ser o único indicador de sucesso financeiro. A verdadeira plenitude está em encontrar significado, propósito e felicidade nas conquistas e nas experiências vividas ao longo da jornada financeira. A busca incessante por acumular bens materiais pode levar à insatisfação e à sensação de vazio, enquanto o foco em valores mais profundos e intangíveis tende a proporcionar uma sensação duradoura de realização e contentamento.

182. A sabedoria financeira é essencial para se alcançar o sucesso econômico e desfrutar de uma vida plena de realizações pessoais, familiares e profissionais (Fabrício Silva Costa).

Aqui é destacada a importância da sabedoria financeira como um pilar fundamental para se atingir o sucesso econômico em todas as esferas da vida. A capacidade de gerir recursos com inteligência e responsabilidade não apenas impacta diretamente na estabilidade financeira individual, como também influencia positivamente as relações pessoais, familiares e profissionais. A sabedoria financeira engloba conhecimentos técnicos sobre dinheiro e valores como ética, sustentabilidade e equilíbrio na busca por uma vida plena e significativa.

183. As escolhas financeiras que fazemos hoje são determinantes para o nosso futuro e para uma vida plena de prosperidade e bem-estar (Fabrício Silva Costa).

Podemos refletir sobre a importância das escolhas financeiras no presente e seu impacto no futuro. Cada decisão que tomamos em relação ao dinheiro, seja em termos de gastos, investimentos ou economias, molda a nossa situação financeira em curto prazo e também em longo prazo. Ao priorizarmos escolhas conscientes e alinhadas aos nossos objetivos financeiros, pavimentamos o caminho para uma vida repleta de prosperidade e bem-estar, construindo bases sólidas para o futuro.

184. O equilíbrio entre ganhos e gastos é fundamental para se alcançar o sucesso financeiro e desfrutar de uma vida plena de conforto e tranquilidade (Fabrício Silva Costa).

O equilíbrio entre ganhos e gastos é um pilar fundamental para se alcançar o sucesso financeiro. Manter esse equilíbrio não se trata apenas de controlar despesas, mas também de buscar formas de aumentar as fontes de renda de maneira sustentável. Essa harmonia financeira contribui para a conquista de conforto material e para a tranquilidade emocional de saber que as finanças estão sob controle, permitindo-se desfrutar de uma vida plena com mais segurança e estabilidade.

185. A inteligência financeira é a chave para uma vida plena de segurança, estabilidade e abundâncias material e emocional (Fabrício Silva Costa).

A inteligência financeira é a chave para uma existência repleta de segurança, estabilidade e abundância tanto material quanto emocional. Ter inteligência financeira vai além do simples conhecimento sobre dinheiro; envolve habilidades práticas na gestão dos recursos disponíveis, na tomada de decisões conscientes e na busca por oportunidades que promovam crescimento financeiro e bem-estar pessoal.

Cultivar essa inteligência é essencial para criar as bases de uma vida plena e próspera em todos os aspectos.

186. O sucesso financeiro não se resume apenas à quantidade de dinheiro que se acumula, mas à qualidade de vida que se proporciona e uma vida plena de felicidade e realização (Fabrício Silva Costa).

O sucesso financeiro não pode ser reduzido apenas a acumular riquezas materiais. A verdadeira essência do êxito está na qualidade de vida que somos capazes de proporcionar a nós mesmos e aos que nos rodeiam. Buscar um equilíbrio saudável entre recursos financeiros e aspectos emocionais, sociais e espirituais é fundamental para se vivenciar uma vida plena de felicidade, realização e propósito genuíno.

187. A gestão financeira eficiente é o pilar para garantir a sustentabilidade do sucesso econômico e desfrutar de uma vida plena de prosperidade e bem-estar (Fabrício Silva Costa).

A gestão financeira eficiente é o esteio para garantir a sustentabilidade do sucesso econômico em longo prazo. Uma gestão sólida envolve o controle adequado das finanças pessoais e a capacidade de planejar estrategicamente, investir com sabedoria e adaptar-se às mudanças do cenário econômico. Quando priorizamos uma gestão financeira eficiente, construímos as bases necessárias para desfrutarmos de uma vida plena de prosperidade e bem-estar duradouros.

188. A abundância financeira é uma consequência natural de uma mentalidade próspera e da prática de habilidades financeiras que garantem uma vida plena de realizações e felicidade (**Fabrício Silva Costa).**

Podemos destacar a relação entre uma mentalidade próspera e a abundância financeira. De fato, a maneira como pensamos e encaramos as questões financeiras desempenha um papel crucial em nossa jornada de prosperidade. Ao cultivarmos uma mentalidade positiva, focada em crescimento, aprendizado e abundância, ficamos mais propensos a adotar práticas financeiras saudáveis que nos conduzem a uma vida plena de realizações e felicidade. A conexão entre mente e dinheiro é poderosa, e ao combinarmos uma mentalidade próspera com habilidades financeiras sólidas abrimos caminho para conquistas significativas.

189. A educação financeira é a chave-mestra para abrir as portas do sucesso econômico e desfrutar de uma vida plena de oportunidades, conquistas e alegrias (Fabrício Silva Costa).

A educação financeira não se limita apenas ao conhecimento teórico sobre dinheiro. Ela também engloba a capacidade de aplicar esse conhecimento na prática, tomando decisões conscientes e estratégicas em relação às finanças pessoais. Quando investimos na nossa educação financeira, capacitamo-nos para gerir melhor nossos recursos, ampliar nossas possibilidades e construir um futuro financeiramente saudável repleto de realizações.

190. A capacidade de investir de forma sábia e estratégica é o diferencial para se alcançar o sucesso financeiro e desfrutar de uma vida plena de conforto, segurança e prosperidade (Fabrício Silva Costa).

Saber direcionar recursos para oportunidades que tragam retorno sustentável é essencial para a construção de um patrimônio sólido e garantir conforto, segurança e prosperidade ao longo do tempo. A capacidade de investir com discernimento envolve conhecimento do mercado financeiro, planejamento cuidadoso e análise criteriosa das opções disponíveis. Ao desenvolver essa habilidade, abrimos portas para uma vida estável financeiramente para o bem-estar duradouro.

191. A liberdade financeira é o sonho de muitos, mas apenas aqueles que desenvolvem habilidades financeiras e praticam uma gestão eficiente do dinheiro conseguem alcançá-la e desfrutar de uma vida plena de autonomia e felicidade (Fabrício Silva Costa).

A liberdade financeira representa a ausência de preocupações relacionadas ao dinheiro e a capacidade de fazer escolhas com autonomia e viver de acordo com nossos valores e objetivos pessoais. Aqueles que se dedicam a desenvolver habilidades financeiras sólidas e adotam práticas de gestão eficiente estão mais aptos a conquistarem essa liberdade tão almejada, desfrutando de uma vida plena repleta de autonomia e felicidade genuína.

192. O sucesso financeiro é a recompensa de um esforço contínuo em aprimorar os conhecimentos financeiros e garantir uma vida plena de realizações pessoais e profissionais (Fabrício Silva Costa).

O sucesso financeiro é uma recompensa proveniente do esforço contínuo em aprimorar nossos conhecimentos financeiros. Ao investirmos em nossa educação financeira e buscarmos constantemente melhorar nossa compreensão sobre como lidar com o dinheiro, pavimentamos o caminho para uma vida plena de realizações pessoais e profissionais. O sucesso financeiro não surge do dia para a noite; ele é resultado de um processo de aprendizado e crescimento constante, em que cada novo conhecimento adquirido aproxima-nos mais dos nossos objetivos financeiros, permitindo-nos desfrutar de uma vida mais próspera.

193. A prestação de contas com o dinheiro e a construção de um futuro financeiro sólido são fundamentais para conquistar o sucesso econômico e desfrutar de uma vida plena de prosperidade e bem-estar (Fabrício Silva Costa).

A prestação de contas e a construção de um futuro financeiro sólido são pilares fundamentais para se conquistar o sucesso econômico. Ao assumirmos a responsabilidade pela nossa situação financeira e tomarmos medidas para garantir a estabilidade e a segurança financeiras em longo prazo, criamos as bases necessárias para desfrutarmos de uma vida plena de prosperidade e bem-estar. A conscientização sobre nossas finanças e o planejamento cuidadoso do nosso futuro financeiro são essenciais para alcançarmos nossos objetivos e vivermos de forma mais tranquila e realizada.

194. A capacidade de fazer escolhas conscientes e responsáveis em relação ao dinheiro é o que diferencia aqueles que alcançam o sucesso financeiro e desfrutam de uma vida plena de felicidade e realização (Fabrício Silva Costa).

Fazer escolhas conscientes e responsáveis em relação ao dinheiro é um diferencial crucial para alcançar o sucesso financeiro. A habilidade de tomar decisões ponderadas e alinhadas aos nossos valores e objetivos financeiros coloca-nos em uma posição favorável para construirmos uma vida plena de felicidade e realização. Ao adotarmos uma postura responsável em relação às nossas finanças, garantimos nosso bem-estar presente e construímos as bases para um futuro financeiramente saudável e próspero.

195. A inteligência financeira é o alicerce para o sucesso econômico e para desfrutar de uma vida plena de conquistas, gratificações e alegrias (Fabrício Silva Costa).

A inteligência financeira engloba não apenas o conhecimento técnico sobre finanças, mas também a capacidade de aplicar esse conhecimento de forma estratégica em busca dos nossos objetivos. Quando desenvolvemos nossa inteligência financeira, fortalecemos a nossa capacidade de tomar decisões acertadas em relação ao dinheiro, potencializando nossas chances de alcançar o sucesso econômico e desfrutar das recompensas que uma vida financeiramente equilibrada pode nos proporcionar.

196. A confiança nas próprias habilidades financeiras é essencial para conquistarmos o sucesso econômico e garantirmos uma vida plena de realizações e felicidade (Fabrício Silva Costa).

Compartilho da ideia de que a confiança em nossas habilidades financeiras é fundamental para sermos bem-sucedidos economicamente e alcançarmos uma vida plena e feliz.

197. A busca constante por conhecimento e aperfeiçoamento financeiro é indispensável para se alcançar o sucesso econômico e desfrutar de uma vida plena de prosperidade e bem-estar (Fabrício Silva Costa).

O aperfeiçoamento financeiro contínuo é essencial para atingirmos o sucesso econômico e desfrutarmos de uma vida próspera e repleta de bem-estar.

198. A prosperidade financeira é resultado de uma mentalidade positiva, da prática de hábitos saudáveis em relação ao dinheiro e da disciplina para alcançarmos o sucesso econômico e garantir uma vida repleta de felicidade e satisfação (Fabrício Silva Costa).

Acredito que a prosperidade financeira e uma vida feliz e satisfatória realmente vêm de uma mentalidade positiva, de disciplina e de hábitos saudáveis em relação ao dinheiro.

199. O sucesso financeiro é reflexo da capacidade de investir de forma inteligente, de poupar com disciplina e de planejar o futuro com sabedoria para garantir uma vida plena de realizações e conquistas (Fabrício Silva Costa).

O sucesso financeiro e uma vida plena de realizações e conquistas estão ligados à habilidade de investir com inteligência, poupar com disciplina e planejar o futuro com sabedoria.

200. A estabilidade financeira é fundamental para a construção de um alicerce sólido e para se desfrutar de uma vida plena de segurança, conforto e tranquilidade (Fabrício Silva Costa).

A estabilidade financeira é essencial para construir as bases sólidas necessárias para se ter uma vida segura, confortável e tranquila.

201. A independência financeira proporciona a liberdade de escolher como viver e de desfrutar de uma vida de autonomia, felicidade e realização pessoal (Fabrício Silva Costa).

Sermos independentes financeiramente proporciona-nos a liberdade de escolhermos como queremos viver e permite-nos desfrutar de uma vida autônoma, feliz e realizada.

202. A sabedoria financeira é o segredo se para alcançar o sucesso econômico e viver uma vida plena de riqueza material e espiritual (Fabrício Silva Costa).

A compreensão e o bom uso do dinheiro garantem estabilidade financeira e contribuem para um sentido mais profundo de realização e propósito na vida.

203. A prosperidade financeira é a recompensa daqueles que cultivam hábitos saudáveis em relação ao dinheiro, investem com inteligência e planejam o futuro com sabedoria para garantirem uma vida plena de realização pessoal e felicidade (Fabrício Silva Costa).

A busca pela prosperidade financeira exige a prática de hábitos saudáveis em relação ao dinheiro, a investimentos inteligentes e ao planejamento cuidadoso para o futuro. Essa visão holística da prosperidade, que inclui realização pessoal e felicidade, é fundamental para uma vida plena e equilibrada.

204. As crenças limitantes são os grilhões invisíveis que aprisionam nossa mente, impedindo-nos de alcançar a plenitude financeira (Fabrício Silva Costa).

De fato, as crenças limitantes representam obstáculos significativos para a plenitude financeira. Reconhecer e superar essas barreiras invisíveis é crucial para alcançarmos o sucesso econômico e desfrutarmos de uma vida abundante em todos os aspectos.

205. A educação financeira emocional é a chave-mestra que nos liberta das amarras das crenças limitantes, abrindo caminho para uma vida de prosperidade e abundância (Fabrício Silva Costa).

A educação financeira emocional é um aspecto frequentemente subestimado, mas crucial para se alcançar a verdadeira prosperidade. Compreender e lidar com as emoções relacionadas ao dinheiro é uma das chaves para nos libertarmos das crenças limitantes e abrirmos caminho para uma vida de abundância e realização.

206. Desvendar e transformar crenças limitantes é um ato de coragem e autodescoberta, um passo fundamental rumo à construção de uma base sólida para o sucesso financeiro (Fabrício Silva Costa).

Aqui destaco a importância da coragem e da autodescoberta para se desvendar e transformar crenças limitantes. Reconhecer e superar limitações internas é fundamental para se construir uma base sólida para o sucesso financeiro. É preciso enfrentar essas barreiras com determinação e abrir caminho para novas possibilidades.

207. A educação financeira emocional convida-nos a explorar as profundezas de nossas emoções e crenças, revelando os padrões inconscientes que moldam nossas escolhas financeiras (Fabrício Silva Costa).

Conhecer profundamente nossas emoções e crenças, revelando padrões inconscientes que influenciam nossas escolhas financeiras, é essencial para tomarmos decisões mais conscientes e alinhadas aos nossos objetivos financeiros.

208. Romper com crenças limitantes é um ato de empoderamento e autotransformação, um convite ao crescimento pessoal e à expansão de nossa visão sobre o dinheiro (Fabrício Silva Costa).

Ao questionarmos e superarmos limites autoimpostos, abrimos espaço para o crescimento pessoal e expandimos nossa visão sobre o dinheiro. Trata-se de um convite para evoluirmos e alcançarmos novos patamares em nossa relação com as finanças.

209. A educação financeira emocional ensina-nos a reconhecer, acolher e transformar nossas emoções em relação ao dinheiro, promovendo uma relação saudável e equilibrada com as finanças (Fabrício Silva Costa).

A educação financeira emocional ensina-nos a lidar de forma mais saudável com nossas emoções em relação ao dinheiro. Reconhecer, acolher e transformar esses sentimentos é essencial para estabelecermos uma relação equilibrada com as finanças, promovendo bem-estar e segurança em nossas escolhas financeiras.

210. As crenças limitantes são como sombras que obscurecem nossa visão financeira, impedindo-nos de enxergar as oportunidades e os potenciais que estão ao nosso alcance (Fabrício Silva Costa).

As crenças limitantes atrapalham a nossa visão financeira e nos impedem de enxergarmos novas oportunidades. Superar nossas limitações internas é fundamental para ampliarmos nossa visão e aproveitarmos as possibilidades que levam ao crescimento financeiro e pessoal.

211. A educação financeira emocional é a jornada de autoconhecimento e autotransformação que nos permite desafiar e transcender as crenças que nos limitam, abrindo espaço para novas possibilidades e realizações financeiras (Fabrício Silva Costa).

Aqui ressalto a importância da educação financeira emocional como uma jornada de autoconhecimento e autotransformação. Ao nos desafiarmos a transcender as crenças limitantes que nos aprisionam, abrimos caminho para novas possibilidades e conquistas financeiras. Essa jornada interior permite-nos entendermos melhor nossos padrões de pensamento em relação ao dinheiro e capacita-nos a mudar esses padrões para alcançarmos uma relação mais saudável e próspera com as finanças. É um convite para explorarmos nosso mundo interno e descobrirmos o potencial de crescimento e realização que está além das limitações autoimpostas.

212. Desconstruir crenças limitantes é um ato de liberdade e empoderamento, um convite a romper com os padrões do passado e criar uma nova realidade financeira, baseada na consciência e na autenticidade (Fabrício Silva Costa).

A desconstrução de crenças limitantes é um ato de liberdade e empoderamento. Ao rompermos com os padrões do passado que nos restringem, temos a oportunidade de criarmos uma nova realidade financeira, fundamentada na consciência e na autenticidade. Essa transformação interna liberta-nos das amarras do pensamento limitado e capacita-nos a construirmos uma base sólida para uma vida financeira mais alinhada aos nossos valores e objetivos. É um convite para desafiarmos o *status quo*, abraçarmos a mudança e assumirmos o controle das nossas finanças com confiança e determinação.

213. A educação financeira emocional convida-nos a explorar as raízes de nossas crenças e emoções em relação ao dinheiro, promovendo um diálogo interno profundo e transformador que nos conduz à liberdade financeira (Fabrício Silva Costa).

O mergulho profundo em nosso mundo interno promove um diálogo transformador que nos guia em direção à liberdade financeira. Ao explorarmos as origens dos nossos comportamentos financeiros, somos capazes de compreender melhor nossas motivações, nossos medos e nossas aspirações, permitindo-nos tomar decisões mais conscientes e alinhadas ao bem-estar financeiro em longo prazo. É um convite para uma jornada interior rumo à liberdade e à prosperidade financeira.

214. As crenças limitantes são os grilhões invisíveis que nos mantêm em um ciclo de escassez e limitação, impedindo-nos de manifestarmos a abundância e prosperidade que verdadeiramente merecemos (Fabrício Silva Costa).

As crenças limitantes e negativas sobre dinheiro impedem-nos de alcançar a verdadeira abundância que merecemos. É fundamental reconhecer e superar essas crenças para abrirmos espaço para uma mentalidade mais positiva e próspera em relação às finanças.

215. A educação financeira emocional é o caminho da autodescoberta e da autorrealização, um convite a mergulharmos nas águas profundas da nossa psique financeira para desvendarmos os segredos da nossa relação com o dinheiro (Fabrício Silva Costa).

Esta frase destaca que a educação financeira emocional é um caminho de autodescoberta e autorrealização. Ela leva-nos a explorar profundamente nossa psique financeira, desvendando os segredos por trás da nossa relação com o dinheiro. Esse mergulho interior permite-nos entender melhor nossos padrões de pensamento e comportamento financeiro, abrindo caminho para mudanças significativas e positivas em nossa vida financeira.

216. Transformar crenças limitantes é um ato de coragem e determinação, um compromisso de romper com os padrões do passado e criar uma nova narrativa financeira baseada na confiança e na liberdade (Fabrício Silva Costa).

Ao nos comprometer a romper com os padrões do passado, criamos espaço para uma nova narrativa financeira baseada na confiança e liberdade. Essa transformação interna exige esforço e comprometimento, mas os resultados são profundamente gratificantes, pois nos trazem uma nova visão sobre o dinheiro e as possibilidades financeiras.

217. A educação financeira emocional convoca-nos a olhar para além das aparências e desvendar as camadas mais profundas das nossas crenças e emoções em relação ao dinheiro, possibilitando uma transformação genuína e duradoura em nossa vida financeira (Fabrício Silva Costa).

A educação financeira emocional é apresentada como um convite para irmos além das aparências superficiais e adentrarmos as camadas mais profundas de nossas crenças e emoções em relação ao dinheiro. Esse processo de autoexploração possibilita uma transformação verdadeira e duradoura em nossa vida financeira e abre espaço para uma relação mais saudável, consciente e empoderada com o dinheiro. É uma jornada rumo à liberdade financeira e ao bem-estar duradouro.

218. As crenças limitantes são as muralhas que se erguem em nosso caminho, impedindo-nos de avançar em direção à realização de nossos sonhos e metas financeiras (Fabrício Silva Costa).

Nesta frase, as crenças limitantes são comparadas a muralhas que bloqueiam nosso caminho rumo à realização de nossos objetivos financeiros. Essas barreiras internas impedem-nos de avançar e prosperar financeiramente. Reconhecer e superar essas muralhas é essencial para abrirmos novos caminhos em nossa vida financeira.

219. A educação financeira emocional é a jornada de autoconhecimento e autotransformação que nos chama a explorar as raízes de nossas crenças e emoções em relação ao dinheiro, possibilitando uma mudança profunda e positiva em nossa relação com as finanças (Fabrício Silva Costa).

A educação financeira emocional é trata-se de uma jornada de autoconhecimento e autotransformação. Ela convida-nos a explorarmos profundamente as raízes das nossas crenças e emoções sobre o dinheiro, trazendo uma mudança significativa e positiva em nossa relação com as finanças. Esse mergulho interior pode revelar aspectos importantes de nossa psique financeira, capacitando-nos a fazer escolhas mais conscientes e saudáveis.

220. Desafiar crenças limitantes é um ato de libertação e empoderamento, um convite a romper com as correntes do passado e criar uma nova narrativa financeira baseada na abundância e na prosperidade (Fabrício Silva Costa).

Romper com as correntes do passado e criar uma nova narrativa financeira baseada na abundância e na prosperidade requer coragem e determinação. Ao desafiar essas crenças negativas, abrimos espaço para uma mentalidade mais positiva e próspera em relação ao dinheiro, o que nos permite alcançar nosso potencial financeiro pleno.

221. A educação financeira emocional convida-nos a mergulhar nas águas turbulentas de nossas emoções e crenças sobre o dinheiro, desvendando os segredos que moldam nossas escolhas financeiras e impulsionando-nos em direção à liberdade financeira (Fabrício Silva Costa).

Aqui, a educação financeira emocional é vista como um convite para explorarmos as águas turbulentas das nossas emoções e crenças sobre o dinheiro. Ao desvendarmos os segredos que moldam nossas escolhas financeiras, somos impulsionados em direção à liberdade financeira. Esse processo de autoexploração ajuda-nos a compreender melhor nossos padrões financeiros e a tomar decisões mais alinhadas aos nossos objetivos e valores financeiros. É um caminho rumo à autonomia e ao bem-estar financeiro duradouro.

222. Romper com crenças limitantes é um ato de coragem e autenticidade, um compromisso conosco mesmos de transcender os obstáculos internos que nos impedem de viver uma vida financeira plena e abundante (Fabrício Silva Costa).

É preciso coragem para romper com nossas crenças limitantes, verdadeiros obstáculos internos que nos impedem de alcançarmos uma vida financeira plena e abundante. Ao enfrentarmos essas limitações e transcendermos esses padrões negativos, abrimos espaço para uma nova mentalidade financeira baseada na liberdade e na prosperidade

223. A educação financeira emocional chama-nos a explorar as fronteiras de nossa psique financeira, desvendando os mistérios que regem nossa relação com o dinheiro, guiando-nos para uma nova dimensão de consciência e prosperidade (Fabrício Silva Costa).

A educação financeira emocional convida-nos a explorar as fronteiras de nossa psique financeira. Ao desvendar aquilo que influencia nossa relação com o dinheiro, adquirimos uma nova consciência, e esse mergulho nas profundezas das nossas emoções e crenças financeiras pode revelar *insights* valiosos que nos ajudam a transformar nossa abordagem em relação às finanças.

224. Desconstruir crenças limitantes é um ato de renascimento e transformação, um convite a liberar os grilhões do passado e abraçar uma nova narrativa financeira baseada na autenticidade e na integridade (Fabrício Silva Costa).

A desconstrução de crenças limitantes é um ato de renascimento e de transformação, um convite para adotarmos uma nova narrativa financeira, fundamentada na autenticidade e na integridade. Ao deixarmos para trás padrões obsoletos e abraçarmos uma visão mais alinhada a quem realmente somos, criamos uma base sólida para uma relação saudável e próspera com o dinheiro.

225. A educação financeira emocional é o portal que nos conduz ao encontro de nossa verdadeira essência financeira, revelando os tesouros ocultos de nossa psique financeira e capacitando-nos a manifestar a plenitude e a prosperidade que sempre estiveram ao nosso alcance (Fabrício Silva Costa).

Quando revelamos os tesouros ocultos da nossa psique financeira, capacitamo-nos a manifestar plenitude e prosperidade em nossas vidas. Esse processo de autoconhecimento e transformação ajuda-nos a reconhecer nosso potencial financeiro e a agir de acordo com nossos valores mais profundos, permitindo que alcancemos uma vida financeira mais satisfatória e significativa.

226. As crenças limitantes são as sombras que obscurecem a luz de nossa verdadeira natureza financeira, impedindo-nos de brilhar e prosperar na plenitude de nossos potenciais (Fabrício Silva Costa).

Nesta frase as crenças limitantes são comparadas a sombras que obscurecem a luz de nossa verdadeira natureza financeira. Essas crenças negativas limitam nosso potencial e dificultam nosso caminho à prosperidade plena. Ao reconhecermos e superarmos essas sombras, libertamo-nos para alcançarmos todo o nosso brilho e prosperidade financeira.

227. A educação financeira emocional é o catalisador que nos impulsiona a transcender os limites das nossas crenças e emoções em relação ao dinheiro, abrindo caminho para uma nova era de sabedoria financeira e prosperidade autêntica (Fabrício Silva Costa).

Ao abrirmos caminho para uma nova era de sabedoria financeira e prosperidade autêntica, ficamos encorajados a explorar novas perspectivas e a adotar práticas mais saudáveis em relação às finanças.

228. Transformar crenças limitantes são atos de autolibertação e de expansão, um compromisso sagrado de romper com os grilhões que nos aprisionam e abrir espaço para a plenitude e a abundância que sempre estiveram destinadas a nós (Fabrício Silva Costa).

Romper com os grilhões que nos aprisionam financeiramente é um compromisso sagrado que nos leva rumo à plenitude e à abundância que sempre estiveram destinadas a nós. Quando nos libertamos dessas amarras, criamos uma nova realidade financeira baseada na liberdade e na abundância.

229. A educação financeira emocional convida-nos a explorar as profundezas da nossa psique financeira e leva-nos a desvendar os segredos que moldam nossas escolhas e nossos comportamentos em relação ao dinheiro, guiando-nos para uma jornada de autotransformação e prosperidade duradoura (Fabrício Silva Costa).

Ao desvendarmos os segredos que influenciam nossas escolhas e nossos comportamentos em relação ao dinheiro, somos guiados para uma jornada de autotransformação e prosperidade duradoura. Essa exploração profunda das nossas motivações financeiras ajuda-nos a desenvolver uma mentalidade mais saudável sobre o dinheiro e a alcançarmos uma prosperidade sustentável em longo prazo.

230. Desafiar crenças limitantes é um ato de coragem e autenticidade, um compromisso de transcender as limitações internas que nos impedem de acessar todo o potencial e a prosperidade que o universo tem a oferecer (Fabrício Silva Costa).

Destaco que desafiar crenças limitantes é um ato de coragem e autenticidade. Ao superarmos as limitações internas que nos impedem de acessar todo o nosso potencial, abrimo-nos para receber as oportunidades que o universo tem a oferecer. É um convite para sermos autênticos e corajosos na busca por uma vida financeira mais plena e duradoura.

231. A educação financeira emocional chama-nos a explorar as nuances de nossa relação com o dinheiro, desvendando os padrões inconscientes que regem nossas escolhas financeiras e capacitando-nos a cultivar uma nova mentalidade financeira baseada na consciência e na abundância (Fabrício Silva Costa).

Ao desvendar os padrões inconscientes que influenciam nossas escolhas financeiras, passamos a cultivar uma nova mentalidade financeira baseada na consciência e na abundância. Essa abordagem encoraja-nos a desenvolver uma relação mais consciente e saudável com o dinheiro, permitindo-nos tomar decisões financeiras mais alinhadas aos nossos valores e objetivos.

232. Romper com crenças limitantes é um ato de empoderamento e renovação, um convite a transcender os condicionamentos do passado e abrir espaço para uma nova realidade financeira baseada na liberdade e no florescimento pleno de nossos potenciais (Fabrício Silva Costa).

Quando transcendemos os condicionamentos do passado, abrimos espaço para uma nova realidade financeira baseada na liberdade e no desenvolvimento pleno dos nossos potenciais. É um convite para libertarmo-nos das amarras do passado e abraçarmos uma nova perspectiva financeira que nos permita alcançar toda a nossa capacidade e muita prosperidade.

233. A educação financeira emocional é o farol que nos guia pelas tempestades emocionais e mentais em relação ao dinheiro, iluminando o caminho para uma vida financeira equilibrada, plena e próspera (Fabrício Silva Costa).

Nesta afirmação destaco a importância da educação financeira emocional como um guia durante as adversidades emocionais e mentais relacionadas ao dinheiro. Ela ilumina o caminho para uma vida financeira equilibrada, plena e próspera, como se fosse uma bússola que nos orienta, ajudando-nos a tomar decisões mais conscientes e alinhadas aos nossos objetivos financeiros.

234. O pensamento grandioso é a chama que incendeia a mente, iluminando o caminho para a conquista do inalcançável e a materialização de sonhos milionários (Fabrício Silva Costa).

Aqui ressalto o poder do pensamento grandioso como uma chama que incendeia a mente e abre o caminho para conquistas quase impossíveis e sonhos milionários. Ele enfatiza como ter uma visão ampla e ousada pode impulsionar-nos na direção de grandes realizações e motivar-nos a buscar o extraordinário em nossas vidas.

235. Sonhar grande é tecer os fios do impossível, criando uma tapeçaria de possibilidades que só a mente próspera e determinada pode vislumbrar (Fabrício Silva Costa).

Sonhar grande é criar um universo de possibilidades que apenas mentes prósperas e determinadas podem enxergar. Para isso, é fundamental cultivar uma mentalidade de abundância e determinação para tecer um futuro repleto de oportunidades e conquistas extraordinárias.

236. Conquistar o que se pensou é o desafio supremo da mente milionária, que não se contenta com limites e barreiras, lançando-se ao universo em busca de abundância e prosperidade (Fabrício Silva Costa).

Coloco em destaque o desafio da mente milionária: conquistar tudo aquilo que se deseja. Para tal, não podemos nos contentar com limites ou barreiras e lançarmo-nos ao universo em busca de abundância e prosperidade. É um convite para ousarmos sonhar alto e agirmos com determinação na direção dos nossos objetivos financeiros.

237. O pensar grande é o combustível da mente milionária, que incendeia a imaginação e impulsiona a ação em direção aos horizontes vastos da riqueza e da realização pessoal (Fabrício Silva Costa).

É preciso ter uma visão ampla e ambiciosa, que nos motiva a buscar constantemente o crescimento pessoal e financeiro, inspirando-nos a alcançar novos patamares de sucesso e realização.

238. Sonhar grande é desafiar os limites do comum, elevando-se acima das nuvens da mediocridade e vislumbrando um futuro repleto de oportunidades e conquistas grandiosas (Fabrício Silva Costa).

Esta frase incentiva a busca por objetivos extraordinários, o que podemos alcançar estimulando a nossa imaginação e tendo coragem de ir além do convencional na procura por realizações significativas.

239. A conquista do que se pensou é a materialização dos sonhos acalentados pela mente próspera, que acredita no potencial ilimitado do ser humano para criar e manifestar a abundância em todas as áreas da vida (Fabrício Silva Costa).

A conquista do que se pensa é a concretização dos sonhos nutridos por uma mente próspera, que crê no potencial ilimitado do ser humano para alcançar a abundância em todas as áreas da vida. Para isso é importante acreditar no poder da mente em moldar a realidade e conquistar tudo que se deseja com persistência e fé.

240. O pensar grande é o portal que nos conduz às esferas mais altas da realização pessoal, em que a mente milionária encontra seu verdadeiro propósito e vislumbra horizontes inexplorados de prosperidade e sucesso (Fabrício Silva Costa).

Nesta frase, convido a perceber como o pensamento grandioso é o portal que nos leva ao máximo da realização pessoal, quando a mente milionária descobre seu verdadeiro propósito e conjectura novos horizontes de prosperidade e sucesso. Assim, uma visão ampla e ambiciosa ajuda a conduzir-nos a novos patamares de crescimento pessoal e financeiro.

241. Sonhar grande é abrir as asas da imaginação e voar pelos céus da possibilidade, em que a mente próspera encontra seu verdadeiro lar e manifesta a realidade dos sonhos mais audaciosos (Fabrício Silva Costa).

Neste caso, é fundamental permitir-se sonhar alto, expandindo os limites da criatividade e visualizando um futuro repleto de realizações extraordinárias.

242. Conquistar o que se pensou é o desafio que separa os visionários dos conformistas, os que acreditam no poder da mente milionária de criar e transformar a realidade em um oceano de oportunidades e prosperidade (Fabrício Silva Costa).

Aqui, destaco a importância de conquistar aquilo em que se acredita, ressaltando a diferença entre os visionários e os conformistas. É preciso acreditar no poder da mente para criar e transformar a realidade em oportunidades e prosperidade. Para isso, devemos desenvolver uma mentalidade positiva e proativa, valorizando a determinação e a fé na capacidade da realização pessoal.

243. O pensar grande é o alicerce da mentalidade próspera, que não se contenta com migalhas de sucesso e almeja a grandiosidade e a plenitude em todas as áreas da vida, inclusive no campo financeiro (Fabrício Silva Costa).

Pensar grande é a base para uma mentalidade próspera e para se alcançar a completude em todas as áreas da vida, incluindo a financeira. É fundamental ter ambição e não se contentar com conquistas pequenas, buscando sempre o crescimento e a excelência em todos os aspectos da vida. Essa mentalidade favorece o desenvolvimento pessoal e profissional e estimula a busca por objetivos mais elevados e a realização de sonhos mais audaciosos.

244. Sonhar grande é tecer os fios da realidade com os sonhos mais ousados, criando uma tapeçaria de possibilidades infinitas que só a mente milionária e visionária pode conceber (Fabrício Silva Costa).

É primordial ter uma visão ampla e corajosa, capaz de transformar ideias grandiosas em realizações concretas, demonstrando a potência da imaginação aliada à determinação.

245. A conquista do que se pensou é o triunfo da mente próspera e determinada, que não se deixa abater por obstáculos e desafios, encarando-os como oportunidades de crescimento e evolução rumo à prosperidade (Fabrício Silva Costa).

Aqui enfatizo a importância de se ter uma mente próspera e determinada, que encara contratempos como oportunidades de crescimento e evolução rumo à prosperidade. Para isso, é primordial desenvolver resiliência e mentalidade positiva para se alcançar os objetivos traçados e os sonhos mais ambiciosos.

246. O pensar grande é o farol que guia a mente milionária em meio às tempestades da dúvida e da incerteza, iluminando o caminho rumo à realização dos mais audaciosos sonhos e metas financeiras (Fabrício Silva Costa).

Nesta afirmação ressalto a importância de se manter o foco e a clareza mental mesmo diante das adversidades, pois uma visão ampla e determinada conduz-nos ao sucesso.

247. Sonhar grande é plantar as sementes da abundância no solo fértil da mente próspera, cultivando os frutos da prosperidade e da realização pessoal que florescem em um jardim de oportunidades e conquistas (Fabrício Silva Costa).

Sonhar grande é semear as sementes da abundância na mente próspera, cultivando os frutos da prosperidade e da realização pessoal em um jardim repleto de possibilidades e realizações. É essencial nutrir pensamentos positivos e ambiciosos, que germinam em sucesso quando regados com persistência e trabalho árduo.

248. Conquistar o que se pensou é o testemunho da força e da resiliência da mente milionária, que persiste e supera os desafios em busca da materialização dos sonhos mais grandiosos e inspiradores (Fabrício Silva Costa).

Aqui ressalto destaco como a determinação e a capacidade de adaptação são fundamentais para enfrentar as adversidades no caminho rumo ao sucesso, inspirando a perseverança na jornada pessoal.

249. O pensar grande é o motor que impulsiona a mente próspera em direção aos horizontes luminosos da riqueza e do sucesso, guiando-a na jornada de autodescoberta e realização pessoal (Fabrício Silva Costa).

Nesta frase quero ressaltar que ter uma visão ampla e ambiciosa serve de combustível para alcançar metas financeiras e pessoais, além de incentivar a busca por crescimento contínuo e desenvolvimento pessoal.

250. Sonhar grande é expandir os limites da imaginação e vislumbrar um futuro repleto de possibilidades e oportunidades, em que a mente milionária encontra seu verdadeiro poder criativo e transformador (Fabrício Silva Costa).

Com uma eloquência poética, esta frase convida-nos a refletir sobre a importância de sonhar alto, ultrapassando as fronteiras da nossa imaginação. Ela lembra-nos que ao nos permitirmos sonhar grandiosamente, abrimos espaço para um futuro repleto de potencialidades e oportunidades únicas, em que nossa mente torna-se uma força criativa capaz de transformar realidades.

251. Conquistar o que se pensou é a celebração da mente próspera que acredita em sua capacidade de atrair a abundância e a prosperidade para sua vida, manifestando a realidade dos sonhos mais grandiosos e inspiradores (Fabrício Silva Costa).

Aqui somos levados a contemplar a jornada da realização pessoal, em que alcançar aquilo que um dia foi apenas um pensamento é motivo de celebração. A mente próspera é aquela que confia em sua capacidade de atrair para si a abundância e a prosperidade, transformando em realidade os sonhos mais grandiosos e inspiradores.

252. O pensar grande é o mantra da mentalidade milionária, que sintoniza sua vibração com a frequência da riqueza e da abundância, atraindo para si as oportunidades e os recursos necessários para se alcançar o sucesso financeiro e pessoal (Fabrício Silva Costa).

Nesta citação somos introduzidos ao poder do pensamento grandioso como um mantra capaz de direcionar nossa mentalidade em busca da prosperidade. A mente milionária é aquela que se harmoniza com as energias da riqueza e da abundância, atraindo oportunidades e recursos essenciais para conquistar o sucesso em todas as áreas da vida.

253. Sonhar grande é abrir os olhos da alma para enxergar além do visível, conectando-se com o universo de possibilidades e potenciais infinitos que a mente próspera é capaz de acessar e materializar (Fabrício Silva Costa).

Nesta frase somos convidados a uma jornada interior, em que sonhar grande significa expandir nossa visão além do tangível e conectar-se com um universo vasto de oportunidades e potenciais ilimitados. A mente próspera é aquela capaz de enxergar além do óbvio, acessando e materializando infinitas possibilidades com os olhos da alma.

254. Conquistar o que se pensou é o resultado da determinação e da persistência da mente milionária, que não se deixa abater por fracassos temporários e levanta-se com ainda mais força e resiliência em busca da realização de seus objetivos e metas financeiras (Fabrício Silva Costa).

Aqui somos lembrados da importância da determinação e da persistência na realização dos nossos sonhos. A mente milionária é aquela que encara os fracassos como aprendizados, levantando-se com mais força e resiliência a cada obstáculo, mantendo o foco na concretização de seus objetivos financeiros.

255. O pensar grande é a bússola que orienta a mente próspera em meio ao caos e às adversidades, apontando o caminho da prosperidade e do sucesso que aguardam aqueles que ousam sonhar e agir com coragem e convicção (Fabrício Silva Costa).

Nesta citação somos conduzidos a refletir sobre a importância de manter um pensamento grandioso mesmo em meio às dificuldades. A mente próspera utiliza o pensar grande como guia em momentos caóticos, indicando o caminho para a prosperidade e para o sucesso dos que têm coragem de sonhar alto e agir com determinação.

256. Sonhar grande é elevar-se acima das limitações da mente e do ego, conectando-se com a essência divina que habita em cada ser humano e que é capaz de criar e manifestar a realidade dos sonhos mais grandiosos e inspiradores (Fabrício Silva Costa).

Nesta frase poética somos convidados a transcender as limitações impostas pela mente e pelo ego ao conectarmo-nos com nossa essência divina interior. Sonhar grande permite-nos acessar o poder criativo que reside dentro de cada um de nós, manifestando os sonhos mais grandiosos e inspiradores em nossa realidade.

257. Conquistar o que se pensou é o desafio e a recompensa daqueles que cultivam uma mentalidade milionária e próspera, que acreditam no poder transformador do pensamento positivo e na capacidade de atrair a abundância e a prosperidade para suas vidas (Fabrício Silva Costa).

Nesta última frase, somos lembrados de que conquistar nossos pensamentos é tanto um desafio quanto uma recompensa para aqueles que cultivam uma mentalidade voltada para o sucesso. Acreditar no poder do pensamento positivo e na capacidade de atrair abundância e prosperidade é o caminho trilhado por mentes milionárias em busca de realização.

258. O pensar grande é o primeiro passo rumo à conquista dos objetivos e metas mais ambiciosos da mente próspera e determinada, que visualiza e planeja com clareza e determinação o caminho a percorrer em direção ao sucesso financeiro e pessoal (Fabrício Silva Costa).

Aqui ressalto a importância de cultivar uma mentalidade voltada para grandes realizações. Pensar grande é o ponto de partida para se alcançar os objetivos mais ambiciosos, pois permite visualizar com clareza e determinação o caminho a seguir em direção ao sucesso financeiro e pessoal.

259. Sonhar grande é abrir as portas do coração para receber a riqueza e a abundância que o universo tem a oferecer, alinhando-se com a energia criativa e transformadora que impulsiona a mente milionária em direção aos seus sonhos e aspirações mais elevados (Fabrício Silva Costa).

Devemos abrir nossos corações para receber as bênçãos de riqueza e abundância que o universo nos reserva. Sonhar grande significa alinhar-se com a energia criativa e transformadora que impulsiona mentes milionárias em direção aos sonhos mais elevados, permitindo a manifestação dessas aspirações na realidade.

260. Conquistar o que se pensou é o testemunho vivo da capacidade da mente próspera de manifestar a realidade dos sonhos mais grandiosos e inspiradores, atraindo para si as oportunidades e os recursos necessários para se alcançar a plenitude e a prosperidade em todas as áreas da vida (Fabrício Silva Costa).

Nesta frase destaco como a realização dos sonhos mais grandiosos é um testemunho vivo da capacidade das mentes prósperas em manifestar a realidade desejada. Pelo pensamento essas mentes atraem as oportunidades e os recursos necessários para alcançarem plenitude e prosperidade em todas as áreas da vida.

261. O pensar grande é a chave-mestra que abre as portas da abundância e da prosperidade para aqueles que têm a coragem e a determinação de sonhar e agir com ousadia e confiança em seus potenciais e capacidades ilimitados (Fabrício Silva Costa).

Pensar grande é fundamental para desbloquear as portas da abundância e prosperidade. Aqueles que ousam sonhar alto e agir com coragem e confiança em seus potenciais ilimitados encontram na grandiosidade dos seus pensamentos a chave-mestra para alcançarem o sucesso em todas as áreas da vida.

262. Sonhar grande é abraçar a grandiosidade de sua própria essência e potencial humano, sintonizando-se com a frequência da riqueza e da abundância que fluem naturalmente para aqueles que

cultivam uma mentalidade milionária e próspera em todas as áreas de suas vidas (Fabrício Silva Costa).

Aqui somos convidados a abraçar nossa essência e nosso potencial humano, alinhando-nos com a vibração da riqueza e da abundância. Aqueles que cultivam uma mentalidade milionária e próspera atraem naturalmente as energias positivas para todas as áreas de suas vidas, manifestando seus sonhos mais grandiosos.

263. A riqueza é um oceano de possibilidades onde navegam os destemidos em busca de tesouros escondidos nas profundezas do ser (Fabrício Silva Costa).

Nesta metáfora poética, a riqueza é comparada a um oceano repleto de possibilidades. Os corajosos o suficiente para navegarem por suas águas buscam tesouros escondidos nas profundezas do ser, representando a jornada em busca do autoconhecimento e das riquezas interiores.

264. O sucesso é a consequência natural da determinação e do esforço contínuo daqueles que ousam desafiar os limites do comum em busca da excelência (Fabrício Silva Costa).

O sucesso é uma consequência da determinação e do esforço contínuo daqueles que se atrevem a desafiar os limites do convencional em busca da excelência. A perseverança e a busca pela superação são fundamentais para se alcançar os objetivos almejados.

265. O poder financeiro é a ferramenta que abre as portas da liberdade e da autonomia para aqueles que dominam a arte de gerir e multiplicar seus recursos com sabedoria e discernimento (Fabrício Silva Costa).

Nesta frase ressalto como o poder financeiro é uma ferramenta poderosa para conquistar liberdade e autonomia. Aqueles que sabem gerir e multiplicar seus recursos com sabedoria e discernimento têm em mãos a chave para abrir as portas de novas oportunidades e conquistas.

266. A riqueza emocional é um tesouro precioso que se cultiva no jardim da alma, regado com amor, compaixão e gratidão por todas as bênçãos que a vida nos oferece (Fabrício Silva Costa).

Devemos sempre nos lembrar da importância da riqueza emocional, um tesouro cultivado no jardim da alma. Ao regarmos esse jardim com amor, compaixão e gratidão pelas bênçãos que a vida nos proporciona, nutrimos nossa essência interior e fortalecemos nossos laços com o mundo ao nosso redor.

267. O sucesso é a recompensa daqueles que se dedicam de corpo e alma a perseguirem seus sonhos e metas com paixão e determinação inabaláveis (Fabrício Silva Costa).

Como autor destaco que o sucesso não é apenas uma conquista, mas uma recompensa para aqueles que se entregam completamente à busca de seus sonhos e objetivos. A paixão e a determinação são fundamentais para se enfrentar os desafios no caminho rumo ao sucesso.

268. O poder financeiro é a chave que destrava as portas da prosperidade e da abundância para aqueles que compreendem e respeitam as leis universais da riqueza e do sucesso (Fabrício Silva Costa).

Nesta afirmação evidencio a importância do poder financeiro como um instrumento para abrir as portas da prosperidade e da abundância. Aqueles que entendem e seguem as leis universais da riqueza e do sucesso têm em mãos a chave para alcançarem um patamar mais elevado em suas vidas.

269. A riqueza emocional é a verdadeira fonte de felicidade e plenitude que reside no coração daqueles que cultivam relacionamentos sinceros e significativos baseados no amor e na compaixão (Fabrício Silva Costa).

Nesta reflexão destaco como a riqueza emocional é essencial para experimentar verdadeira felicidade e plenitude. Cultivar relacionamentos genuínos, fundamentados no amor e na compaixão, é o caminho para nutrir essa riqueza interior que enriquece nossas vidas de forma significativa.

270. O sucesso é a jornada de autodescoberta e crescimento pessoal que nos leva além da nossa zona de conforto em direção aos horizontes vastos da realização e da satisfação interior (Fabrício Silva Costa).

O sucesso não se resume apenas a alcançar metas externas, mas também a uma jornada de autodescoberta e crescimento pessoal. Ao sairmos da nossa zona de conforto, expandimos nossos horizontes em busca de realização e satisfação interior.

271. O poder financeiro é a alavanca que impulsiona os visionários e empreendedores a transformar seus sonhos em realidade, criando um legado de prosperidade e impacto positivo no mundo (Fabrício Silva Costa).

O poder financeiro pode ser uma ferramenta poderosa nas mãos de visionários e empreendedores. Ao utilizá-lo com sabedoria, eles têm o potencial de transformar seus sonhos em realidade, deixando um legado de prosperidade e impacto positivo no mundo ao seu redor.

272. A riqueza emocional é a fortaleza interior que nos sustenta nos momentos de adversidade e desafio, nutrindo nossa alma com esperança, gratidão e resiliência perante as tempestades da vida (Fabrício Silva Costa).

Nesta citação ressalto a importância da riqueza emocional como uma força interna que nos ampara durante os momentos difíceis. É por meio dela que encontramos esperança, gratidão e resiliência para enfrentarmos as tormentas da existência. Cultivar essa riqueza interior é fundamental para manter nossa essência intacta diante das adversidades que surgem em nosso caminho.

273. O sucesso é a conquista da excelência e da maestria em nossas áreas de atuação, fruto do trabalho árduo, da dedicação e da perseverança diante das dificuldades e dos obstáculos que surgem em nosso caminho (Fabrício Silva Costa).

Aqui enfatizo que o sucesso vai além de simples realizações. Ele representa a busca pela excelência e pela maestria em nossas atividades. Com trabalho árduo, dedicação e perseverança diante dos desafios, podemos alcançar patamares mais elevados de realizações pessoal e profissional.

274. O poder financeiro é a ferramenta que permite aos indivíduos e organizações impactar positivamente a sociedade e o meio ambiente, promovendo a sustentabilidade e o bem-estar coletivo por meio de investimentos conscientes e responsáveis (Fabrício Silva Costa).

Esta reflexão evidencia como o poder financeiro pode ser utilizado como ferramenta para gerar impacto positivo na sociedade e no meio ambiente. Mediante investimentos conscientes e responsáveis, tanto indivíduos quanto organizações têm o poder de promover a sustentabilidade e o bem-estar coletivo, contribuindo para um mundo melhor.

275. A riqueza emocional é a conexão profunda e significativa que estabelecemos com nós mesmos e com os outros, nutrindo nossas relações com amor, compaixão e empatia, em um mundo marcado pela superficialidade e pelo individualismo (Fabrício Silva Costa).

Nesta frase ressalto a importância da riqueza emocional na construção de conexões genuínas e significativas, tanto consigo mesmo quanto com os outros. Ao nutrir nossas relações com amor, compaixão e empatia, somos capazes de transcender a superficialidade e o individualismo presentes no mundo contemporâneo, cultivando laços verdadeiros baseados no cuidado mútuo.

276. O sucesso é a materialização dos sonhos e metas que alimentam nossa alma e impulsionam-nos a irmos além dos limites autoimpostos, alcançando patamares de realização e felicidade que antes pareciam inatingíveis (Fabrício Silva Costa).

O sucesso está intrinsecamente ligado à realização dos sonhos e metas que nutrem nossa essência. É por meio da busca contínua por esses objetivos que somos impulsionados a ultrapassar nossas próprias barreiras, alcançando níveis de felicidade e plenitude que outrora pareciam distantes.

277. O poder financeiro é a responsabilidade que assumimos ao gerirmos e multiplicarmos nossos recursos de forma consciente e ética, contribuindo para a construção de uma sociedade mais justa, equitativa e sustentável para as gerações futuras (Fabrício Silva Costa).

O poder financeiro traz com ele uma grande responsabilidade: a de administrar e multiplicar recursos de maneira consciente e ética. Ao assumirmos essa responsabilidade, contribuímos para a edificação de uma sociedade mais justa, equilibrada e sustentável, visando ao bem-estar das gerações vindouras.

278. A riqueza emocional é a base sólida que nos sustenta nos momentos de crise e incerteza, fortalecendo nossa resiliência e nosso equilíbrio emocional perante as adversidades e os desafios que a vida nos apresenta (Fabrício Silva Costa).

Nesta reflexão destaco como a riqueza emocional atua como um alicerce firme que nos ampara durante períodos de crise e incerteza. Ao fortalecermos nossa resiliência e nosso equilíbrio emocional, ela capacita-nos a enfrentar com serenidade as adversidades e os desafios que surgem em nosso caminho.

279. O sucesso é a jornada de autotransformação e evolução pessoal que nos impulsiona a superar nossos limites e crenças limitantes, expandindo nossa consciência e nosso potencial para alcançarmos níveis cada vez mais elevados (Fabrício Silva Costa).

O sucesso não é apenas um destino final, mas uma jornada contínua de autotransformação e evolução pessoal. Ao superarmos nossos limites e crenças restritivas, expandimos nossa consciência e nosso potencial, permitindo-nos atingir patamares cada vez mais elevados de realização.

280. A sabedoria financeira é adquirida na jornada do autoconhecimento, em que o pensar grande conduz-nos ao sucesso almejado (Fabrício Silva Costa).

Neste pensamento enfatizo como a sabedoria financeira é conquistada no caminho do autoconhecimento. Ao compreendermos nossos valores, objetivos e limitações, somos capazes de tomar decisões financeiras mais acertadas. Pensar grande e almejar o sucesso são passos essenciais na jornada rumo à prosperidade financeira.

281. A resiliência financeira ensina-nos a enfrentar desafios com coragem e determinação para alcançarmos nossos sonhos mais grandiosos (Fabrício Silva Costa).

A resiliência financeira é essencial para lidarmos com os desafios de forma corajosa e determinada, permitindo-nos perseguir nossos sonhos mais ambiciosos. É por meio dessa capacidade de superação que alcançamos patamares elevados de realização.

282. O autoconhecimento financeiro é a chave para conquistar a liberdade que tanto desejamos. Basta pensar grande e agir com determinação (Fabrício Silva Costa).

Aqui saliento a importância do autoconhecimento financeiro como o caminho para se alcançar a tão almejada liberdade. Ao compreendermos nossas finanças e agirmos com determinação em direção aos nossos objetivos, abrimos as portas para uma vida mais plena e independente.

283. A resiliência financeira fortalece-nos diante das adversidades, impulsionando-nos a persistir em busca dos nossos objetivos mais ambiciosos (Fabrício Silva Costa).

A resiliência financeira atua como um alicerce sólido diante das adversidades, motivando-nos a persistir na jornada rumo aos nossos objetivos mais desafiadores. É por meio dessa força interior que conseguimos superar obstáculos e seguir em frente com determinação.

284. A inabalável convicção de que merecemos o melhor guia-nos no caminho do autoconhecimento financeiro, alimentando nossa vontade de alcançarmos o sucesso em grande estilo (Fabrício Silva Costa).

Neste pensamento destaco como a convicção inabalável em merecermos o melhor conduz-nos na jornada do autoconhecimento financeiro. Essa crença alimenta nossa vontade de buscar o sucesso de forma grandiosa, impulsionando-nos a agir com confiança e determinação em direção aos nossos objetivos.

285. A resiliência financeira é a armadura que nos protege dos obstáculos, permitindo-nos perseverar na busca de nossos maiores feitos (Fabrício Silva Costa).

Aqui a resiliência financeira é comparada a uma armadura que nos protege dos obstáculos ao longo do caminho. Essa capacidade de resistência permite-nos perseverar diante dos desafios, continuando firmes na busca por nossas maiores conquistas.

286. A jornada do autoconhecimento financeiro revela-nos nosso potencial ilimitado, encorajando-nos a sonhar grande e agir com determinação rumo à realização dos nossos desejos mais profundos (Fabrício Silva Costa).

Nesta frase ressalto como a jornada do autoconhecimento financeiro revela nosso potencial ilimitado. Ao conhecermos melhor nossa relação com o dinheiro, somos encorajados a sonhar alto e agir com determinação para concretizar nossos desejos mais profundos.

287. A resiliência financeira ensina-nos a transformar os fracassos em aprendizado, permitindo-nos crescer e evoluir em direção aos nossos maiores sonhos (Fabrício Silva Costa).

Este pensamento traz a importância de aprendermos com os momentos difíceis e usarmos essas experiências para nos fortalecermos e alcançarmos nossos objetivos.

288. O autoconhecimento financeiro liberta-nos das amarras da ignorância, abrindo caminho para o sucesso por meio do pensamento grande e da ação determinada (Fabrício Silva Costa).

Nesta afirmação aponto como o autoconhecimento financeiro é libertador, permitindo-nos romper com a ignorância e trilharmos o caminho do sucesso por meio de uma mentalidade ampla e ações determinadas. Ao compreendermos melhor nossas finanças, ganhamos autonomia para alcançarmos nossos objetivos com confiança e clareza.

289. A resiliência financeira é a chama que nos mantém aquecidos nos momentos de dificuldade, encorajando-nos a persistir rumo à vitória em nossas metas mais grandiosas (Fabrício Silva Costa).

Aqui a resiliência financeira é comparada a uma chama que nos aquece nos momentos difíceis, incentivando-nos a perseverar em direção à vitória em nossas metas mais ambiciosas. Essa capacidade de resistência fortalece-nos e impulsiona-nos a seguir em frente mesmo diante dos desafios.

290. O autoconhecimento financeiro permite-nos enxergar além dos limites impostos pela sociedade, inspirando-nos a sonhar e a realizar feitos que parecem inalcançáveis (Fabrício Silva Costa).

O autoconhecimento financeiro tem o poder de expandir nossa visão além dos limites sociais preestabelecidos, inspirando-nos a sonhar e alcançar feitos que parecem inatingíveis. Ao conhecermos melhor nossa relação com o dinheiro, somos capacitados a buscar conquistas que vão além das expectativas impostas pelo meio em que vivemos.

291. A resiliência financeira ensina-nos a sermos fortes diante das decepções, incentivando-nos a levantar a cabeça e seguir em frente com determinação em direção aos nossos objetivos mais ambiciosos (Fabrício Silva Costa).

Esta citação destaca como a resiliência financeira atua como um guia para lidarmos com as decepções, encorajando-nos a manter a determinação e seguirmos em frente rumo aos nossos objetivos mais desafiadores. É um lembrete poderoso de que mesmo diante das adversidades financeiras, podemos encontrar força interior para persistir e alcançar nossos sonhos.

292. O poder do autoconhecimento financeiro está em reconhecer nossas fraquezas e transformá-las em forças, impulsionando-nos a pensar grande e agir com coragem para conquistar o sucesso almejado (Fabrício Silva Costa).

O autoconhecimento financeiro é muito importante, pois ele permite-nos identificar nossas fraquezas e convertê-las em pontos fortes, motivando-nos a ter uma visão ampla e agir com bravura para atingirmos o sucesso. Compreender nossa relação com o dinheiro capacita-nos a superar obstáculos e trilhar o caminho da prosperidade.

293. A resiliência financeira torna-nos imunes às críticas e aos julgamentos alheios, fortalecendo-nos para resistirmos às adversidades e seguirmos em frente com determinação na busca dos nossos maiores sonhos (Fabrício Silva Costa).

A resiliência financeira protege-nos contra críticas e julgamentos externos, fortalecendo-nos para enfrentar os contratempos com determinação enquanto buscamos realizar nossos sonhos mais grandiosos. Essa capacidade de mantermo-nos firmes perante as opiniões alheias é essencial para seguirmos em busca dos nossos objetivos financeiros.

294. O autoconhecimento financeiro faz-nos compreender a importância de planejar e investir em nosso futuro, estimulando-nos a pensar grande e agir com determinação para alcançarmos a prosperidade desejada (Fabrício Silva Costa).

O autoconhecimento financeiro é a chave que nos abre as portas para a compreensão da importância de planejarmos e investirmos em nosso futuro, motivando-nos a sonhar alto e agirmos com determinação rumo à prosperidade almejada. Ao conhecermos profundamente nossas finanças e nossos objetivos, somos capazes de traçar um caminho claro e estratégico para alcançarmos nossos sonhos mais grandiosos, transformando desejos em realidade.

295. A resiliência financeira é a bússola que nos orienta nos momentos turbulentos, incentivando-nos a manter a calma e a determinação para superarmos os desafios em direção aos nossos objetivos mais grandiosos (Fabrício Silva Costa).

A resiliência financeira atua como uma bússola que nos guia nos momentos turbulentos, incentivando-nos a manter a calma e a determinação diante dos desafios, orientando-nos na direção de nossas metas mais ambiciosas. Ao cultivarmos a resiliência financeira, fortalecemos nossa capacidade de superar obstáculos e adversidades, e ficamos firmes e focados em nossos objetivos, mesmo diante das tempestades que possam surgir.

296. O autoconhecimento financeiro revela-nos o poder que temos em nossas mãos para transformarmos nossa realidade e alcançarmos nossos sonhos mais audaciosos. Basta pensar grande e agir com determinação (Fabrício Silva Costa).

O autoconhecimento financeiro revela-nos o poder transformador que temos para moldarmos nossa realidade e alcançarmos nossos sonhos mais ousados, bastando pensar grande e agir com determinação. Ao reconhecermos nossas habilidades e potencialidades financeiras, empoderamo-nos para traçar um plano de ação sólido e eficaz, que nos impulsionará rumo à concretização de nossas maiores ambições.

297. A resiliência financeira ensina-nos a sermos resilientes diante das adversidades, levando-nos a acreditar em nossa capacidade de superar os obstáculos e alcançarmos o sucesso almejado (Fabrício Silva Costa).

A resiliência financeira ensina-nos a sermos resilientes diante das adversidades, fortalecendo nossa crença na nossa capacidade de superarmos os obstáculos e atingirmos o sucesso almejado. Ao cultivarmos a resiliência financeira, desenvolvemos a habilidade de lidar com os desafios de forma positiva e construtiva, transformando as dificuldades em oportunidades de crescimento e aprendizado.

298. O autoconhecimento financeiro convida-nos a mergulhar em nosso interior, a descobrir nossas verdadeiras motivações e desejos, impulsionando-nos a pensar grande e agir com coragem para realizar nossos maiores feitos (Fabrício Silva Costa).

O autoconhecimento financeiro convida-nos a adentrar em nosso mundo interior, a descobrirmos nossas verdadeiras motivações e anseios, impulsionando-nos a pensar grande e agir com coragem para alcançar nossos maiores desejos. Ao explorarmos nosso relacionamento com o dinheiro e nossas aspirações financeiras mais profundas, somos capazes de alinhar nossos objetivos com nossa essência, levando-nos a agir de forma assertiva e determinada na busca dos nossos sonhos.

299. A resiliência financeira é a força que nos impulsiona a superar as falhas e os tropeços ao longo do caminho, inspirando-nos a persistir em busca de nossos objetivos mais desafiadores (Fabrício Silva Costa).

A resiliência financeira é a força motriz que nos impulsiona a superar falhas e contratempos ao longo do percurso, encorajando-nos a persistir na busca de nossas metas mais desafiadoras. Ao cultivarmos a resiliência financeira, fortalecemos nossa capacidade de adaptação e superação, transformando os obstáculos em oportunidades de crescimento e fortalecimento, rumo ao alcance de nossos objetivos mais ambiciosos.

300. O autoconhecimento financeiro liberta-nos da escravidão dos padrões sociais e encoraja-nos a buscar nossa própria definição de sucesso, sem limites para o pensar grande e agir com determinação (Fabrício Silva Costa).

Ao reconhecermos nossos valores e nossas aspirações financeiras únicas, empoderamo-nos para trilhar um caminho autêntico e significativo, impulsionando-nos a agir com coragem e ousadia na direção dos nossos maiores feitos.

301. A resiliência financeira permite-nos superar as tempestades e os momentos de dificuldade, capacitando-nos a seguir em frente com determinação rumo à realização de nossas metas mais ambiciosas (Fabrício Silva Costa).

Ao cultivarmos a resiliência financeira, fortalecemos nossa capacidade de superar desafios e contratempos, mantendo-nos focados e determinados no caminho rumo ao sucesso desejado. É nesses momentos de dificuldade que a resiliência revela-se como um aliado poderoso, que nos permite navegar pelas águas turbulentas da vida financeira com coragem e determinação.

302. A jornada do autoconhecimento financeiro faz-nos perceber que somos os únicos responsáveis por nossa prosperidade, motivando-nos a sonhar alto e a agir com determinação para conquistar o sucesso almejado (Fabrício Silva Costa).

Ao mergulharmos em nossa relação com o dinheiro e nossos objetivos financeiros, descobrimos o potencial transformador que reside em nossas mãos e que nos motiva a traçar um plano estratégico e a agir de forma assertiva na busca dos nossos sonhos mais grandiosos. O autoconhecimento financeiro empodera-nos para assumirmos o controle da nossa vida financeira e trilharmos um caminho de prosperidade com confiança e determinação.

303. A resiliência financeira é o escudo que nos protege das adversidades externas, dando-nos força para resistirmos e levantarmo-nos diante dos desafios em direção aos nossos maiores sonhos (Fabrício Silva Costa).

A resiliência financeira atua como um escudo protetor que nos dá força e coragem para resistirmos e reerguermo-nos diante dos contratempos. Ao desenvolvermos a resiliência financeira, fortalecemos nossa capacidade de lidar com as incertezas e as adversidades do caminho, mantendo-nos firmes e resilientes. É coma resiliência que encontramos a determinação necessária para seguirmos adiante, mesmo nos momentos mais desafiadores, em direção à realização dos nossos objetivos mais ambiciosos.

304. O autoconhecimento financeiro leva-nos a explorar novos horizontes e a desafiar nossos limites, incentivando-nos a pensar grande e a agir com coragem para alcançarmos nossos objetivos (Fabrício Silva Costa).

O autoconhecimento financeiro é uma jornada de autodescoberta que nos impulsiona a explorar novos horizontes e desafiar os limites preestabelecidos, nos encorajando a pensar grande e agir com coragem para alcançar nossos objetivos mais audaciosos. Ao nos aprofundarmos em nossa relação com o dinheiro e nossas metas financeiras, somos levados a romper com padrões limitantes e a nos permitir sonhar alto, traçando um caminho ousado em direção à realização de nossos maiores sonhos. O autoconhecimento financeiro nos capacita a expandir nossas possibilidades e a nos superar em busca de conquistas extraordinárias, incentivando-nos a agir com determinação e ousadia para alcançar o sucesso almejado.

305. A resiliência financeira nos torna inabaláveis diante das dificuldades, nos capacitando a enfrentar os obstáculos com firmeza e determinação em busca do sucesso almejado (Fabrício Silva Costa).

Quando desenvolvemos resiliência financeira, fortalecemos nossa capacidade de superar desafios e adversidades, mantendo-nos firmes e resilientes perante as turbulências da vida financeira. É por meio da resiliência que construímos uma base sólida para enfrentarmos os desafios com coragem e perseverança, mantendo-nos focados em nossos objetivos e resolutos em nossa jornada rumo ao sucesso.

306. O autoconhecimento financeiro revela-nos que o maior investimento que podemos fazer é em nós mesmos, cultivando a confiança e a determinação para pensarmos grande e conquistarmos os nossos sonhos mais grandiosos (Fabrício Silva Costa).

Ao nos conhecermos profundamente e compreendermos nossos valores e objetivos financeiros, somos capazes de direcionar nossas energias e recursos de forma estratégica, investindo em nosso desenvolvimento pessoal e financeiro. O autoconhecimento financeiro capacita-nos a acreditar em nosso potencial e a agir com convicção na busca de nossas metas mais ambiciosas, fortalecendo nossa autoconfiança e impulsionando-nos a alcançar realizações extraordinárias.

307. A resiliência financeira ensina-nos a nunca desistir dos nossos sonhos, a persistir mesmo diante das adversidades, mantendo viva a chama da esperança e da determinação em busca de nossos objetivos mais desafiadores (Fabrício Silva Costa).

Cultivar a resiliência financeira leva-nos a desenvolver a capacidade de enfrentarmos os obstáculos com resiliência e coragem, mantendo-nos focados em nossas metas e perseverando em direção ao sucesso.

É pela resiliência que encontramos a força interior para superarmos os desafios e as incertezas do caminho, mantendo viva a chama da determinação e da esperança mesmo nos momentos mais difíceis.

308. O autoconhecimento financeiro capacita-nos a traçar um plano estratégico para alcançarmos a independência financeira, estimulando-nos a pensar grande e a agir com consistência e determinação em direção ao sucesso desejado (Fabrício Silva Costa).

Ao nos conhecermos profundamente e compreendermos nossas habilidades e nossos objetivos financeiros, somos capazes de estabelecer metas claras e um plano de ação eficaz para alcançarmos a independência financeira. O autoconhecimento financeiro empodera-nos para agirmos com consistência e determinação, mantendo-nos focados em nossos objetivos e impulsionando-nos a conquistar a estabilidade financeira que queremos.

309. A resiliência financeira é a virtude dos fortes, a capacidade de se reerguer após cada queda, de enfrentar os desafios com coragem e determinação rumo à conquista dos nossos sonhos mais ambiciosos (Fabrício Silva Costa).

A resiliência financeira é, sem dúvida, uma qualidade essencial para aqueles que almejam o sucesso no campo das finanças. É a força interior que nos permite levantar após cada queda, encarar os desafios com bravura e determinação, e seguir em frente rumo à realização de nossos sonhos. A resiliência torna-nos invencíveis diante das adversidades, transformando cada obstáculo em uma oportunidade de crescimento e aprendizado. É por meio dela que construímos a base sólida necessária para enfrentarmos os desafios financeiros com coragem e determinação, mantendo-nos firmes em nossa jornada em direção ao sucesso.

310. O autoconhecimento financeiro é a chave para desbloquear o potencial ilimitado de prosperidade em sua vida (Fabrício Silva Costa).

Quando passamos a entender a nossa relação com o dinheiro, nossos valores, nossas crenças e objetivos financeiros, somos capazes de direcionar nossas energias e nossos recursos de forma estratégica, abrindo caminho para a conquista de uma vida financeira próspera e equilibrada. O autoconhecimento financeiro capacita-nos a tomar decisões conscientes e alinhadas com nossos valores, permitindo-nos trilhar um caminho de sucesso e abundância financeira de forma consciente e assertiva.

311. A resiliência financeira é a capacidade de se manter firme diante dos desafios, transformando obstáculos em oportunidades de crescimento (Fabrício Silva Costa).

A resiliência financeira fortalece a nossa capacidade de lidar com as adversidades monetárias com determinação e coragem, transformando cada dificuldade em uma chance de aprendizado e evolução. É por intermédio dela que desenvolvemos a força necessária para superar qualquer obstáculo financeiro, mantendo-nos firmes em nossa busca por uma vida financeira próspera e equilibrada.

312. Pensar grande é o primeiro passo para conquistar grandes sonhos no cenário financeiro e além (Fabrício Silva Costa).

Ao expandirmos nossas visões e desafiarmos nossas próprias limitações, abrimos espaço ao crescimento e à realização de metas audaciosas. Pensar grande impulsiona-nos a sair da zona de conforto, a buscar novas oportunidades e a agir com determinação e coragem na busca de nossos objetivos mais ambiciosos. É pelo pensamento grande que construímos um futuro próspero e repleto de realizações no campo financeiro e em todas as áreas das nossas vidas.

313. Cada passo em direção ao autoconhecimento financeiro é um investimento em si mesmo e a um futuro próspero (Fabrício Silva Costa).

Ao nos dedicarmos a compreender nossas finanças, nossos hábitos e nossas crenças em relação ao dinheiro, estamos plantando as sementes para uma vida financeira mais saudável e equilibrada. Esse processo de autoconhecimento permite-nos tomar decisões mais conscientes e alinhadas com nossos objetivos, possibilitando um crescimento financeiro sustentável e duradouro. Cada passo rumo ao autoconhecimento financeiro leva-nos mais perto da realização dos nossos sonhos e da conquista da tão almejada prosperidade.

314. A resiliência financeira é construída sobre alicerces de determinação e coragem para superar qualquer adversidade monetária (Fabrício Silva Costa).

Quando desenvolvemos a resiliência, fortalecemos nossa capacidade de enfrentar desafios financeiros com firmeza e perseverança, transformando as dificuldades em oportunidades de crescimento e aprendizado. É com determinação e coragem que construímos uma base sólida para superarmos os obstáculos e alcançarmos a estabilidade financeira, mantendo-nos firmes em nossa jornada rumo ao sucesso.

315. Pensar grande não é apenas uma atitude. É uma mentalidade que atrai abundância e sucesso financeiro (Fabrício Silva Costa).

Ao adotarmos uma postura de grandiosidade em nossos pensamentos e ações, abrimos as portas para oportunidades e realizações extraordinárias. A mentalidade de pensar grande impulsiona-nos a sair da mediocridade, a buscar desafios e a agir com determinação na busca de nossos objetivos mais ambiciosos. É mediante uma mentalidade de sucesso que atraímos para nossas vidas a prosperidade e a abundância que tanto almejamos.

316. A sabedoria está em encontrar o equilíbrio entre os gastos supérfluos e os valores essenciais para uma vida financeira equilibrada. Gratidão é o reflexo dessa consciência (Fabrício Silva Costa).

Devemos encontrar o equilíbrio entre os gastos supérfluos e essenciais para alcançarmos uma vida financeira equilibrada. A gratidão é o reflexo dessa consciência, sendo a expressão da valorização do que é verdadeiramente importante em nossa jornada financeira. Ao adotarmos uma postura de gratidão em relação ao dinheiro e aos nossos recursos, reconhecemos a importância de fazer escolhas sábias e conscientes, priorizando aquilo que realmente agrega valor em nossas vidas. A gratidão financeira conecta-nos com a essência dos nossos valores e guia-nos para uma vida financeira mais equilibrada e repleta de significado.

317. As escolhas que fazemos refletem diretamente no equilíbrio entre nossos gastos e valores, sendo a gratidão financeira a consequência de decisões sábias e conscientes (Fabrício Silva Costa).

Quando optamos por priorizar aquilo que realmente importa em nossa vida financeira, construímos as bases para uma relação saudável e equilibrada com o dinheiro. A gratidão financeira surge como resultado de escolhas conscientes e alinhadas aos nossos valores, refletindo o reconhecimento e a valorização do que realmente é essencial em nossa jornada rumo à prosperidade. A gratidão financeira fortalece nossa conexão com a abundância e a prosperidade em todas as áreas de nossa vida.

318. A verdadeira prosperidade encontra-se no equilíbrio entre o que gastamos e o que valorizamos, cultivando a gratidão pelo que já temos (Fabrício Silva Costa).

Aqui somos lembrados da importância de encontrarmos equilíbrio em nossa relação com o dinheiro, valorizando não apenas o que adquirimos materialmente, mas também reconhecendo e sendo gratos pelo que já temos. Cultivar a gratidão por nossas conquistas financeiras permite-nos alcançar uma sensação de plenitude e prosperidade genuína em nossas vidas.

319. A generosidade financeira está intimamente ligada ao equilíbrio entre nossos gastos e valores, sendo a gratidão o alicerce de uma vida financeira saudável (Fabrício Silva Costa).

A generosidade financeira está conectada ao equilíbrio entre nossos padrões de consumo e nossos valores mais profundos, ressaltando a gratidão como base fundamental para uma saúde financeira duradoura. Ao praticarmos a generosidade e reconhecermos o que é verdadeiramente significativo em nossas vidas, construímos uma relação mais consciente e positiva com o dinheiro.

320. Encontrar o equilíbrio entre o que consumimos e o que realmente valorizamos é o caminho para uma gratidão financeira genuína (Fabrício Silva Costa).

Nesta afirmação convido-o a refletir sobre a importância de alinhar nossos gastos com aquilo que, de fato, enriquece nossa existência, apontando para a conexão direta entre esse equilíbrio e a vivência de uma gratidão financeira autêntica. Quando priorizamos aquilo que valorizamos em vez de simplesmente consumirmos por impulso, abrimos espaço para uma sensação de contentamento e realização mais profunda em nossa jornada financeira.

321. A consciência financeira ensina-nos a importância de equilibrarmos nossos gastos com nossos valores, cultivando a gratidão por cada conquista (Fabrício Silva Costa).

A consciência financeira orienta-nos a harmonizarmos nossas despesas com aquilo que consideramos essencial em nossas vidas, incentivando-nos a nutrir um sentimento de gratidão por cada passo conquistado na busca por nossos objetivos. Ao estabelecer essa conexão entre gastos e valores fundamentais, fortalecemos não apenas nossa estabilidade financeira, mas também nossa apreciação pelas conquistas ao longo do caminho.

322. O segredo da felicidade material está no equilíbrio entre nossos gastos e valores aliado à gratidão pelo que já possuímos (Fabrício Silva Costa).

Esta frase inspiradora lembra-nos que a verdadeira felicidade material não reside apenas na quantidade do que possuímos, mas também na qualidade dos nossos gastos alinhados aos nossos valores pessoais, acompanhados pela gratidão pelas bênçãos já presentes em nossa vida. Ao reconhecermos e valorizarmos aquilo que já temos, abrimos espaço para uma sensação de plenitude e satisfação genuína em nosso cotidiano financeiro.

323. A busca pelo equilíbrio entre gastos e valores leva-nos a uma gratidão genuína pela abundância que a vida nos proporciona (Fabrício Silva Costa).

Quando alinhamos nossos gastos com aquilo que valorizamos, somos capazes de reconhecer a riqueza que nos cerca, gerando uma gratidão verdadeira pela abundância em nossas vidas.

324. A verdadeira riqueza está no equilíbrio entre o que consumimos e o que valorizamos, emanando gratidão por cada conquista financeira (Fabrício Silva Costa).

Esta mensagem ressalta a importância de valorizar não apenas aquilo que consumimos, mas também as conquistas financeiras alcançadas. O equilíbrio entre consumo e valorização é essencial para cultivarmos a verdadeira riqueza e gratidão.

325. Sem equilíbrio entre nossos gastos e valores não há espaço para a gratidão financeira, que é o reconhecimento da fartura que nos cerca (Fabrício Silva Costa).

- Esta frase ressalta a importância fundamental de equilibrar nossos gastos com aquilo que valorizamos, pois somente com esse equilíbrio é possível reconhecer a abundância que nos rodeia. A gratidão financeira surge quando somos capazes de enxergar a fartura em nossa vida, fruto do alinhamento consciente entre nossas escolhas financeiras e nossos valores mais profundos.

326. Os excessos nos gastos afastam-nos dos nossos valores essenciais, impedindo a gratidão financeira pela essência da vida (Fabrício Silva Costa).

Aqui fica evidente como os excessos nos gastos podem nos desviar dos nossos valores mais essenciais, privando-nos da verdadeira gratidão financeira pela essência da vida. Ao moderarmos nossas despesas e direcioná-las para aquilo que valorizamos, abrimos espaço para reconhecer e apreciar a riqueza que nos cerca.

327. O equilíbrio financeiro só é alcançado quando aprendemos a alinhar nossos gastos com nossos valores, gerando gratidão pela fartura que nos rodeia (Fabrício Silva Costa).

Esta mensagem realça como o equilíbrio financeiro está intrinsecamente ligado ao alinhamento entre nossos gastos e valores. Ao fazermos escolhas alinhadas com aquilo que valorizamos, somos capazes de gerar um sentimento de gratidão pela abundância que nos rodeia, demonstrando sabedoria e consciência em nossa relação com o dinheiro.

328. A gratidão financeira surge quando conquistamos o equilíbrio entre o que consumimos e o que verdadeiramente valorizamos, reconhecendo a abundância em nossa vida (Fabrício Silva Costa).

Esta frase enfatiza a importância de alcançarmos o equilíbrio entre nossas despesas e nossos valores genuínos. Ao reconhecermos a abundância em nossa vida por meio desse equilíbrio, nutrimos a gratidão financeira, demonstrando apreciação pela riqueza que nos cerca.

329. O dinheiro só tem valor quando é usado com consciência e equilíbrio, permitindo a gratidão financeira pela abundância que nos rodeia (Fabrício Silva Costa).

O dinheiro deve ser utilizado de forma consciente e equilibrada, atribuindo-lhe valor real. Ao adotarmos essa postura, abrimos espaço para cultivarmos a gratidão financeira, pois reconhecemos a abundância em nossa vida como resultado de escolhas financeiras sábias.

330. O verdadeiro equilíbrio entre gastos e valores conduz-nos à gratidão financeira, que é a expressão de reconhecimento pela prosperidade que nos cerca (Fabrício Silva Costa).

Aqui é ressaltada a relação entre equilíbrio financeiro e gratidão, evidenciando como o reconhecimento da prosperidade em nossa vida está intrinsecamente ligado ao alinhamento entre nossos gastos e valores autênticos. Cultivar essa gratidão financeira é um reflexo da sabedoria em nossas escolhas monetárias.

331. A verdadeira prosperidade está no equilíbrio entre nossos gastos e valores, sendo a gratidão financeira a recompensa por uma vida de sabedoria e consciência (Fabrício Silva Costa).

Nesta citação é destacada a essência da verdadeira prosperidade, que reside no equilíbrio entre nossas despesas e nossos valores mais profundos. A gratidão financeira é apresentada como a recompensa natural por uma vida pautada pela sabedoria e pela consciência nas escolhas financeiras, evidenciando a conexão entre equilíbrio, gratidão e prosperidade.

332. A gratidão financeira é a consequência natural de encontrarmos o equilíbrio entre nossos gastos e valores, reconhecendo a abundância em nossa vida (Fabrício Silva Costa).

A gratidão financeira surge como consequência direta do equilíbrio entre nossas despesas e aquilo que valorizamos. E, ainda, ao reconhecermos a abundância em nossa vida resultante desse alinhamento, cultivamos um sentimento de gratidão que vai além do aspecto material, revelando riquezas emocional e espiritual.

333. O equilíbrio entre o que gastamos e o que valorizamos leva-nos à gratidão financeira, revelando a verdadeira riqueza que vai além dos bens materiais (Fabrício Silva Costa).

O equilíbrio entre nossas despesas e nossos valores conduz-nos à gratidão financeira, evidenciando que a verdadeira riqueza vai muito além dos bens materiais. Ao reconhecermos a conexão entre equilíbrio e gratidão, somos conduzidos a apreciar as riquezas mais profundas da vida.

334. A consciência financeira conduz-nos a equilibrar nossos gastos com nossos valores, cultivando a gratidão pela abundância que nos cerca (Fabrício Silva Costa).

Aqui é destacada a importância da consciência financeira para alcançarmos o equilíbrio entre nossos gastos e valores. Ao cultivarmos essa consciência, somos capazes de reconhecer a abundância que nos cerca e, como resultado, nutrir um sentimento de gratidão em relação às nossas finanças e à vida em geral. É um convite à reflexão sobre como a consciência financeira pode influenciar positivamente nossa perspectiva em relação à abundância.

335. A sabedoria está em reconhecer o justo equilíbrio entre gastos e valores, gerando gratidão financeira pela prosperidade que nos rodeia (Fabrício Silva Costa).

A ideia aqui é de que a verdadeira sabedoria está em reconhecer e buscar o equilíbrio entre nossos gastos e valores, resultando na geração de gratidão financeira diante da prosperidade que nos rodeia. É uma reflexão sobre a importância de tomarmos decisões financeiras alinhadas com nossos valores, o que contribui para uma sensação de gratidão e apreciação pela riqueza presente em nossas vidas.

336. A gratidão financeira é o reflexo do equilíbrio entre o que consumimos e o que realmente valorizamos, reconhecendo a abundância em nossa vida (Fabrício Silva Costa).

A relação entre a gratidão financeira e o equilíbrio entre nossos hábitos de consumo e aquilo que verdadeiramente valorizamos é aqui enfatizada. Quando reconhecemos essa conexão, somos capazes de enxergar a abundância em nossa vida para além dos bens materiais, cultivando um sentimento de gratidão em relação às nossas finanças e ao nosso bem-estar geral.

337. A busca por uma vida financeira equilibrada passa pela consciência dos nossos gastos e valores, culminando na gratidão pela abundância que nos cerca (Fabrício Silva Costa).

Nesta citação é ressaltada a importância da busca por uma vida financeira equilibrada, que se inicia com a consciência dos nossos gastos e valores. Ao estabelecer essa conexão entre consciência financeira e equilíbrio, somos capazes de cultivar um sentimento de gratidão diante da abundância que nos cerca, resultante das escolhas conscientes que fazemos em relação ao nosso dinheiro e aos nossos valores.

338. A generosidade financeira surge do equilíbrio entre o que gastamos e o que valorizamos, sendo a gratidão o fruto de uma vida de prosperidade consciente (Fabrício Silva Costa).

Esta afirmação destaca a relação entre generosidade financeira, equilíbrio nos gastos e valores e gratidão. Ao encontrar o equilíbrio entre o gastar e valorizar, somos capazes de praticar a generosidade de forma consciente, o que traz em um sentimento de gratidão pela nossa prosperidade. É um convite à reflexão sobre como nossas escolhas financeiras podem influenciar não apenas nossa própria vida, mas também a daqueles ao nosso redor.

339. O equilíbrio entre gastos e valores leva-nos à gratidão financeira, que é a expressão de reconhecimento pela abundância que nos cerca (Fabrício Silva Costa).

A importância do equilíbrio entre gastos e valores como um caminho para alcançar a gratidão financeira é aqui salientada. Ao reconhecermos essa interação entre nossas escolhas financeiras e nossos princípios, somos capazes de expressar gratidão pela abundância presente em nossas vidas. É uma reflexão sobre como a conscientização em relação ao dinheiro pode levar-nos a valorizar ainda mais o que temos.

340. O desperdício nos gastos nos afasta dos nossos valores essenciais, impedindo a gratidão financeira pela fartura que nos rodeia (Fabrício Silva Costa).

Nesta afirmação aponto o impacto negativo do desperdício nos gastos em relação aos nossos valores essenciais e à nossa capacidade de sentir gratidão pela abundância ao nosso redor. Ao desperdiçarmos recursos sem considerar nossos valores, perdemos a oportunidade de vivenciar uma verdadeira gratidão financeira pela fartura presente em nossa vida. Trata-se de um lembrete sobre a importância de sermos conscientes e alinhados com nossos valores ao lidar com as finanças.

341. A busca pelo equilíbrio entre gastos e valores conduz-nos à gratidão financeira e ao reconhecimento da prosperidade que nos cerca (Fabrício Silva Costa).

Esta frase ressalta a importância de encontrarmos o equilíbrio entre nossos gastos e nossos valores como um caminho para alcançarmos a gratidão financeira. Ao reconhecermos a interação entre nossas escolhas financeiras e nossos princípios, somos conduzidos a reconhecer a prosperidade que nos envolve. É uma reflexão profunda sobre como a consciência em relação ao dinheiro pode nos levar a valorizar ainda mais o que temos.

342. A consciência financeira ensina-nos a importância de equilibrar nossos gastos com nossos valores, gerando, assim, gratidão pela fartura que nos rodeia (Fabrício Silva Costa).

Aqui é ressaltado o papel da consciência financeira em nos ensinar a importância de equilibrar nossos gastos com nossos valores. Ao fazermos isso, somos capazes de sermos gratos pela abundância em nossa vida. É um convite à reflexão sobre como o entendimento e a sabedoria em relação às finanças podem nos levar a uma apreciação mais profunda da fartura que nos rodeia.

343. A verdadeira riqueza está no equilíbrio entre o que consumimos e o que valorizamos, emanando gratidão por cada conquista financeira (Fabrício Silva Costa).

Esta frase traz a ideia de que a verdadeira riqueza reside no equilíbrio entre o que consumimos e o que valorizamos. Esse equilíbrio permite-nos emanar gratidão por cada conquista financeira e ressalta a importância de reconhecermos e valorizarmos não apenas as posses materiais, mas também as conquistas alcançadas com escolhas conscientes.

344. Sem equilíbrio entre nossos gastos e valores não há espaço para a gratidão financeira, que é o reconhecimento da fartura que nos rodeia (Fabrício Silva Costa).

O equilíbrio entre gastos e valores é uma condição para experimentarmos a gratidão financeira. Ao reconhecermos a interação entre nossas escolhas financeiras e nossos princípios somos capazes de apreciar a fartura que nos cerca.

345. Os excessos nos gastos afastam-nos dos nossos valores essenciais, impedindo a gratidão financeira pela essência da vida (Fabrício Silva Costa).

Os excessos nos gastos podem afastar-nos de nossos valores principais, dificultando a vivência da gratidão financeira pela essência da vida. É um lembrete sobre a importância de manter o equilíbrio entre nossas despesas e nossos princípios.

346. A inteligibilidade das ações no presente reflete a prosperidade financeira no porvir (Fabrício Silva Costa).

Aqui ressalto como as ações conscientes no presente estão diretamente ligadas à prosperidade financeira no futuro. É uma reflexão sobre como as escolhas financeiras atuais podem moldar nosso bem-estar econômico adiante.

348. A diligência dos investimentos presentes é a chave do sucesso financeiro futuro (Fabrício Silva Costa).

Nesta citação destaco a relevância da diligência ao se realizar investimentos no presente como um elemento crucial para alcançar o sucesso financeiro no futuro. É uma lembrança sutil de como a atenção e o cuidado nas escolhas de investimento podem impactar positivamente nossa situação financeira futuramente.

349. A opulência do amanhã é construída com a prudência dos investimentos de hoje (Fabrício Silva Costa).

A riqueza abundante no futuro é resultado da prudência e da cautela aplicadas nos investimentos realizados no presente. É uma reflexão sobre como a sabedoria financeira atual pode pavimentar o caminho para um amanhã próspero.

350. A magnanimidade das escolhas de investimento hoje determina a grandiosidade da riqueza futura (Fabrício Silva Costa).

A generosidade e amplitude nas decisões de investimento feitas hoje têm o poder de influenciar a grandeza da riqueza que se pode alcançar no futuro. É um lembrete sobre a importância de se pensar estrategicamente sobre nossos investimentos presentes.

351. A atualização constante dos investimentos é o caminho para a estabilidade financeira no futuro (Fabrício Silva Costa).

Aqui enfatizo que manter os investimentos atualizados e alinhados com as mudanças do mercado é fundamental para garantir constância financeira no futuro. É uma observação perspicaz sobre a necessidade de adaptabilidade e acompanhamento contínuo no mundo dos investimentos.

352. A frugalidade nos gastos presentes é a senda para a prosperidade econômica adiante (Fabrício Silva Costa).

A moderação e a economia nos gastos na atualidade podem conduzir ao caminho da prosperidade econômica no futuro. Trata-se de uma reflexão sobre como o controle financeiro no presente pode abrir portas para oportunidades futuras.

353. A parcimônia nos investimentos hoje é o segredo para a abundância financeira de amanhã (Fabrício Silva Costa).

Nesta frase destaco que o cuidado e a parcimônia em investimentos no hoje são fundamentais para alcançar abundância financeira no futuro. Ou seja, as escolhas prudentes no presente podem resultar em colheitas generosas no futuro.

354. A prudência na alocação de recursos no presente é a garantia da prosperidade financeira no futuro (Fabrício Silva Costa).

Nesta citação saliento a importância da prudência ao distribuir recursos no presente como um meio seguro de assegurar a prosperidade financeira no futuro. É uma reflexão sobre como a cautela nas decisões financeiras pode ser um alicerce sólido para o sucesso econômico adiante.

355. A sabedoria em investir hoje é o tesouro que garantirá a prosperidade financeira no porvir (Fabrício Silva Costa).

A sabedoria ao se investir no presente pode ser vista como um tesouro que assegurará a prosperidade financeira no futuro. Essa metáfora enfatiza como as escolhas inteligentes de investimento podem ser valiosas para garantir um futuro financeiramente estável.

356. A cuidadosa escolha dos investimentos atuais molda a riqueza e a estabilidade financeira do amanhã (Fabrício Silva Costa).

Nesta frase é observado como a seleção cuidadosa dos investimentos feitos no presente tem o poder de influenciar tanto a riqueza quanto a estabilidade financeira do futuro. É uma reflexão sobre como nossas decisões presentes podem esculpir nosso cenário econômico mais adiante.

357. A ponderação nas decisões financeiras do presente é a base para a construção da fortuna futura (Fabrício Silva Costa).

Aqui, digo que sempre ponderar as decisões financeiras é fundamental para construir a fortuna do futuro. É uma afirmação sobre como o equilíbrio e o discernimentos nas escolhas financeiras são essenciais para se alcançar prosperidade econômica adiante.

358. A vivacidade nos investimentos no presente é o catalisador para a opulência no futuro (Fabrício Silva Costa).

A energia e o entusiasmo nos investimentos realizados no presente são comparados a um catalisador que impulsiona em direção à fartura no futuro. É uma metáfora que ressalta como o dinamismo nas escolhas de investimento pode conduzir a resultados prósperos adiante.

359. A diligência nos investimentos hoje é o alicerce para a prosperidade econômica à frente (Fabrício Silva Costa).

Nesta afirmação destaco a importância do cuidado ao se realizar investimentos no presente como base fundamental para a conquista da prosperidade econômica no futuro. Ou seja, a dedicação e o cuidado nas decisões financeiras podem estabelecer um sólido alicerce para se alcançar estabilidade e crescimento econômico no futuro.

360. O discernimento nas escolhas financeiras de hoje é a pedra angular para a abundância econômica de amanhã (Fabrício Silva Costa).

Aqui observo que o discernimento nas escolhas financeiras hoje é comparado à pedra angular que sustenta a riqueza no futuro. Trata-se de uma metáfora impactante que enfatiza que as decisões financeiras bem pensadas e criteriosas são fundamentais para se alcançar prosperidade posteriormente.

361. A riqueza material pode trazer conforto e segurança, mas a verdadeira riqueza reside na capacidade de se apreciar as pequenas coisas da vida e cultivar relacionamentos significativos. O equilíbrio emocional é fundamental para desfrutar da riqueza sem se deixar consumir por ela, pois a verdadeira prosperidade vem da paz interior e da gratidão pelo que se tem (Fabrício Silva Costa).

A busca pela verdadeira riqueza vai além do acúmulo de bens materiais. Ela reside na capacidade de valorizar as pequenas alegrias do dia a dia e nutrir relacionamentos genuínos. O equilíbrio emocional é essencial para desfrutar da prosperidade sem se deixar envolver pela superficialidade do ter. A paz interior e a gratidão são as verdadeiras fontes de felicidade e plenitude, permitindo-nos apreciar a vida em sua essência mais pura e significativa.

362. A fama pode trazer reconhecimento e oportunidades, mas também pode trazer uma pressão constante e invasão de privacidade. É essencial manter o equilíbrio emocional para lidar com os altos e baixos da exposição pública, buscando sempre cultivar a autenticidade e a conexão genuína com os outros, independentemente do status social (Fabrício Silva Costa).

A fama pode trazer reconhecimento e oportunidades, mas também implica em desafios e pressões que podem afetar a saúde emocional. Manter o equilíbrio diante da exposição pública requer autenticidade e conexão genuína com os outros, independentemente do status social. Cultivar a verdadeira essência de quem somos e permanecer fiéis aos nossos valores é fundamental para lidar com os altos e baixos da fama de forma saudável e equilibrada.

363. O equilíbrio emocional é a chave para uma vida plena, independentemente da riqueza ou fama. Saber lidar com as emoções, cultivar a empatia e a compaixão consigo mesmo e com os outros é fundamental para manter a saúde mental e o bem-estar. A busca pela riqueza e fama não deve ser feita às custas da tranquilidade interior e do equilíbrio emocional (Fabrício Silva Costa).

O equilíbrio emocional é a chave-mestra para uma vida plena e significativa, independentemente das circunstâncias externas de riqueza ou fama. Saber lidar com as emoções, praticar a empatia e a compaixão é essencial para se preservar o bem-estar geral, incluindo a saúde mental. A busca por objetivos materiais não deve comprometer a tranquilidade interior e a harmonia emocional, pois são essas qualidades que verdadeiramente enriquecem nossa existência.

364. A verdadeira riqueza está na capacidade de manter o equilíbrio emocional mesmo diante das adversidades e dos desafios da vida. A fama pode ser passageira, mas a estabilidade emocional é um tesouro que nos acompanha em todos os momentos. Cultivar a gratidão, a resiliência e a sabedoria emocional ajuda-nos a enfrentar as vicissitudes da vida com serenidade e coragem (Fabrício Silva Costa).

A verdadeira riqueza reside na capacidade de manter o equilíbrio emocional mesmo diante das adversidades e dos desafios na vida. Enquanto a fama pode ser efêmera, a estabilidade emocional acompanha-nos em todos os momentos. A gratidão, a resiliência e a sabedoria emocional fortalecem-nos para enfrentarmos os contratempos com serenidade, coragem e sabedoria.

365. Buscar a riqueza e a fama sem cultivar o equilíbrio emocional é como construir um castelo na areia: por mais imponente que pareça, está fadado a desmoronar diante da menor tempestade. A verdadeira prosperidade está na harmonia entre mente, corpo e espírito, na capacidade de apreciar as bênçãos da vida sem se deixar seduzir pelas ilusões do mundo material. O equilíbrio emocional

é a base sólida sobre a qual podemos construir uma vida plena e significativa (Fabrício Silva Costa).

A verdadeira prosperidade está na harmonia entre mente, corpo e espírito, na capacidade de apreciarmos as bênçãos da vida sem sucumbirmos às ilusões do mundo material. O equilíbrio emocional é a base sólida sobre a qual podemos construir uma existência plena, significativa e verdadeiramente enriquecedora.

Onze Mandamentos da Harmonia Financeira e Equilíbrio Emocional segundo Fabrício Silva Costa

1. *Gratidão financeira*: reconheça suas conquistas e aprenda a valorizar as pequenas coisas que o dinheiro não pode comprar.

2. *Generosidade consciente*: compartilhe recursos de maneira equilibrada e significativa.

3. *Autoconhecimento financeiro*: conheça suas crenças, seus comportamentos e padrões em relação ao dinheiro para transformar sua relação com as finanças.

4. *Planejamento financeiro*: estabeleça metas claras e crie um plano para alcançá-las.

5. *Equilíbrio entre gastos e valores*: priorize o que é essencial para sua felicidade e bem-estar.

6. *Resiliência emocional*: mantenha-se firme diante das adversidades financeiras.

7. *Desapego material*: valorize experiências e relações em detrimento de bens materiais supérfluos.

8. *Educação financeira contínua*: busque conhecimento sobre finanças pessoais e gestão do dinheiro.

9. *Compaixão consigo mesmo*: cultive a compaixão em momentos de dificuldade financeira.

10. *Equilíbrio entre presente e futuro*: garanta segurança financeira sem abrir mão da qualidade de vida atual.

11. *Cultivo da paz interior*: busque a harmonia entre suas emoções e finanças, cultivando a serenidade interior como base para uma vida financeira equilibrada e plena.

No desfecho da obra *Harmonia financeira e equilíbrio emocional*, convido os estimados leitores a uma profunda reflexão sobre a intrínseca conexão entre a gestão financeira e o bem-estar emocional em suas vidas. Que possam assimilar a essência de que a verdadeira abundância não se restringe aos dígitos de uma conta bancária, ela reside na habilidade de nutrir uma relação saudável com o dinheiro e consigo mesmos, fomentando a harmonia entre o mundo material e o mundo interior.

Ao término desta jornada de autodescoberta, lanço-lhes indagações que ecoam como convites à autorreflexão e à transformação pessoal: o que foi absorvido ao longo das páginas deste livro e de que forma tais ensinamentos reverberarão em suas escolhas e posturas de agora em diante? Que metamorfoses estão dispostos a empreender em busca de uma existência mais equilibrada e plena?

Que cada ponderação seja um ponto de partida para a metamorfose interior, impulsionando-os em direção a uma vida mais próspera e harmoniosa.

Fabrício Silva Costa